AF394312

G. CLEMENCEAU

Notes de Voyage

DANS

L'AMÉRIQUE DU SUD

= ARGENTINE = URUGUAY = BRÉSIL =

CENTRE D'HISTOIRE CONTEMPORAINE BIBLIOTHÈQUE

PARIS HACHETTE ET CIE

1911

fr. 50

à ma fille Nicole

[signature]

Notes de Voyage

DANS

L'AMÉRIQUE DU SUD

Notes de Voyage

DANS

L'AMÉRIQUE DU SUD

= ARGENTINE = URUGUAY = BRÉSIL =

PARIS HACHETTE ET CIE

1911

NOTES DE VOYAGE

DANS L'AMÉRIQUE DU SUD

AVANT-PROPOS

L'*ILLUSTRATION* me demande mes notes de voyage dans l'Amérique du Sud (1). Je ne les ai pas plutôt promises qu'une difficulté se présente : je n'ai point de *notes de voyage* et je serais bien fâché d'en avoir, car c'est un grand ennui de coucher ses impressions noir sur blanc — toujours pour une manifestation d'impuissance — au moment précis où l'on sent le plus vivement. Je ne dis rien des heures indifférentes où la sagesse est de rester coi.

Ce qui facilita la tâche de Christophe Colomb, c'est que l'Amérique était là, immobile au milieu de la mer, attendant que quelqu'un se donnât la peine de la heurter au passage. Encore ai-je trouvé au Brésil un éminent sénateur de l'État de Saint-Paul, M. Almeida Nogueira, pour soutenir que le principal événement du vendredi 12 Octobre 1492 fut la découverte de l'Europe, en la personne du grand Génois, par les Américains d'origine, et qui avaient sur lui l'avantage de ne s'être pas dérangés.

(1) Les *Notes de Voyage* ont été publiées dans l'*Illustration*.

Le plus fort étant fait, que vais-je découvrir à mon tour, au risque de me trouver moi-même découvert ? des contrées inconnues ? des peuples inédits ? des civilisations vierges ? ou simplement des points de comparaison pour des jugements nouveaux sur moi-même et sur mon pays ? Notre infatuation n'admet pas volontiers que nous ayons quelque chose à apprendre de jeunes sociétés dont il nous arrive de parler avec trop de détachement. Nous ne saurions nier pourtant que leur tentative soit belle, et qu'elle s'achemine d'un pas résolu vers le succès.

D'un tel résultat, les moins clairvoyants d'entre nous ne peuvent pas se désintéresser. La facilité des communications multipliant les points de contact entre les hommes de tous les pays, l'un de nos premiers besoins se trouve être de rectifier des connaissances imprécises ou fausses sur les divers groupements d'humanité que notre boule planétaire emporte, en des tumultes de joies et de misères, vers des destinées inconnues.

Parce qu'ils échappaient à toute contradiction, les voyageurs des temps anciens pouvaient donner libre carrière à la plus fougueuse imagination. Un proverbe même consacrait leur droit au mensonge, et, quand le bon Hérodote racontait que l'armée de Xerxès, sur son passage, mettait les fleuves à sec, les Athéniens peut-être ne s'étonnaient pas.

Christophe Colomb lui-même mourut dans l'ignorance du continent où il aborda, convaincu qu'il avait rencontré la côte orientale de l'Asie. Aujourd'hui, c'est une autre affaire. Des pôles à la zone torride, d'innombrables investigateurs sont à l'œuvre, qui n'arrivent à reculer péniblement quelque borne de l'Inconnu qu'à la condition de se contrôler sévèrement les uns les autres. Les incidents qui accompagnèrent la découverte approximative du Pôle Nord par le commandant Peary ont montré le danger des affirmations hasardeuses, même lorsque le démenti ne semble pouvoir venir que des phoques ou des ours blancs.

Je jouis heureusement du grand avantage de n'avoir rien découvert. Et comme j'ai moins l'ambition d'étonner mes contemporains que de leur suggérer simplement des réflexions au passage, peut-être éviterai-je de froisser cette espèce redoutable de savants qui, ayant des doctrines sur toutes choses, ont tout vu de leur cabinet. Que les statisticiens se détournent de moi ! Je n'enrichirai par leur littérature. Ne me trouvant tenté d'aucune théorie, je ne saurais céder à quelque propension d'accommoder les faits selon les besoins d'une idée préconçue. Par la grâce de mes ignorances, mon bagage ne s'embarrasse d'aucune démonstration préalablement établie. Et s'il est vrai, comme le dit Voltaire, que la plus fâcheuse inconnaissance soit celle du critique, je confesserai sans peine que ma critique générale des vieilles civilisations me porte à l'indulgence envers ceux qui essaient, loin de l'Europe, de s'engager en d'autres voies.

Je suis de mon temps, de mon pays, et mon

temps et mon pays m'ont fait, à la fin d'une carrière déja longue, des opinions d'où procéderont, comme il convient, des jugements que je soumets à l'appréciation du public en toute tranquillité d'esprit. Rien qui me soit plus étranger que les préjugés courants de Paris sur cette étrange sorte de créatures humaines qui se permettent d'habiter des territoires situés au delà de Villiers-sur-Marne ou de Saint-Cloud.

Nos journaux satiriques, comme nos comédies, ont fait assez cruellement expier ce crime aux Américains du Sud. Après les avoir dûment *blagués*, ne semble-t-il pas que l'heure soit venue de les regarder tout simplement, non plus pour nous procurer à bon compte une idée avantageuse de nous-mêmes en dépréciant autrui, mais pour connaître au moins des peuples qui, plus que tous autres, procèdent de notre pensée, et pour nous demander s'ils ne pourraient pas nous être parfois d'un bon enseignement ?

Ce n'est pas en trois mois de séjour qu'on peut recueillir les éléments de formules définitives sur l'avenir de ces vastes territoires où des entreprises de civilisation se poursuivent, et par lesquelles l'équilibre politique et social de la planète — aujourd'hui encore tout européen — sera fatalement déplacé. L'effort est assez grand de dire simplement ce qu'on a vu, car il y a un art de voir comme de dire. Sans avoir la prétention d'y atteindre, je puis concevoir l'espérance qu'une suite de remarques sincèrement consignées attestera la bonne volonté de l'observation et ne demeurera pas absolument inutile pour le lecteur.

Les villes de l'Amérique méridionale, dont quelques-unes fort belles et bien aménagées, ne peuvent, en raison d'une jeune histoire, s'enorgueillir de monuments comparables aux nôtres (1). Elles empruntent le plus souvent leur intérêt à la disposition, aux particularités des lieux qui les entourent, et ne nous offrent, en leurs plus brillants étalages, que ce dont l'Europe se plaît à les approvisionner surabondamment. Il reste la terre et les hommes : dignes sujets d'études. La terre, riche de forces inexploitées, sollicite de toutes parts des énergies nouvelles. Et comme elle ne vaudra que par le labeur humain, c'est à la valeur d'action résidant en l'homme que tout nous ramène, puisque, dans la profondeur de l'âme nouvelle, à la fois ingénue et complexe, sont inscrits tous les mystères du passé, tous les secrets de l'avenir.

S'il est vrai que la civilisation américaine est d'origine récente, les peuples dits américains, loin d'être en mal de jeunesse, ainsi qu'on se plaît trop souvent à le dire, sont composés d'hommes anciens transplantés, fléchissant, comme nous, sous le poids d'une lourde histoire de gloires et de misères, pénétrés de toutes nos traditions bonnes ou mauvaises, voués à toutes les difficultés qui nous assiègent, mais manifestant leur puissance de vie dans un cadre mieux

(1) Il n'est pas rare de s'entendre adresser des propos comme celui-ci : " Avez-vous vu là-bas cette vieille église ? Elle a au moins quarante ou cinquante ans ! "

disposé pour l'essor des énergies nouvelles. Aussi bien, ne manquons-nous pas de distinguer entre l'Amérique latine du Sud et l'Amérique anglo-saxonne du Nord, ainsi que de demander au développement parallèle des deux ordres de civilisation des inductions parfois hasardeuses sur les chances futures des vieilles races historiques dont le sort, aux heures sombres, peut paraître incertain.

Je n'envisagerai que l'Amérique latine, mais sans jamais perdre de vue la grande République du Nord, où j'ai vécu près de quatre années. La pensée que Jefferson, pas plus que Washington, ne purent certainement prévoir l'évolution économique qui, en un peu plus de cent ans, fit de leur innocente République une machine d'humanité formidable, me rendra modeste en mes prédictions. Mais si je crois fermement qu'en dépit du " matérialisme historique " de Karl Marx l'intérêt mercantile n'est pas le seul facteur de civilisation, si je recueille de la bouche d'un éminent écrivain du Brésil, M. Arinos de Mello, cette information curieuse qu'en 1780, à 1 400 kilomètres de la côte, chez son arrière-grand-père qui n'avait jamais vu l'Océan, une troupe de société jouait les tragédies de Voltaire, j'en arriverai volontiers à conclure que l'influence de l'idée, telle que nous l'avons trouvée dans notre héritage, n'est peut-être ni moins sûre ni moins durable que la puissance même du trafic, créateur des relations humaines. Cela, non pour déprécier l'importance du trafic qui fut, dans ce cas même, le véhicule de l'idée, — aussi bien par le bon voilier qui transporta de Rotterdam à Pernambouc *Mérope* ou *Mahomet*, que par le convoi de mules qui, en une suite de mois, acheva le parcours, — mais pour nous rappeler opportunément que l'influence morale n'est pas inférieure en résultats, même à l'intérêt pécuniaire.

Sur trop de points du monde, nous nous sommes laissé devancer dans l'ordre économique. En dépit de nos fautes, notre XVIIIe siècle, et la Révolution qui en fut l'aboutissement légitime, nous ont constitué un patrimoine d'autorité morale que nous devons avoir à cœur non seulement de conserver mais, s'il se peut, d'élargir.

G. C.

NOTES DE VOYAGE

DANS L'AMÉRIQUE DU SUD

I

LA TRAVERSÉE : Le départ. — La vie de paquebot. — La télégraphie sans fil. — Escale à Saint-Vincent. — Les poissons volants. — A la lueur des étoiles.

LA TRAVERSÉE

GÊNES, 30 juin. *Une heure de l'après-midi.* — La *Regina-Elena* est à quai. Un grand bateau blanc qui vomit par ses deux cheminées des tourbillons de fumée noire, cependant que la sirène fait retentir le mugissement familier de l'adieu. Deux passerelles, où malles et passagers s'entre-choquent désespérément, offrent le spectacle disparate des foules en départ. Sous le dais d'ombrelles multi-colores, les grands chapeaux des belles Génoises viennent apporter leurs bons souhaits aux petites toques voilées des voyageuses. On s'arrête au plus étroit du passage pour rire et pleurer tout ensemble. Le flot humain endigué s'efforce vainement de rompre l'obstacle, et, selon la violence du courant, le tumulte de plumes et de rubans se voit ramener au quai ou refouler jusqu'au pont, où il achève, dans un brouhaha de gestes et de cris, d'arrêter toute circulation.

Non loin de là l'émigrant silencieux, pesamment chargé d'indescriptibles fardeaux, fait son chemin vers l'entrepont, traînant après lui vieux parents ou jeune famille. Ne voyez point dans l'émigrant d'Italie en Argentine le fâcheux spécimen d'humanité misérable qui nous est communément représenté. Ce n'est ni plus ni moins qu'un travailleur en déplacement d'hémisphère. Nous le retrouverons tout à l'heure à bord. Très familial, sa particularité est simplement de se déplacer avec femme et progéniture. La différence des saisons lui permet, après avoir couché le blé de la pampa sous sa faux, de revenir faire la moisson en Italie. Souvent il se fixera en Argentine dans des conditions dont je parlerai plus tard et fera souche vivace d'*Argentins*. Souvent aussi l'amour du pays parle plus haut que l'esprit d'aventures, et les compagnies de navigation s'accommodent volontiers du double voyage.

La sirène a lancé pour la dernière fois son hurlement autoritaire. Les derniers visiteurs ont regagné la terre ferme. Le monstre énorme a glissé doucement. Ce ne sont que mouchoirs agités, exclamations suprêmes qui s'entre-croisent. Nous sommes partis. Adieu !

Le noble amphithéâtre de marbre blanc et de pierres brûlées du soleil se découvre lentement à nos yeux éblouis de chaude lumière. Mais déjà c'est vers la plaine liquide que s'orientent la curiosité, l'espérance de nos regards. Est-ce nous qui fuyons l'Europe ? Est-ce l'Europe qui nous abandonne ? Dès ce moment nous attendons l'Amérique qui doit surgir par delà l'horizon au jour marqué par la composante des hélices et des vents propices ou contraires.

La première inspection du bateau est éminemment favorable. Excellente installation. Propreté absolue. Service empressé. L'accueil le plus aimable du commandant de Benedetti, *galantuomo* achevé, qui ne nous cache point ses sympathies françaises dont témoigne notre drapeau au haut du mât. Quinze jours d'une belle prison mouvante, avec des torrents d'air salé pour s'emplir les poumons, et les merveilleux spectacles du ciel et de la mer assaillis d'un tumulte de flèches lumineuses. Les promenades sont de prisonniers condamnés à tourner en rond. Mais aussi longtemps que la terre est en vue, le regard s'oublie aux crêtes bleues qui disent le pays dont, malgré les tours d'hélice, le cœur ne se déprendra pas.

Les côtes de Ligurie dominées des cimes alpestres, la Provence chargée de souvenirs, montagnes bleues qu'assombrit le jour finissant, taches grises qui sont Toulon et Marseille. Par ses petites lames courtes et dures, qui semblent venir du fond, le golfe du Lion éprouve la sensibilité nerveuse du beau sexe, jusque-là fort épanoui. On se retire dans les cabines, d'où quelques bruits sinistres.... Passons. Le soleil de demain éclairera la joyeuse hospitalité de Barcelone.

BARCELONE. — Jamais je n'avais trouvé tant de charme à la terre. J'ai huit fois traversé l'Atlantique sans jamais éprouver cette sorte de regret anticipé du vieux continent. La jeunesse aspire à l'inconnu que l'âge apprend à redouter.

Déjeuner de passagers en rupture de bateau. Visite à la *Rambla* déserte et triste sous un ciel gris. On s'attarde à des lettres de première escale, qui ne sont pas encore du voyage et ne sont déjà plus de l'adieu. Un fiacre nous promène au hasard, nous montre des maisons *modern style* qui sont un outrage odieux à l'Espagne comme à toute l'humanité vivante, ainsi que des façades de couvents où la dernière révolution mit le feu. Enfin nous sommes ramenés au quai où, depuis le matin, des marchands de fruits, pittoresquement accoutrés de rouge et de jaune, ne cessent d'alimenter nos émigrants à qui le règlement interdit de descendre aux escales. En des filets pansus attachés au bout d'une perche, des provisions de victuailles arrivent à la portée des voyageurs de l'entrepont, mais se tiennent à respectueuse distance aussi longtemps que le prix, bruyamment débattu, n'est pas tombé dans le tablier tendu. Mais le signal est donné. La foire grouillante prend fin, et, sans plus de cérémonies, nous reprenons le chemin de l'Océan. Au jour tombant nous saluons les cimes blanches de la *Sierra Nevada*, à l'ombre desquelles s'abritent Grenade et l'Alhambra. Nous passerons Gibraltar dans la nuit, et demain au réveil nous n'aurons plus de toutes parts que la monotonie bleue de la mer infinie.

Cinq jours de navigation jusqu'à Saint-Vincent des îles du Cap-Vert. Les passagers se tassent, s'agglomèrent suivant les affinités nationales ou de profession. Allongées en des fauteuils démesurés qui obligent les promeneurs à des exercices de *steeple chase*, et profondément indifférentes à la commodité d'autrui, les belles dames, drapées de châles et de gazes, essaient de lire et ne réussissent qu'à bâiller. Elles parlent vaguement sans réussir à causer. Les cris des enfants sont une distraction. Un chien mal élevé est un sujet précieux d'entretien. Les hommes s'attablent au *bridge*, ou vont fumer d'interminables pipes dans le salon d'hiver. Je cueille au passage des bribes de conversations d'affaires.

Les plus hardis se hasardent au *footing*, mais leur audace choque les douces voyageuses qui prennent leurs aises sur l'unique piste offerte à nos ébats. Bientôt, sous couleur de rafraîchissements ou de *five o'clock*, des piles d'assiettes, des verres, des carafes, avec des tabourets compliqués et des couvertures pleines de pièges, encombrent le passage, et comme le doux roulement du navire procure à ces objets de soudains glissements, le vieux ou jeune " marcheur " se voit à tout moment en péril de se casser la jambe, — ce dont l'insouciance féminine ne paraît point s'inquiéter. Le piano souffre cruellement des coups secs que lui administrent les doigts noueux de l'adolescence. Une Italienne chante. Une Française dessine un groupe d'émigrants.

Ceux-ci ont achevé leurs très primitives installations. Ils paraissent heureux. Très attentif aux siens, le père de famille promène les enfants, joue avec eux ou même leur administre une taloche occasionnelle pour leur montrer le droit chemin. La mère allaite le dernier venu ou lave des linges indescriptibles. Le commissaire me dit qu'il n'y a pas moins de vingt-six nourrices à bord sur six cents passagers de troisième classe. De tout ce grouillement d'Italie, émergent des groupes colorés de Syriens. Les femmes tatouées, fardées, drapées d'étoffes claires, parfois chargées de bijoux d'argent, trouvent d'une grâce naturelle les nobles et graves attitudes d'Orient. Quelques-unes sont vraiment belles en des poses de sensualité passive. On me dit que les Syriens sont les colporteurs attitrés de la pampa. Je visite l'entrepont. Bonne aération, propreté suffisante par le jeu continu de la pompe et du balai. Infirmerie bien tenue. Des femmes attendent un bébé avant le passage de l'équateur. La nourriture est abondante et saine. Le gouvernement italien, par le moyen d'une inspection permanente dont l'agent officiel est indépendant des autorités du bord, veille à ce que toutes les lois sur la sécurité et l'hygiène de cette catégorie de passagers soient rigoureusement observées. D'effroyables abus jadis ont nécessité ces mesures dont l'heureuse efficacité est absolue.

Nous attendons l'escale de Saint-Vincent, qui doit couper l'insipide uniformité des jours. Il faut noter cependant que, grâce à la télégraphie sans fil, nous ne sommes plus séparés du monde sur ce radeau de civilisation perfectionnée qui balance notre vie, de jour en jour, entre le ciel et l'eau. On ne peut même se défendre d'un mouvement de surprise lors-qu'on se trouve soudainement en présence d'une enveloppe dûment cachetée en tête de laquelle s'étalent ces mots : *Dépêche télégraphique.* C'est un souhait de bon voyage qui arrive de France par Dakar. Ce sont des passagers d'un navire que nous rencontrerons demain et qui gracieusement nous envoient un coup de chapeau anticipé. A plusieurs reprises, j'ai eu le régal de ces messages qui sont les incidents de la journée. De temps à autre nous pouvons lire les dépêches des agences affichées au salon. Je laisse à penser si, dans le désœuvrement général, on manque de les commenter. De Saint-Vincent à l'île de Fernando Noronha, poste avancé du Brésil, je ne crois pas, exception faite des bateaux rencontrés, que nous soyons demeurés plus de trois jours hors de la portée des ondes parlantes. Quand la télégraphie sans fil sera obligatoire à bord, l'effroyable catastrophe des collisions en mer sera pour jamais évitée.

Je vais rendre visite au poste télégraphique situé à l'avant sur le pont supérieur. C'est une petite cabine où un aimable employé s'occupe tous le jours à faire jaillir de sa machine des étincelles qui lui arrivent de tous les points de l'horizon dans un bruit strident comme d'une mitrailleuse lointaine. Il ne s'agit point ici de se laisser distraire, fût-ce par la spirale bleue d'une cigarette. Pour avoir fait un faux geste, notre infortuné télégraphiste se trouva avoir annoncé à Montevideo (sans le savoir) que nous étions en danger. Moyennant quoi, à notre arrivée, les journaux nous annoncèrent que le gouvernement envoyait un bateau de l'État à notre secours. Nous connûmes ainsi la douce sensation des périls courus sans peur, tandis que l'employé, coupable d'avoir perdu le fil d'une télégraphie qui n'en avait pas, éprouva du même coup l'ennui d'être déplacé.

Nous ne jouirons pas de l'escale de Saint-Vincent, car nous arriverons dans la nuit. On a beau nous dire que les îles du Cap-Vert sont des rochers arides déplorablement jaunes ; que Saint-Vincent n'offre à la vue que de banales maisons ou cases, accompagnées de l'inévitable cocotier ; que la " ville " est uniquement le séjour de nègres vivant des navires qui viennent charbonner, tandis que les Anglais, importateurs de charbon, véritables maîtres de cette possession portugaise, sont installés dans la montagne, nous ne nous lamentons pas moins sur le contre-temps qui nous prive d'une promenade vers je ne sais quel bouquet de verdure planté tout exprès, apparemment pour justifier après coup l'engageante appellation du cap le moins propice à la végétation.

Chemin faisant, nous avons rencontré des roches dénudées qu'on nous a dit être les Canaries. Saint-Vincent, paraît-il, est la répétition " en plus stérile " des Canaries. Je n'ai pas de peine à le croire lorsque, la nuit tombée, la *Regina-Elena* stoppe au fond d'un grand trou noir piqué de lumières lointaines, dont quelques-unes à l'avant de petites barques ou de remorqueurs traînant les allèges de charbon arrivent en dansant jusqu'à nous.

Soudainement, comme au troisième acte de l'*Africaine*, sous les ordres d'un invisible Nelusko, nous sommes envahis de bâbord et de tribord par une double ruée de sauvages. Ce sont d'affreux humains noirs, grimaçants, à peine habillés de poussière charbonneuse, qui grimpent comme des singes aux cordages et se laissent tomber sur le pont avec des rires de cannibales. On nous assure toutefois qu'ils n'en veulent pas à notre vie. Et, de fait, ils ne sont pas plutôt parmi nous que, pris soudain d'une timidité inexplicable, ils nous offrent à voix basse, dans une langue où l'anglais et le français font très mauvais ménage, un assortiment de noix de coco, de bananes et de réticules tissés en pépins de citrouille auxquels ils paraissent attacher un grand prix.

Cependant, sur les allèges, déjà leurs camarades sont à l'œuvre, et les sacs de charbon tombent en pluie dans les soutes au milieu d'un ouragan de fine poudre noire qui, malgré portes et hublots fermés, va s'infiltrer jusqu'au fond des réduits les plus secrets des cabines et des bagages.

Demain, il ne faudra guère moins d'un jour pour rendre à la *Regina-Elena*, sous les pompes, sa primitive blancheur. Que dire de nos vêtements et de ce qu'ils recouvrent ? La mer y passerait sans laver la souillure....

Nous revenons à la vie courante du bord, dont la grande affaire est de connaître le point du midi qui donne la distance parcourue, et permet de raisonner sur la vitesse du bateau comme sur les circonstances qui la favorisent ou la contrarient. Dans la traversée de New-York, les Américains du Nord font volontiers de ce chiffre l'objet de paris quotidiens. Je note que l'Américain du Sud se montre moins prompt à ce sport. Ma première impression des familles argentines avec qui je suis nécessairement en contact à toute heure est éminemment favorable. Simplicité, dignité, bonne grâce. Rien des fantaisies de la légende. Sur un seul point, la critique pourrait être justifiée : je crains que les enfants ne soient déplorablement libres de tout dire et de tout faire.

La conversation, désormais, est de la date à laquelle nous franchirons l'équateur.

La *Regina-Elena*, qui jauge 10 000 tonnes, a fait 17 nœuds aux essais. Quand elle en donne 14 et 15, nous sommes contents. La mer est bien tranquille. Pas d'estomac protestataire. Dans ces parages, les violences de l'Atlantique du Nord sont inconnues. En quinze ou seize jours, nous aurons fait le trajet de Barcelone à Buenos-Aires. Une longue tranquillité reposante pour qui sort ou marche à la rencontre d'une vie agitée.

On s'amuse aux ébats des bandes de dauphins qui sont de divines créatures passant des jouissances de l'air aux voluptés de la mer en bandes d'une grâce heureuse. Que de légendes sur ce *mammifère*, ami du marin dès la plus haute antiquité ! Il sauve les naufragés, il se rend au charme de la musique. Selon l'hymne homérique, Apollon lui emprunte sa forme pour conduire les pêcheurs crétois aux rives de Delphes où va s'élever son temple. Quelle vérité de souplesse onduleuse en ces admirables bas-reliefs du monument choragique de Lysicrate où les pirates tyrrhéniens, transformés en dauphins, s'élancent dans l'Océan, comme fiévreux d'une vie nouvelle ! Je laisse parler tous ces vieux souvenirs quand une voix brusquement :

" Il faut tuer toutes ces sales bêtes à la dynamite, car elles ne font que déchirer les filets du pêcheur (1). "

Fin des poétiques légendes ! L'amitié de l'homme et du dauphin s'achevant en massacres utilitaires !

La civilisation ne fait pas encore le procès des poissons volants. C'est pourquoi nous pouvons nous ébahir au vol de ces grandes sauterelles de la mer qui s'élancent en troupe pour fuir dans l'atmosphère leurs voraces compatriotes de

(1) Au contraire, sur la côte d'Annam, les dauphins, ou marsouins, sont les amis du pêcheur, au profit de qui ils rabattent, à certains moments, le poisson sur les côtes. Souvent même ils donneraient dans les filets avec la bête pourchassée si un homme agitant un bâton, à l'avant d'une barque, ne les écartait au moment fatal. Les pêcheurs les connaissent individuellement à certaines marques d'après lesquelles ils les dénomment : *le Rouge, le Jaune*, etc. Paul Bert avait eu l'idée d'en disséquer un. Les pêcheurs annamites s'y opposèrent, et il y renonça.

l'Océan et tachent la grande plaine bleue d'une blancheur ailée. Cela me remet en mémoire l'aventure du navigateur qui obtenait facilement créance lorsqu'il racontait avoir trouvé au fond de la mer Rouge l'un des fers de la cavalerie de Pharaon engloutie après le passage des Hébreux sous la conduite de Moïse, tandis que la rencontre de poissons volants n'obtenait que des exclamations d'incrédulité ! Les hommes out toujours raconté tant de choses qu'il n'est pas toujours aisé de bien placer son émerveillement.

Lourde chaleur croissante à mesure que nous nous rapprochons de la ligne. Le petit complet de flanelle fait son apparition de toutes parts. Les obèses confessent en soufflant que la respiration devient laborieuse. Nous sommes dans le *pot au noir* : ciel bas, chargé de lourdes nuées gris de fer ; intermittences d'une petite pluie fine qui ne rafraîchit pas ; mer immobile ; pas de brise. Sensation du petit pain dans un four. Dangereuse ressource des ventilateurs électriques qui n'ont point de pareils pour aggraver d'un bon rhume la fâcheuse suffocation.

Rien à dire du fameux *baptême de la ligne*, qui n'est plus qu'un souvenir.

L'innocente mascarade est remplacée par un bal accompagné d'une souscription pour une œuvre de secours aux marins. Les passagers de l'entrepont n'ont pas besoin de tant de cérémonies pour valser gravement, tous les soirs, au son de l'accordéon et s'adonner aux délices de la *Morra*, jeu national de la Péninsule. On s'affronte à deux pour se donner réciproquement de formidables coups de poing dans la direction du visage en accompagnant ce geste d'un cri de sauvagerie. Si vous regardez attentivement les détails de ce pugilat, vous finirez par découvrir que le poing s'arrête à temps et montre un certain nombre de doigts étendus, tandis que la voix annonce un chiffre au-dessous de dix. Il s'agit ainsi pour chacun d'indiquer d'avance la somme des doigts montrés par les deux partenaires. Ce jeu, dont le principal avantage est qu'on en peut emporter partout le matériel avec soi, passionne le peuple italien. Souvent, le matin, de mon lit, j'entendais s'élever, dans la direction de l'avant, l'effroyable aboiement de ce qui semblait être une querelle furieuse. Les joies de la *Morra* : rien de plus.

Fernando Noronha, terre brésilienne, est en vue. C'est une île volcanique à trois jours de Rio de Janeiro. Des pics s'étagent en pointes bizarres superposées par les poussées de lave successives. Un grand portique s'ouvre au milieu de la montagne pour montrer la mer lumineuse de l'autre côté de l'île. Trois longs poteaux de la télégraphie sans fil émergent de la verdure. Ce sont, nous dit-on, des Français qui viennent de les planter là. Bonne chance !

Le commandant de Benedetti me fait la courtoisie de fêter le 14 Juillet. Le portrait de la reine est encadré de drapeaux des deux nations. Le soir, champagne et toasts. Un sénateur italien, l'amiral de Brochetti, dit en termes choisis ses souhaits d'amitié pour la France, et je ne manque pas à mon tour d'exprimer tous mes vœux pour la nation sœur.

Dans l'accablement de la nuit équatoriale, est-il un meilleur recours contre l'insomnie que la promenade solitaire sous le ciel étoilé de l'hémisphère nouveau ? On pense bien que je m'enquis de *la Croix du Sud* dès qu'elle dépassa l'horizon. Déception des réputations surfaites ! Où êtes-vous, Grande Ourse, Pléiades, et toi, Baudrier d'Orion ? En revanche, je n'aurai pas de mots pour louer comme il faudrait *Canopus*, l'alpha de la nef *Argo*. Au matin, de trois à quatre heures, je vois palpiter à bâbord une sorte de gros diamant bleu en fusion qui semble se déprendre de la voûte céleste sous l'attraction de la mer pour éblouir le gouffre noir anxieux d'illuminer ses abîmes. La plus chaude sensation de lumière vivante qui me soit jamais tombée du firmament. S'il y a quelque part dans l'espace infini un autel prodigieux du feu universel, n'en doutez pas, c'est *Canopus*. Là, Prométhée vola l'étincelle céleste dont il réchauffa notre vie. Là, Vesta entretient le foyer éternel de l'incendie sacré où se concentre plus de splendeur divine qu'en la folle prodigalité du soleil.

Mais la terre se rappelle à nous, ou plutôt l'Océan agité, car, aux approches de l'immense estuaire de la Plata, un ouragan de vent glacé sévit soudainement. C'est le *Pampero*, le vent du sud (1), le vent de la *Pampa*, qui, des cimes glacées des Andes, ne trouve nul arrêt jusqu'à l'Océan. Une forte houle fait tanguer et rouler la *Regina-Elena* sous l'effort de grandes vagues ocreuses, car déjà l'argile du Rio de la Plata envahit l'Océan pour lui donner l'aspect d'une mare immense de boue. Demain matin nous serons à Montevideo.

(1) C'est du sud ici que vient le froid.

II

MONTEVIDEO ET L'ESTUAIRE DU RIO DE LA PLATA

DES voiles vaporeux de l'horizon une fine dentelure se dégage : c'est Montevideo, la capitale de l'Uruguay, qui fut jadis province de l'Argentine et constitue aujourd'hui une République indépendante. Dans le langage courant de Buenos-Aires, l'Uruguay se désigne simplement sous le nom de la *Bande orientale*, et quand on vous dit de quelqu'un : " c'est un Oriental ", sachez qu'il s'agit non d'un Turc ou d'un Levantin, mais d'un habitant de la plus petite république de l'Amérique du Sud, comprise entre la rive gauche de l'Uruguay, le Brésil et la mer.

Toutes dimensions à part, l'Argentine et l'Uruguay ont trop de points de ressemblance pour ne pas se jalouser. Les Argentins semblent croire que le prodigieux développement de leur pays aura pour effet inévitable de ramener l'Uruguay au giron du temps passé. Il se peut, en effet, comme il est fort possible que la *Bande orientale*, fière de sa personnalité, ait à cœur de se cantonner dans l'indépendance. En attendant les solutions de l'avenir, on se chamaille un peu, chemin faisant, comme il est ordinaire. Les secousses révolutionnaires de l'Uruguay, qui ne sont pas très rares, prennent généralement leur source en territoire argentin, de l'autre côté du fleuve. Le gouvernement de l'Argentine est certainement étranger à toute complaisance envers les fauteurs de guerre civile, mais il ne lui est pas toujours aisé de se faire obéir. Choses de l'Amérique du Sud ! Est-il besoin de dire que les chefs de parti vaincus se réfugient volontiers à Buenos-Aires — dix heures de promenade sur les beaux bateaux de l'estuaire — et que l'attraction naturelle de la prospérité grossit ce noyau politique d'un riche apport de négoce. Il n'y aurait pas moins de 50 000 *Orientaux* (1) dans la capitale argentine, et le mouvement de population de l'une à l'autre ville s'atteste matin et soir au départ des *Piroscafi* quotidiens.

Une rapide promenade en ville pour une première impression de l'Amérique du Sud, voilà tout le parti que je puis tirer d'une escale de quelques heures. Débarquement un peu laborieux à cause de la grosse mer. Le président de la République me fait aimablement saluer par un de ses aides de camp, qui met à ma disposition un bateau des plus confortable, lequel, après avoir gaiement dansé sur les vagues, nous dépose à terre sans trop de difficultés. Le port, construit par une maison française, est tout près d'être achevé. Les grands navires d'Europe pourraient accoster le quai comme font ceux du Rio. Pourquoi la *Regina-Elena* reste-t-elle au large ? Une querelle administrative, dont j'ai trouvé le pendant à Rio de Janeiro, oblige les voyageurs à d'ennuyeux transbordements quand tout est disposé pour la commodité d'atterrir. Ainsi, sur ces rives latines, je retrouve d'abord quelque chose de mon bureaucratique pays.

Avec le ministre de France, qui est un ami, de nombreux journalistes du kodak et de la plume font un cordial accueil à leur confrère. A la tête de la colonie française, M. Sillard, un éminent *Central*, dirige habilement les travaux du port. Il a su nous conquérir, dans toutes les classes de la population, une estime particulière. Les automobiles se mettent en mouvement. Visite à la poste où je suis abordé par un cordial

(1) Le recensement de 1904 n'en accuse que 29 000.

Montévidéen, que je ne reconnais pas, mais qui, dès la première parole, se révèle comme un habitué de Paris. Que de chemin parcouru pour revenir ainsi au boulevard !

Il ne peut y avoir qu'une opinion sur Montevideo. C'est une grande ville riante, aux belles avenues bien tracées. Quelques beaux monuments attestent la capitale. Rues animées, sans cohue. Somptueuses villas de la zone suburbaine. Jardins, parcs, caractérisés par la végétation dite subtropicale. Aimable promenade parmi les palmiers, au bord de la mer. Les maisons d'habitation sont, le plus souvent, du type " colonial ". Un rez-de-chaussée, très haut de plafond, avec porte et fenêtres trop souvent surchargées des ornements de la " pâtisserie " italienne, et destinés à donner aux pays du soleil la sensation de l'art à bon marché. L'inattendu, c'est que le premier étage, amorcé dans ses balcons, en reste là tout à coup comme si une ruine soudaine avait obligé le propriétaire à s'arrêter court. J'ai trouvé ce modèle indéfiniment répété partout où je suis allé. Le plus modeste citoyen, dès qu'il abandonne la cabane primitive de tôle ondulée, tient à provoquer l'admiration du public par l'ornementation d'un balcon de premier étage qui ne sera jamais terminé. Toits plats et pas de cheminée : ainsi le permet le climat. Parfois, une balustrade donnerait la sensation d'une bâtisse achevée, si le morceau de balcon, coupé net à 50 centimètres ou 1 mètre de hauteur, ne laissait l'esprit en suspens sur les destinées de cette architecture. Les fenêtres de la façade indiquent naturellement le salon ; les dames, en toilette d'intérieur, ne craignent pas d'apparaître au dehors pour la récréation des yeux.

Disons dès à présent que dans ces pays de sang chaud les écarts de conduite sont un accident rare. On se marie très jeune, et l'on est trop sollicité d'action, dans une civilisation non encore contaminée de touches de décadence, pour chercher délibérément d'autre plaisir que celui d'aller tout droit devant soi. Je ne dis pas qu'une des grâces de Paris, pour beaucoup de Sud-Américains, ne soit précisément dans le plaisir de la nouveauté à cet égard. Il me suffit de constater ce qui est : contentement tranquille des bonnes mœurs, paix du foyer, régularité de la vie. Autour du *patio* à colonnades, égayé d'arbres et de verdures fleuries, toute la famille se trouve répartie en des appartements abrités du soleil, loin du bruit et des regards de la rue.

Tout ceci entrevu en courant, car je dois ma première visite au président de la République, et je ne dispose que d'un temps strictement mesuré. Le palais de la Présidence est d'aspect simple, signalé seulement par le poste d'honneur. Beaucoup de soldats accusent une forte dose de métissage. Il est curieux qu'ils montent la garde, en dehors du trottoir, dans la rue même, face au palais. Avec l'accroissement de la circulation, c'est un règlement qu'il faudra changer. Le président ne se trouve pas à son cabinet. Je suis reçu très amicalement par le ministre des Affaires étrangères, qui me donne l'impression du plus aimable des Parisiens. A quelques pas du palais, je rencontre le président de la République, très entouré, reconnaissable à son chapeau haut de forme. Je me garde de troubler son entretien. Il me fera l'honneur de me recevoir à mon retour dans la capitale de l'Uruguay.

M. Williman est un compatriote, fils de Français, d'origine alsacienne. Professeur de physique avant son élection, il n'a pas cru que ses devoirs politiques dussent mettre fin à sa mission d'enseignement, et, deux fois par semaine, il va régulièrement faire son cours à l'école supérieure, où il redevient pour un temps l'heureux maître d'une jeunesse impuissante encore à développer ses moyens de contradiction. Ce joli mouvement de simplicité démocratique fait un assez curieux contraste avec nos persistants efforts pour sauver de l'ancien appareil des autocraties tout ce qui a pu échapper aux naufrages des révolutions. "Tel cuide engeigner autrui...." Je constate avec plaisir qu'en ce pays de dissensions latines M. Williman jouit personnellement d'une grande autorité.

Il faut rejoindre notre bateau qui nous appelle. Avec quel plaisir je retrouverai Montevideo au retour ! La capitale de l'Uruguay, peut-être plus française d'esprit qu'aucune autre ville sud-américaine, a tout juste assez de charme exotique pour aviver notre plaisir de trouver des sentiments français en des cœurs étrangers. Du pont de la *Regina-Elena* nous saluons le *Cerro*, quelque chose comme le Mont-Valérien de l'endroit, auquel la table rase des terres d'alluvion donne ici une extrême importance. Il est surmonté, lui aussi, d'une crête de fortifications, et l'Uruguay attache une telle importance à ce phénomène qu'il a mis le *Cerro* dans ses armes sous la forme d'un pain de sucre vert et qu'un bon *Oriental* ne laisse jamais passer l'occasion de remarquer qu'en Argentine ils n'en ont point de pareil.

Sous la bise cinglante de l'inlassable *Pampero*, nos hélices se reprennent à battre d'un rythme lent les lourdes vagues limoneuses. Demain matin, dès la première heure, nos jumelles chercheront le port de Buenos-Aires.

L'estuaire du Rio de la Plata (rivière d'argent) (1), où nous naviguons maintenant, est une véritable mer. Bien que cernée de rivages, l'immense plaine d'eau ne laisse apparaître aucune ligne de terre à l'horizon. J'entends répéter qu'elle est égale en largeur à la longueur du lac de Genève : 40 kilomètres en effet, pour s'élargir finalement jusqu'à 180 kilomètres à l'embouchure, après un parcours de 350 kilomètres. La superficie couverte par l'estuaire est de 35 000 kilomètres carrés, c'est-à-dire d'une étendue supérieure à la Hollande. Dans cet énorme cul-de-sac, où la force d'une houle dure se fait souvent sentir, comme en ce moment même, viennent se confondre les eaux des deux grands fleuves, l'Uruguay et le Parana, qui, après leur jonction à la petite ville uruguayenne de Nueva-Palmira, déversent dans l'Atlantique les eaux d'un vaste bassin représentant le quart de toute l'Amérique du Sud. La marée se fait sentir à plus de 150 kilomètres en amont des deux fleuves. Montevideo, à 200 kilomètres de Buenos-Aires, semble garder l'entrée de la mer intérieure,

(1) L'estuaire, qui n'est pas une rivière et ne contient pas une particule d'argent, fut ainsi dénommé à cause des rares bijoux indigènes qui tentèrent d'abord la cupidité des survenants.

tandis que la capitale Argentine, située sur l'autre rive, est presque au fond de la baie. Les dépôts argileux drainés par le courant — relativement faible — envasent l'estuaire et nécessitent de continuels travaux de dragage pour maintenir le chenal accessible aux navires de grand tonnage. C'est le problème du port de Buenos-Aires.

BUENOS-AIRES : LE PORT ET LA VILLE

Enfin la ville se découvre. Des nuées grises, que roule le *Pampero*, émergent les formes massives des grands élévateurs, quelques-uns de ces lourds cubes de maçonnerie où se plaît l'Amérique du Nord. Ni haute flèche d'église, ni bâtiment d'art dominateur. Rives prosaïquement plates, ne se distinguant des eaux que par une ligne incertaine, quelques vagues bouquets de palmiers ; nul mouvement de terrain, point de fond de tableau. Nous sommes guidés par deux bateaux-pilotes, tous pavois dehors, car le président de la République déjeune dans le port même à bord du vaisseau-école, et tous les pavillons lui font honneur.

Très lentement, la *Regina-Elena* se range au quai : la passerelle est amarrée, et voici qu'une délégation du Sénat argentin, accompagnée d'un officier d'ordonnance du président de la République, vient me souhaiter la bienvenue. Une députation de la colonie française se présente, ayant à sa tête M. Py, le distingué président de la Banque française du Rio de la Plata. Cordiales poignées de main. Mille questions se croisent. On échange d'amicales paroles, qui parfois même prennent la forme d'une brève harangue où la patrie n'est pas oubliée. Les journalistes font rage. On pense bien que la *Prensa*, la *Nacion*, le *Diario* ont leur mot à dire. J'adresse tous mes remerciements aux membres du Sénat. Adieux à l'excellent capitaine avec tous mes vœux de bonne amitié. Je gagne l'automobile qui me met, en dix minutes, à la porte de l'hôtel. Je suis dans la République Argentine. C'est le moment d'ouvrir les yeux.

Buenos-Aires, d'abord. Une grande ville d'Europe, donnant de toutes parts la sensation d'une croissance hâtive, mais annonçant, par l'avance prodigieuse qu'elle a prise, la capitale d'un continent. L'*Avenida de Mayo*, aussi large que nos plus beaux boulevards, rappelle *Oxford Street* par l'aspect des étalages et la décoration des bâtiments. Point de départ : une grande place publique, assez gauchement décorée, que barre du côté de la mer une grande construction italienne, dite le *Palais rose*, où siègent ministres et président, et auquel fait pendant, à l'autre bout de l'avenue, une autre grande place, improvisée d'hier, qui s'achève par le palais du Parlement, colossale bâtisse presque terminée, dont la coupole rappelle le Capitole de Washington. Tous les styles d'architecture, et principalement le style dit : *tape à l'œil.* Le plus somptueux bâtiment est, sans contredit, celui de l'opulente *Prensa*, que nous visiterons plus tard.

L'architecture italienne sévit à Buenos-Aires. Ce ne sont qu'astragales et fleurons parmi de cruels entrelacs de lignes tourmentées, exception faite, bien entendu, des coquettes villas et des palais imposants qui désignent à l'attention publique les demeures de " l'aristocratie ". Je crois bien que les " quartiers d'affaires " se ressemblent dans tous les pays du monde. Le centre commercial de Buenos-Aires est le plus encombré qui soit. Les rues, spacieuses, il y a vingt ou trente ans, pour une population de deux ou trois cent mille âmes, sont devenues lamentablement insuffisantes au cœur d'une capitale de plus d'un million d'habitants. Le trottoir, exigu, qui ne permet pas la marche à deux de front, est rasé de très près par une fâcheuse ailette de tramway qui met les passants en danger. La police attentive règle sévèrement tous les détails de la circulation. Il a fallu même prohiber le passage des voitures dans l'après-midi, en certaines rues, pour livrer la chaussée aux mouvements des piétons quand l'affluence croissante menace de tout arrêter.

En dépit de ces sages précautions, le problème d'une emplette à faire dans le quartier commerçant par excellence ne se résout pas sans difficulté. Flâner ou simplement s'arrêter aux étalages, dans cette partie de la ville, est une entreprise au-dessus des forces humaines. La courtoisie veut même, si l'on a le malheur de rencontrer quelqu'un en cette mêlée, qu'on rende à l'âge, comme au beau sexe, le service de se placer du côté de la chaussée pour atténuer le remous de la foule causé par le passage à peu près continu du tramway. C'est justice de dire que ce mode de transport, dont toutes les classes de la population se plaisent à faire usage, est organisé d'une façon supérieure. Malgré tout, on ne peut se dispenser absolument de marcher, et l'administration municipale, qui, en dehors du centre urbain si fâcheusement engorgé, a disposé de larges voies où fiacres, voitures de luxe et automobiles prennent leur revanche, voit arriver le moment inévitable où il faudra jeter les millions par centaines dans une ruineuse opération de voirie qui ne peut plus être retardée. M. Bouvard a fait tout exprès le voyage de Buenos-Aires. Je ne doute pas qu'il ait donné de judicieux conseils et qu'il ait fourni le meilleur tracé de belles avenues.

Cela n'empêchera pas le sacrifice budgétaire d'être formidable en raison des prix extravagants des terrains, souvent supérieurs à ceux de Paris.

Une des particularités de Buenos-Aires, c'est qu'on n'en peut pas voir la fin. Comme la pampa ne présente nul obstacle, les petites maisons coloniales, pareilles à celles qui m'ont frappé à Montevideo, se trouvant refoulées à la périphérie par la valeur croissante des terrains — objet de constantes spéculations — se pressent en bordure de la grande cité pour offrir (brique, plâtre, pisé) un abri confortable en un pays où la cheminée est inconnue. A mesure qu'on avance vers la pampa, la qualité de la construction naturellement diminue. On arrive aux simplifications de la terre séchée au soleil avec toit de tôle ondulée, au primitif *rancho* dont le bidon de pétrole, convenablement écartelé, fournit le meilleur élément de charpente, complété de rares branchages et de chaume au petit bonheur. Est-on encore à ce moment sur le territoire de la capitale ? On roule depuis si longtemps en automobile que le doute est permis.

On roule sur une chaussée de terre plus ou moins unie, qui permet le voyage sans en exagérer les plaisirs.

Le malheur du pays est de n'avoir ni bois, ni pierre, ni charbon. Sans doute les provinces lointaines ont encore de belles forêts qu'on exploite sauvagement, soit pour le *quebracho* (l'arbre le plus riche en tanin), soit pour alimenter le foyer des usines ; mais le prix du transport condamne la partie la plus prospère de la république à s'approvisionner de bois en Norvège. L'Uruguay, d'autre part, fournit une pierre excellente tant pour la construction que pour le macadam ou le pavé. Une grande dépense. Quant au charbon, c'est le fret de retour des navires anglais qui emportent la viande des *frigorifiques* ou le bétail sur pied.

Sans rappeler encore l'encombrement de Londres, de New-York, de Liverpool, le port aligne noblement, sur une longueur de 10 kilomètres, ses grands monstres de la mer que de puissantes grues se font un jeu de vider et d'emplir. Spectacle souvent décrit qui ne présente ici aucun trait particulier.

Il faudrait une brochure pour décrire l'aménagement et l'outillage du port de Buenos-Aires. Tous ceux pour qui la question offre un intérêt spécial pourront se renseigner sans peine. Les autres me sauront gré de ne pas les fatiguer de chiffres empruntés aux études techniques qui abondent. Il suffit de mentionner la coexistence de deux ports : le " Riachuelo " et le " port de la Capitale ". Le premier est un havre naturel formé par le cours d'eau du même nom. Il est l'auxiliaire de l'autre, qui est puissamment outillé selon les dernières données de l'art moderne en la matière. Entrée et sortie de plus de 30 000 navires à vapeur et à voile, annuellement, sur lesquels il en faut compter au moins 4 000 d'outre-mer.

Les grands élévateurs de grains ont été cent fois décrits. Ceux de Buenos-Aires ne sont en rien inférieurs aux plus beaux de ces gigantesques outils dans l'Amérique du Nord. Chaque élévateur peut charger 20 000 tonnes de grains dans une journée. A l'un d'eux se trouve annexé un moulin, qui est, nous a-t-on dit, le plus grand du monde. Préalablement revêtus de la longue chemise blanche qui nous sacrait vrais " fariniers ", nous avons agréablement circulé parmi meules et blutoirs achevant la transformation du petit blé gris de la pampa (1) en belle farine blanche. Nos cultivateurs de la Beauce accoutumés aux lourds grains de froment doré n'apprécieraient guère ce produit qui, par surcroît, réclame un très sérieux lavage. On nous dit que de tous les blés connus c'est le plus riche en gluten. Les diabétiques savent donc à quel marché s'adresser.

L'abattoir de la *Negra*, dont M. Carlos Luro (fils de Français) a bien voulu me faire les honneurs, est un établissement modèle qui n'abat pas moins de 1 200 bœufs par jour, sans parler des moutons et des porcs. Fidèle reproduction des fameux abattoirs de l'Amérique du Nord. Parvenue au bout d'un couloir où elle se trouve immobilisée, la bête reçoit au front un coup de maillet sous lequel elle s'affaisse, glisse sur un plan incliné au bas duquel l'artère carotide est tranchée, après quoi le corps, accroché à un wagonnet, s'en va par un rail aérien subir une série d'opérations connues, et dont l'ultime résultat est de le livrer en deux morceaux aux chambres frigorifiques jusqu'à son prochain départ pour l'Angleterre, grand marché des viandes argentines. Tout cela exécuté avec une fureur de rapidité si déconcertante que l'innocente victime de notre cannibalisme se trouve mise en sac pour la congélation, avec ses entrailles disposées en de jolies boîtes de fer-blanc, avant d'y avoir pensé. *On utilise tout, sauf les cris*, disait un féroce abatteur de Chicago. Des vétérinaires inspectent toutes pièces suspectes de tuberculose, qui sont brûlées en cas de condamnation.

Il était inévitable que les premiers colons, venus de la mer, appuyassent leur ville au port. Aujourd'hui la capitale, que sa prospérité dispose désormais aux raffinements, se plaint que navires, élévateurs, constructions industrielles des quais,

(1) Treize hectolitres à l'hectare, sans engrais et avec un minimum de labour.

déparent l'accès de la mer. On peut en dire autant de tous les grands ports du monde. Buenos-Aires a déjà besoin d'un autre port, mais il n'y a pas apparence que rien du port actuel puisse être changé.

C'est en cette partie de la ville que se pressent, bien entendu, les misérables bouges qui sont le premier refuge de l'émigratiom italienne, en attendant l'occasion du *nouveau départ*. Là, sévit dans sa hideur la misère des villes européennes avec tout l'accompagnement des dégradations ordinaires. Je m'empresse de dire que l'aide sociale — officielle ou privée — fait dûment son office. Les dames de Buenos-Aires, organisées en associations de secours, se font un devoir de rendre visite aux familles besogneuses, et, comme la générosité est le premier trait du caractère argentin, le mal est sensiblement atténué. D'ailleurs, nulle trace extérieure de l'avilissement féminin qui déshonore nos rues.

Pourquoi tout ce pullulement d'Italie s'arrête-t-il à Buenos-Aires encombré, au lieu de gagner tout d'un trait la pampa qui ne cesse de solliciter l'énergie du travailleur, à ce point, me dit-on, qu'on a vu des moissons pourrir sur pied faute de bras, malgré l'offre de salaires montant jusqu'à 20 francs par jour ? Il y a de cela beaucoup de raisons. D'abord ces salaires ne sont que de quelques mois ou semaines. Et puis, s'il faut tout dire, j'ai entendu des travailleurs italiens se plaindre de n'être pas suffisamment protégés, loin des villes, contre l'omnipotence excessive de fonctionnaires enclins à se croire tout permis. Je n'insiste pas. J'ai recueuilli les mêmes plaintes — amplifiées — au Brésil. Les autorités argentines et brésiliennes, à qui j'ai transmis ces doléances, ont toujours protesté que leur gouvernement n'avait jamais manqué de sévir avec rigueur toutes les fois que des faits regrettables avaient pu être établis à la charge de leurs agents. On ne peut pas douter de la bonne volonté de l'administration supérieure, qui a intérêt à développer rapidement la population de la pampa. Les éléments de l'émigration, sans doute, ne sont pas toujours purs. Je ne serais pas surpris, toutefois, qu'il y eût lieu d'exercer un contrôle sévère dans la direction que je viens d'indiquer.

Je n'ai encore rien dit des beautés de la ville. C'est un regret que la mer ne puisse compter parmi les attractions de Buenos-Aires. Un rivage sans relief ne se prête pas aux dispositions du décor. Végétation médiocre. Une eau d'un ocre sale qui n'est décidément ni rouge ni jaune. Rien ne se trouve là pour la récréation de l'œil. Aussi n'ai-je vu la mer de Buenos-Aires que deux fois : à l'arrivée et au départ. Quand surviennent les chaleurs de l'été, toute la population mobilisable s'enfuit à Mar del Plata, le Trouville de Buenos-Aires, charmant assemblage de villas fleuries autour d'une grève de l'Océan.

Parfaite salubrité. Aucune dépense n'a été épargnée pour satisfaire à l'exigence des règles d'une bonne hygiène municipale. Avenues plantées, jardins, parcs aménagés pour mettre de grands réservoirs d'air à la disposition de tous et offrir des pelouses aux jeux de la jeunesse sportive. Jardin zoologique et jardin botanique, modèles du genre. Bel hippodrome qu'entoure d'une verdoyante ceinture le développement du bois de Boulogne argentin : *Palermo.*

C'est un Français, le génial M. Thays, bien connu de tous ses collègues d'Europe, qui a la direction souveraine des plantations et des parcs de Buenos-Aires. M. Thays, qui excelle dans l'art français du jardin, prend plaisir à mettre toutes ses pensées, toute sa vie, au service de ses arbres, de ses plantes, de ses fleurs, prêt à les défendre contre tout détracteur, ce qui est superflu, la population de Buenos-Aires ne laissant pas échapper une occasion de lui témoigner sa reconnaissance.

Partout où il découvre un emplacement propice, le bon maître jardinier apparaît pour piquer en terre quelque tige qui deviendra la joie des yeux. Il a créé, peuplé de grands parcs. Grâces lui soient rendues ! Et comme il dispose de belles serres, tout notable, toute société aristocratique ou populaire qui a besoin de verdure ou de fleurs pour une fête voit, sur un coup de téléphone, arriver les voitures de la ville chargées de décorations fleuries. M. Thays a visité les régions équatoriales — Argentine, Bolivie, Brésil — à la recherche des espèces rares dont il pouvait faire profiter sa ville, et, comme son ambition dépasse les limites de Buenos-Aires, il a conçu l'idée — qui est déjà en voie de réalisation — d'un grand *parc national*, à l'exemple de ceux de l'Amérique du Nord, où toutes les merveilles de la végétation tropicale seront rassemblées. Les chutes de l'Iguazzu — plus grandes et plus hautes que le Niagara — seront comprises dans ce prodigieux domaine appuyé à la frontière même du Brésil.

LE JARDIN BOTANIQUE

En dehors de ses entreprises de conquête, qui en font un rival d'Alexandre, M. Thays est un homme modeste et souriant qui se donne beaucoup de mal pour paraître n'avoir rien fait. Si j'avais la compétence requise, je voudrais exposer comment il a réalisé une organisation de jardin botanique, supérieure à tout ce qui s'est fait en ce genre sur le vieux continent. Il est plus amusant de le suivre aux différentes sections où la flore de toutes les régions du monde est abondamment représentée par ses espèces caractéristiques. L'Argentine, comme on pense, a la plus belle part. Là, s'étalent les principaux échantillons de la flore, depuis les régions glacées de la Terre de Feu jusqu'à l'équateur : hêtre antarctique, caroubier, quebracho (inaltérable par son extraordinaire teneur en tanin, précieux pour les traverses de chemin de fer), acajou, sans oublier le *cèdre de Tucuman* ou *de Mendoza*, qui, d'ailleurs, n'est pas un cèdre. C'est de ce bois que se font les boîtes à cigares. Il est employé dans la menuiserie des maisons cossues, car il est docile à l'outil et très décoratif par sa chaude couleur. Son défaut est de *jouer* éternellement. Partout où vous le rencontrerez, ni portes ni fenêtres ne peuvent s'ouvrir ou se fermer normalement.

Mais il faut voir M. Thays faire les honneurs de l'*ombu* (1)
et du *palo borracho*.

L'*ombu* est la merveille de la pampa, le seul arbre auquel
les sauterelles refusent de goûter et qui, pour cette unique
raison, a pu se développer librement, au hasard des chances
du jour, sans que l'homme lui-même trouvât moyen d'utiliser
ce dont les insectes voraces de la Providence ne veulent pas.
Car l'*ombu* se fait gloire de n'être bon à rien. On n'a pas
même la ressource de le mettre au feu. Il est là pour la seule
vue, et c'est assez. Imaginez quelque chose comme des dos
de monstres antédiluviens enchevêtrés, mastodontes ou éléphants couchés à l'ombre d'un grand dais de feuillage protec-
teur. De lourds replis de carapace grise dénoncent un membre
qui s'allonge, une épaule arrondie, une tête énorme à demi
cachée. Ce sont les racines gigantesques de l'*ombu*, dont le
grand plaisir est de sortir de terre pour s'étendre en d'étonnantes constructions animées. Lorsque, par le moyen du pied
et du bâton, vous vous êtes bien assuré que les massives
formes de vie sont momifiées sous l'écorce apparente, vous
portez votre attention sur le tronc de l'arbre et, comme vous
le découvrez tout creux avec des parois d'aspect effrité, vous
y portez la main. Surprise nouvelle, le doigt entre dans
l'arbre avec la résistance légère qu'offrirait une mince feuille
de papier. Et, tout aussitôt, de fines lamelles friables d'une
substance qui devrait être du bois, et qui est je ne sais quelle
chose innommable, vous tombent dans la main pour se réduire
en une impalpable poussière, que la brise disperse sans vous
laisser le temps de la regarder. Vous avez le secret de l'*ombu*.
C'est un arbre sans bois qui s'évapore au grand air, mais garde
soigneusement, pour se perpétuer, un troupeau monstrueux
de racines bestiales d'où prolifèrent les jeunes tiges vives des
petits *ombus* à venir. Puisqu'on ne peut pas brûler le néant,
vous comprenez qu'il vous soit interdit de recourir à l'*ombu*
pour faire cuire votre déjeuner. Végétation paradoxale qui
n'a d'autre raison d'être qu'une glorieuse inutilité. S'il avait

(1) Prononcez *ombou*.

la beauté, je recommanderais l'*ombu* aux poètes qui se vantent de préférer le beau à l'utile. Mais comme son esthétique n'est pas de celles qui s'imposent, le plus sage est probablement de le passer au compte des distractions du Créateur.

Avec le *palo borracho* nous entrons, au contraire, dans le monde de l'utilitarisme à outrance sans abandonner pour cela le domaine de la fantaisie. Cette dénomination populaire qui fait de l'innocent fût un " ivrogne ", sous prétexte qu'il aurait l'air de tituber, n'est rien moins qu'une calomnie. Ce tranquille citoyen des forêts est étranger au monde de l'alcoolisme. Il est même étranger à toute société humaine, doit-on croire au premier abord, car son tronc bizarre, étranglé au collet des racines et renflé dans la partie médiane, se hérisse d'innombrables épines, courtes et dures, qui n'en permettent pas l'accès familier. Ces épines tombent avec l'âge, au moins dans la partie inférieure : mais comme elles abondent jusqu'aux moindres branches, nulle bête, de l'homme au singe, ne pourrait s'y risquer.

Le tronc, percuté de la canne, rend un son creux. L'arbre, en effet, est intérieurement évidé, n'ayant besoin que d'être fendu dans sa longueur pour les usages domestiques de l'homme en quête d'une auge. La femme de l'Indien s'en sert pour laver son linge, et le bois, sous la double action de l'air et de l'eau, acquiert la dureté du ciment. Le fruit vert, de la grosseur d'une bonne pomme, fournit une crème blanchâtre qui, sans posséder les qualités requises pour le *five o'clock* de Rumpelmayer, n'en constitue pas moins pour la famille indienne un savoureux déjeuner. Enfin, si le fruit vient à maturité, il éclate au soleil en une grosse touffe de coton soyeuse, qui pique le clair feuillage d'une pléiade de boules blanches incitant l'oiseau à son nid. D'où le nom de *faux cotonnier*. La fibre très fine de ces flocons est trop courte pour être filée, mais l'Indien, et même le colon d'Europe, n'en tirent pas moins bon parti de cent façons. On en fait particulièrement des oreillers, des coussins très doux que je recommande.

M. Thays n'était pas homme à nous laisser partir sans nous montrer ses plantations de *yerba maté*. On sait que le *maté* (*houx du Paraguay*) est une plante originaire du Paraguay (d'où elle a gagné le Chili, le Brésil et l'Argentine), dont les feuilles, desséchées et légèrement torréfiées, fournissent une infusion stimulante chère aux indigènes, comme aux colons du continent sud-américain. Ainsi que la kola, le thé, le café, le maté contient une importante proportion de caféine, qui en fait un tonique du système nerveux en même temps qu'il modère et retarde la désassimilation.

J'ai goûté le *thé du Paraguay* ou *thé des jésuites* à plusieurs reprises sans avoir jamais pu dire, honnêtement, que j'en trouvais la saveur agréable. Mais le palais finit par s'accommoder de tout. J'ai un ami qui boit un verre de valériane avec plaisir. Toute l'Amérique du Sud se délecte ainsi de l'arome très particulier, mais peu séduisant au premier abord, du fortifiant maté. Les journées de la pampa sont plutôt fatigantes. Le temps n'est plus où l'on prenait en passant une vache au lasso pour le simple beefsteak du déjeuner. Le grand réconfort du *rancho*, c'est le *yerba maté*, qui remet le cavalier en selle avec une nouvelle vigueur. Partout, à la ville comme à la campagne, le rite universel du maté s'accomplit au grand jour. Hommes et femmes gravement promènent la petite gourde où plonge le tuyau de la *bombilla*, petite sphère percée de trous, et qui circule souvent de bouche en bouche pour la délectation supérieure du gourmet.

Jadis, la bonne doctrine de la fabrication voulait que la première infusion, assez âcre, fût réservée aux serviteurs. L'habitude a conduit les gens à n'y pas regarder de si près : d'autant que, si le maté est resté et doit rester, sans doute, la boisson populaire, l'élite aristocratique et bourgeoise, sans jamais médire du maté, bien entendu, lui préfère, comme tout bon Européen, le thé de Chine et le café de Santos. Avec l'accroissement de la population, la consommation du maté n'en a pas moins atteint un prodigieux développement. On estime qu'un Argentin paye annuellement en maté une somme double de la dépense annuelle du café en France par habitant. Jusqu'à ces dernières années, la République Argentine, sans parler de sa propre production, importait du Brésil et du Paraguay 40 millions de kilogrammes estimés à 22 millions de francs.

On comprend que le Gouvernement argentin se soit montré très désireux de propager la culture du maté. La difficulté résidait dans le processus de la germination. En certaines provinces de l'Argentine, le maté poussait spontanément, mais les semis demeuraient improductifs. M. Thays, après de laborieux essais, découvrit que les graines avaient besoin, pour germer normalement, d'une station prolongée dans l'eau chaude et, fait remarquable, les plantes ainsi obtenues arrivèrent à se reproduire sans avoir besoin que leurs graines fussent préalablement soumises à cette opération. Dans le train ordinaire de la nature, il paraît que l'enveloppe de la graine se ramollit en passant par l'estomac des oiseaux. Les jésuites avaient découvert le procédé de l'immersion dans l'eau chaude, mais l'avaient emporté avec eux au moment de leur expulsion. M. Thays l'a retrouvé. On a tenté, à plusieurs reprises, de propager la consommation du maté en Europe. Je ne crois pas qu'on y réussisse aisément. Ce serait pourtant un grand bienfait si le *yerba maté* pouvait, comme dans l'Amérique du Sud, se substituer à l'alcool qui nous menace d'une destruction irréparable.

Je ne voudrais pas quitter le jardin botanique sans noter le charme des aimables constructions de treillages qui se retrouvent dans tous les grands jardins. En ces heureux climats où la rigueur de l'hiver est de théorie seulement, ni arbustes ni fleurs n'ont besoin de la protection des vitrages. Un pavillon de treillage, avec ses jolies plates-bandes, est comme un jardin d'hiver sans vitres où l'ombre et le soleil, artistement distribués, se jouent au milieu de délicates structures de végétation. Ce n'est pas le plein air et ce n'est pas la serre. Disons une vaste cage de verdure décorative.

III

LE JARDIN ZOOLOGIQUE DE BUENOS-AYRES

BOTANIQUE et zoologie sont sœurs. Nous quittons les plantes pour les bêtes, accompagnés de M. Thays, qui rend volontiers visite à son voisin M. Onelli. Le directeur du jardin zoologique de Buenos-Aires est un petit homme flegmatique, de langage franco-italien d'autant plus savoureux que son esprit caustique et rieur se plaît aux formules d'ironie concentrée. Quel ennui que ses bêtes, dont il est le père et la mère, et le frère et la sœur, ne puissent goûter ses saillies ! Encore n'est-il pas sûr qu'elles n'y comprennent rien. Il faut bien qu'ils puissent échanger des sentiments, sinon tout à fait des pensées, puisque la plus touchante intimité a pu s'établir entre l'homme faisant effort d'intelligence supérieure pour se rapprocher du frère inférieur, et ces premiers nés du processus biologique au détriment de qui le droit d'aînesse se trouve renversé.

Je voudrais m'arrêter aux lamas, employés comme bêtes de somme à raison de 25 kilogrammes de charge par animal, aux vigognes qui fournissent une exquise fourrure plumeuse, et dont l'histoire privée ne se pourrait raconter qu'en latin, étant donnée l'intervention déplacée de l'Indien là où il n'a que faire.

M. Onelli a eu l'idée de donner aux groupes les plus notables un palais représentatif de l'architecture de leur pays, d'où une plaisante variété d'aspects. Mais le plaisir est des bêtes d'abord. Il faut voir les deux monstrueux hippopotames s'élancer de l'eau, en des attitudes de mastodontes, pour accourir au sifflement du directeur ami, et, sur un geste, ouvrir l'effroyable gouffre rose de gueules ornées de dents formidables, pour recevoir avec reconnaissance trois brins d'herbe qu'ils auraient pu cueillir eux-mêmes à leurs pieds, si c'était le régal, et non l'amitié, qui les incitait à ces mani-festations de plaisir.

Les grands fauves *s'humanisent* à la vue du patron, s'il est vraiment permis de faire usage d'un tel mot pour exprimer une atténuation de férocité. Le *puma* (1), sorte de panthère jaune que sa couleur apparemment fait dénommer lion d'Amé-rique, accourt pour offrir son dos aux caresses de la main fraternelle, avec un grognement rauque qui paraît de rage impuissante plutôt que de volupté.

Après une palabre avec de délicieux pingouins, tout frais arrivés des glaces australes, en compagnie de leurs petits, et qui se laisseraient mourir de *spleen* si l'on ne les nourrissait à la sonde, comme une simple *suffragette* anglaise, nous donnons un coup de chapeau aux autruches grises de la pampa que le lasso du gaucho a cruellement raréfiées. L'autruche grise d'Amérique (*nandou*), qui devrait échapper à notre barbarie, puisque ses plumes postérieures ne sont pas pour tenter la tête de nos belles, sollicite notre attention par certaines particula-rités de famille. Au mâle le soin de couver, tandis que la femelle

(1) Le puma est probablement le fauve le plus répandu dans les provinces du nord de l'Argentine, car il fuit l'homme et se dérobe avec plus de succès que le jaguar et la panthère aux pièges comme aux battues du chasseur. M. Edmond Hilleret, qui en a tué plusieurs, m'a raconté qu'il ne pouvait garder un troupeau de moutons à Santa Ana, près de Tucuman, parce que les pumas les lui mangeaient tous, quelques soins qu'il prît pour les préserver. " D'ailleurs, ajoutait-il, malgré mes chiens et mes *péons* (serviteurs à cheval), on ne voit jamais de puma. C'est une rareté. "

préfère vagabonder. Par compensation, le père voit se développer ses instincts familiaux dans la proportion même où la mère — combien peu recommandable ! — néglige ses devoirs. C'est ainsi qu'avant de s'asseoir sur ses œufs il en met de côté deux ou trois, selon le nombre des petits à venir, et quand ceux-ci apparaissent au jour, un bon coup de bec paternel sur les coques blanches étale au soleil un flot savoureux : appât tentant de mille mouches qui vont s'engluer à plaisir pour le premier repas des nouveau-nés. Admirables ressources des innombrables procédés de l'univers pour la conservation de ce qui est !

Mais nous sommes au palais des éléphants. On en compte une demi-douzaine sous un vaste dôme, et la vue de M. Onelli les met tout aussitôt en rumeur. Balancements des lourdes masses grises, battements des grandes oreilles accompagnés de petits clignements d'yeux, jets de trompe interrogatrices, promptes à toute aubaine. Un aimable éléphant familier, la jeune *Fahda*, née en ces lieux mêmes, bouscule les colosses, se fraie un chemin jusqu'à M. Onelli, qui échange avec son amie des propos de tendresse, mais ne peut répondre comme il faudrait aux demandes pressantes de friandises. Le bon directeur nous explique les mystères d'une si douce amitié.

" Nous n'avons point de secrets l'un pour l'autre ", dit-il doucement.

Et c'est plus vrai qu'il ne croit, car déjà la jeune trompe s'insinue prestement dans la poche tentatrice et en retire un paquet de lettres tout aussitôt ingurgité. Exclamations tardives autant que vaines du destinataire, qui voit sa correspondance engagée, sans espoir de retour, dans les sombres couloirs d'une poste imprévue (1).

---

(1) Je signale, en passant, le livre si intéressant de M. Onelli, *Trepando los Andes* (*En gravissant les Andes*), fidèle relation de son voyage en Patagonie. Lorsqu'il me décrivait les mœurs des indigènes, il voulut bien me promettre quelques-unes des pointes de flèches recueillies au cours de ses excursions. Dès le lendemain je recevais l'envoi accompagné de la lettre suivante :

Aimablement, M. Onelli nous offre, pour un instant de repos, l'hospitalité de son salon. Mais qu'est-ce à dire ? Une

" Mon respecté monsieur,

" En fouillant dans tous mes tiroirs, j'ai trouvé enfin les pointes de flèches que vous désirez. Le livre qui les accompagne, humble hommage à votre personnalité, décrit les endroits où je les ai trouvées moi-même. Si vous avez la bonté de le feuilleter, vous trouverez quelques photographies des descendants des faiseurs de flèches. Les Indiens Tehulelches, qui, au nombre d'un peu plus de 2000, vivent dans la moitié sud de la Patagonie, quand on leur montre ces pointes de flèches qui se rencontrent parfois sur l'aride plateau de leur pays, disent que ce sont les armes en usage chez les Indiens d'autrefois, ceux qui allaient à pied. On sait, en effet, qu'ils ont commencé à connaître le cheval il y a cent cinquante ans tout au plus, et l'on peut calculer que l'âge de la pierre, représenté par ces pointes de flèches, n'a fini en Patagonie qu'il y a un demi-siècle environ. Les flèches qu'on trouve en Patagonie sont une démonstration *a contrario* de l'influence des industries civilisées, puisque les pointes les plus grossièrement travaillées sont les plus modernes. Les Indiens ont perdu petit à petit l'art de fabriquer la flèche, lorsqu'ils ont réussi à employer à cet effet des morceaux de lames de couteaux et de fer venus des chrétiens, et ensuite ils ont complètement abandonné ce travail quand ils ont acquis les armes à feu. Pour préparer les peaux de guanaco, les femmes indigènes, naturellement d'esprit plus conservateur que les hommes, emploient jusqu'à aujourd'hui le vieux système du raclage de la partie intérieure du cuir, au moyen de racleurs de pierre tout à fait semblables à l'instrument en usage chez l'homme préhistorique européen. Aujourd'hui, n'ayant d'autres moyens de se les procurer, elles fouillent, aux heures de loisirs, les vieilles demeures de leurs ancêtres pour trouver quelque racleur de silex et le garder soigneusement.

" L'époque de la flèche subsiste toujours dans le nord de la République, chez les Indiens des forêts du Chaco. On la fait en bois dur. Dans ces terrains d'alluvions, on ne trouve pas de cailloux, comme on n'en trouve pas dans la province de Santa-Fé et presque dans toute la province de Buenos-Aires (une région plus grande que toute la France sans un caillou !) ; c'est ce qui fait la difficulté, dans un terrain plat, toujours friable et sans calcaire, d'entretenir de bons chemins. La route, par l'effet du trafic et de la pluie, devient un fossé boueux : voyez en même temps l'énorme essor des chemins de fer !

" Quant à l'art de faire des pointes de flèches, l'âge de la pierre subsiste toujours chez les Onas et les Lakaluf, indigènes de la Terre de Feu ; mais, hélas ! là aussi l'art a dégénéré ! Les indigènes qui habitent la côte, toujours au guet de l'arrivée d'une baleine morte ou blessée, et des femme de chambre nous vient ouvrir la porte avec un jeune *puma* dans ses bras, et je ne sais qu'elle boule hirsute sur son dos. Des grincements de canines blanches se découvrent sous les meubles. On trouve des serpents lovés dans les fauteuils. Décidément nous ne sommes plus fatigués. Il y a moins de danger à voir *Palermo*.

PROMENADES, SQUARES ET MONUMENTS

La fameuse promenade s'annonce noblement à la *Recoleta*, où les lignes d'architecture encadrent harmonieusement pelouses et futaies. Des équipages d'une correction britannique, superbement attelés, des automobiles tapageuses se croisent à toute vitesse. N'étaient les touffes d'arbres exotiques, on se croirait au Bois. *Palermo* s'annonce en beauté. Le malheur est que soudainement s'offre à nos yeux une déplorable allée de cocotiers malades, dont le tronc dénudé s'orne de palmes mortes pour une douloureuse perspective de manches

épaves des naufrages de voiliers qui doublent le cap Horn, ont trouvé que le verre de bouteille est la matière la plus facile à travailler pour leurs flèches, et leur pauvre langage s'est enrichi d'un nouveau mot : pour dire *verre* ils disent *bôtel*, par le naturel *quiproquo* d'une langue qui en introduisant un néologisme a pris le nom de bouteille (*botella*) pour le nom de la matière dont elle est faite.

" La flèche noire opaque est en basalte, la roche la plus abondante en Patagonie, mais qui est aussi la plus difficile à travailler pour la confection d'objets si petits : on se sert généralement de l'obsidienne, la petite pointe noire et luisante du silex.

" Les cornets joints aux flèches sont des moulages siliceux intérieurs d'une classe de mollusque fossile tertiaire, la *turritella*, très abondante dans les gisements de la falaise du Rio Santa Cruz et dont parfois les Indiennes se servent comme de bijoux.

" Veuillez, mon très respecté monsieur, excuser mon mauvais français, puisque j'ai la présomption de vous écrire directement au lieu de me faire traduire en bon français.

" Votre très dévoué,

" CLEMENTE ONELLI. "

" 25 juillet 1910. "

à balai. Cet arbre, qui a si grand air au Brésil, n'est pas ici chez lui. En alignement, même dans les rues de Rio, il étonne plus qu'il ne charme. C'est en bosquets qu'est sa puissance de décoration. Je me permets de recommander à M. Thays le remplacement prochain de ces invalides de l'horticulture par des eucalyptus ou toute autre essence qu'il lui plaira.

Mais nous ne sommes pas au bout de nos peines. A moins de 200 mètres, l'avenue est barrée d'une voie de chemin de fer, avec passage à niveau. Barrière généralement fermée, tourniquet pour les piétons, gare et tout ce qui s'ensuit. Un train passe après dix minutes d'attente, et notre automobile s'engage dans une route abondante en fondrières conduisant cette fois à l'arche sombre d'un grand pont pour le passage d'une nouvelle voie ferrée qui coupe déplorablement l'horizon. Et nous voilà lancés, en des successions d'ornières bordées de plantations récentes, à travers un bois chenu qui sépare la voie ferrée de l'estuaire de la Plata.

Les trains qui se succèdent d'un côté, la grande mare ocreuse de l'autre : ce ne sont pas des enchantements. Des équipes d'ouvriers travaillent aux routes qui ont grand besoin de leur secours. Je ne doute pas qu'il y ait là quelque jour une somptueuse promenade. Il ne s'agit que de la faire, en commençant par la débarrasser de ses rails avec les talus et les ponts qui en sont l'accompagnement. On l'a compris ainsi sans doute, puisque le passage à niveau va, dit-on, disparaître. C'est un commencement. Je pense que M. Bouvard n'aura pas négligé de donner sur ce point d'utiles avis. Je crains seulement que la disposition des lieux ne condamne *Palermo* à toujours manquer d'étendue : mais, si M. Thays a pleine liberté, il dotera certainement un jour Benuos-Aires d'un parc digne de la capitale argentine.

Est-il besoin de dire que tous les squares et parcs sont surabondamment ornés de sculptures et de monuments " décoratifs " où la critique peut s'exercer ? Rien n'est si naturel, chez une jeune société, que le désir de susciter en hâte des hommes éminents dans tous les domaines. Cependant les réali-

sations d'idéalisme ont besoin, semble-t-il, du solide fondement des choses établies. Dans un pays où tous les sangs de
la latinité se mêlent, l'art ne pourra manquer de fleurir. Il se
dégagera de sa gangue à mesure que le goût du public
s'épurera. Des œuvres comme celles de M. Paul Groussac,
comme le curieux roman de M. Enrique Rodriguez Larreta (1),
le distingué ministre de la République Argentine à Paris,
attestent déjà un assez beau développement de littérature aux
bords du Rio de la Plata (2). La statuaire ne parait pas
être encore à ce point, et j'ai hâte de dire, pour être juste, que
nos tailleurs de marbre — hors quelques exceptions notables
— n'exhibent rien à Benuos-Aires — pas plus qu'à Paris,
hélas ! — qui soit pour rejeter trop loin dans l'ombre leurs
confrères d'outre-Océan.

La France, l'Italie, l'Espagne ont fourni à Benuos-Aires

(1) *La Gloire de Don Ramire.*
(2) Je cite ces deux noms parce qu'ils sont proches de nous. On ne
juge pas d'un mot la littérature argentine. Les nobles guerres de l'Indépendance ne pouvaient manquer de susciter des chants populaires volant
de bouche en bouche, de même que l'accroissement de culture devait
disposer les esprits à l'art des compositions littéraires. Luttes contre la
métropole ou luttes civiles, en surexcitant les âmes pour les porter
aux grands actes de vie publique d'où la constitution d'une forte
nationalité allait sortir, fournissaient nécessairement la matière de ces
premiers monuments de l'histoire que les documents ou les formules
parlées, génératrices d'action, inscrivent dans le souvenir des générations
reconnaissantes. En ce sens, les nobles harangues de Mariano Moreno
au gouvernement provisoire, les proclamations éloquentes du général
Belgrano après les batailles de Salta et de Tucuman, les lettres de San
Martino d'un si haut caractère, sont de puissantes leçons où l'énergie de
la pensée et l'art de l'expression se confondent en des formes d'humanité
agissante, sur lesquelles le temps ne mordra pas. La sauvage dictature de
Rosas devait faire le silence dans tout l'ordre des manifestations de la
pensée. Mais déjà Sarmiento, de son exil du Chili, lance du haut des
Andes ses virulents pamphlets contre l'abominable tyran. Avec la liberté
retrouvée, la presse et la tribune fournissent une légion d'écrivains,
d'orateurs, à la tête desquels on ne peut se dispenser d'inscrire les noms
de Bartolome Mitré et de Nicolas Avellaneda. Dans les temps modernes,
j'aurais trop d'écrivains distingués à citer dont chacun exigerait une
notice particulière.

d'assez beaux monuments de confraternité latine. Mais on devine aisément que le légitime besoin d'écrire l'histoire sur les places publiques a fait pulluler de toutes parts, comme partout, les statues de soldats et d'hommes politiques. Cette manie nous a conduits nous-mêmes si loin que je serais assez mal venu à reprendre autrui là-dessus, tout en ayant le devoir de reconnaître que la République Argentine, dans la paix comme dans la guerre, a produit des hommes éminents. Ne suffit-il pas de citer les noms de San Martino (dont la statue s'élève à Boulogne-sur-Mer et à Benuos-Aires) et de Sarmiento ?

Si les gouvernements avaient toujours à leur disposition, même approximativement, des hommes de génie, on passerait aisément sur l'exacte valeur du renom qu'une opinion d'un jour s'est proposé de rendre éternel. Mais les hommes de génie sont rares, et, quand on les tient, il leur arrive de se tromper. Pour les autres, les monuments qu'on leur élève se bornent à nous munir de réflexions philosophiques sur les dangers d'une propagande permanente de médiocrité ! Et puis la statuaire a ce grand défaut de s'imposer par la force au passant. On n'est pas obligé d'acheter un mauvais livre ni d'aller s'extasier sur tous les Chauchards, tandis qu'on ne peut se soustraire à la statue de Tartempion par Machin. Ma seule consolation est de penser que cela n'empêchera pas nos surhommes à venir de s'élever à eux-mêmes, en leurs œuvres, des monuments plus précieux que ceux qu'on leur consacre sans goût et sans mesure.

LES " LATINS " DE L'AMÉRIQUE DU SUD

Il est temps de passer des hommes de marbre aux vivants, dont je n'ai point encore parlé. Quand j'ai dit que la première impression de Buenos-Aires était d'une ville européenne, chacun comprend que cette parole me fut inspirée d'abord par l'aspect de la ville extérieure. Je ne parle pas du quartier des affaires, qui est de plus en plus identique dans tous les pays. L'homme suspendu au télégraphe, au téléphone, qui attend de tous les quartiers du monde les derniers chiffres sur lesquels il étaiera ses combinaisons, est surtout un international dont les relations permanentes avec tous les continents de la terre atténueront de plus en plus les traits originaux pour constituer un type universel de trafiquant mondial.

Ainsi, la population d'une grande capitale européenne, tout en conservant dans l'ensemble le caractère imprimé par son histoire, tend à se rapprocher de plus en plus de certains types d'activité moderne dont les conditions générales de la vie civilisée fournissent en tous lieux les données. Toutefois, transplanté hors d'Europe, le particularisme originel s'altère en un cadre nouveau et produit des effets de différenciation qui frappent le plus superficiel observateur. Exemple : l'Américain du Nord.

Pour la vieille Europe traditionnelle, enfermée dans sa cage de préventions séculaires, l'homme qui se permet d'avoir fait souche de colonisation par delà les mers doit fatalement expier ses avantages de rapide prospérité par des extravagances qui le livrent aux satires de la presse ou de la comédie. C'est ainsi que l'Amérique du Sud, pour avoir produit quelques types de haute et basse fantaisie, comme il est arrivé à nos pays d'Europe, s'est vue soudainement, pour l'amusement du boulevard, peuplée d'êtres étranges dénommés *rastaquouères*, dont le privilège était de vivre dans un défi perpétuel au sens commun.

S'il ne s'agit que de s'amuser aux dépens du prochain, on peut donner aux Gaulois de Paris libre carrière. Cependant il est bon de savoir que ces prétendus *rastaquouères*, laissant à d'obscurs tyranneaux le champ de l'histoire passée, se sont mis en tête, non seulement d'assurer par un labeur constant la prospérité de leur pays, mais encore de fonder en leurs nouveaux domaines une civilisation d'inspiration européenne qui ne fût en rien inférieure à celles dont notre orgueil aime à se vanter. Ils apprennent nos langues, assiègent nos écoles, s'assimilent nos pensées, nos méthodes, et, passant de la France à l'Allemagne, à l'Angleterre, instituent d'utiles comparaisons sur les résultats obtenus.

Nous les jugeons plus ou moins légèrement : n'oublions pas qu'ils nous jugent. Et tandis que nous nous attardons puérilement aux luttes de personnes, aux querelles de mots, leur effort permanent est d'emprunter à chaque nation d'Europe ce qu'elle a de meilleur pour constituer là-bas, sur de fortes assises, des sociétés dont le développement sera d'autant plus redoutable un jour que la nouvelle puissance économique aura peut-être pour contrepoids fatal les embarras d'une situation européenne qui ne tend pas à s'alléger.

Malgré tout, la France a retenu jusqu'ici leur sympathie, leur amitié. L'idéalisme latin a maintenu les populations sud-américaines orientées vers les grandes nations modernes issues de la conquête romaine. Je ne suis pas sûr que nous ayons tiré de cette situation favorable tout le bénéfice qu'elle comporte, aussi bien pour les jeunes républiques d'outre-mer que pour la latinité, fatiguée d'un énorme effort de civilisation et vigoureusement assaillie, dans tous les domaines, par l'énergie méthodique des races du Nord.

La grande république anglo-saxonne de l'Amérique du Nord, tempérée d'un idéalisme latin importé de la France du XVIII⁰ siècle par Jefferson, s'est emparée d'un continent pour en faire le siège d'une nation moderne dont la puissance comptera de plus en plus dans les affaires du monde. L'Amérique du Sud, réglée dans son évolution par un ensemble de leçons où les races du Nord ont leur juste part, peut-elle fournir, à son tour, un développement de civilisation latine correspondant à celui dont l'action a si puissamment contribué à faire l'Europe de nos jours ? Il ne s'agit pas, bien entendu, d'organiser une rivalité de forces ennemies entre les deux grands peuples américains, destinés, par la disposition des continents comme par l'évolution des esprits, à s'accorder pour de communs efforts vers des destinées supérieures. Le problème dont la France ne peut se désintéresser est simplement de maintenir, dans l'évolution pacifique des sociétés, la nécessaire proportion d'idéalisme qu'elle a contribué pour une si grande part à y apporter.

LE CONGRÈS PANAMÉRICAIN

Comment, lorsque de telles pensées se présentent, ne pas s'arrêter au Congrès panaméricain qui couronna si heureusement la magnifique exposition du centenaire argentin ?

Au palais du Congrès se sont réunis, pour délibérer de leurs intérêts communs, les représentants de toutes les républiques américaines, la Bolivie exceptée. Une imposante assemblée, qui, pour la dignité de ses discussions, pouvait soutenir la comparaison avec toute chambre haute du continent européen. J'ai vainement cherché sur ses bancs quelqu'un de ces tempéraments surchauffés, prompts, selon la légende, aux explosions causées par le voisinage de l'équateur. Je n'ai vu que des jurisconsultes, des historiens, des hommes de lettres ou de science, exposant leur opinion en termes d'une courtoisie parfaite, dont l'exemple eût été profitable à maints orateurs de l'ancien continent. Non, certes, que la passion fût absente de ces débats. En ces nouveaux pays où toutes les énergies des jeunes espérances se donnent libre carrière, où les révolutions et les guerres sont le plus clair des traditions de l'histoire, l'ardeur des tempéraments a trop souvent transformé l'arène politique en champ de bataille. Mais, à mesure que les sociétés se forment, prennent plus de consistance dans tous les domaines de la vie publique, le besoin se fait plus impérieusement sentir d'une action méthodiquement ordonnée, et les nouvelles démocraties arrivent à comprendre qu'un peuple ne peut se gouverner lui-même que si les citoyens se montrent capables de se discipliner d'abord.

Des problèmes qui pouvaient venir à l'ordre du jour dans un congrès panaméricain, tous ceux sur lesquels les oppositions irréductibles auraient pu se produire avaient été sagement écartés. On a échangé des vues, et chacun aura pu rapporter à ses commettants un ensemble d'appréciations propre à faciliter des accords ultérieurs.

Après que le Congrès eut rejeté la proposition de généraliser la doctrine de Monroë en l'appliquant à tout le continent sud-américain, le représentant d'un grand État me dit :

" Nous allons nous séparer sans avoir rien fait.

— C'est beaucoup d'avoir évité tout conflit, répondis-je, et, même si vous n'aviez rien fait, vous auriez fait quelque chose encore, puisque vous vous êtes vus, interrogés, compris et partant rapprochés. "

La situation la plus délicate, peut-être, était celle du représentant de la grande république du Nord, M. Henry White, le distingué diplomate, si apprécié de la société parisienne, qui contribua de tout son effort à la solution équitable du conflit franco-allemand à la Conférence d'Algésiras. Au Congrès de Buenos-Aires, le délégué de Washington, qui ne disposait que d'une voix, tout comme le représentant de l'Uruguay, devait faire oublier qu'il était un " grand frère ", un très grand frère, vaguement soupçonné d'une tendance à l'hégémonie. Il ne fallut rien moins que la bonne grâce souriante de M. White pour désarmer les suspicions particulièrement éveillées par la proposition de placer toute l'Amérique du Sud sous l'égide de la doctrine de Monroë, et le Congrès se sépara sans qu'on y eût entendu d'autres paroles que de bon vouloir et de confraternité américaine.

Le Congrès panaméricain était l'achèvement naturel de la grande exposition internationale par laquelle la République Argentine fêtait le centenaire de son indépendance. Les grandes foires d'antan avaient leur raison d'être. On trouvait avantage à rassembler, à certains jours, les produits de diverses régions, en un temps où la difficulté des moyens de communication mettait un obstacle permanent entre le producteur, le trafiquant et le consommateur. Aujourd'hui, grâce à la vapeur, toutes les villes du monde sont des expositions permanentes appropriées aux besoins des différentes clientèles, et le voyageur perd son temps lorsqu'il s'ingénie à rapporter de ses voyages quelque nouveauté inconnue des siens. Dans ces conditions, les plus belles expositions internationales n'offrent guère de surprises aux visiteurs. Et quant aux techniciens, aux spécialistes dans toutes les branches du commerce ou de l'industrie, il faudrait plaindre ceux qui attendraient pour se renseigner sur tel ou tel point de leur ressort la réunion des grands bazars mondiaux.

Il reste, sans doute, les divertissements et les fêtes qui viennent naturellement solliciter les instincts de plaisir toujours prompts à surgir dans le désœuvrement des foules. Mais la civilisation n'est pas sans nous avoir blasés jusque sur les prétendus amusements, mieux disposés aujourd'hui pour nous tenter que pour nous satisfaire. Et quand la ville aimable qui nous appelle est située à 11 000 kilomètres de nos côtes, il faut vraiment une autre attraction que celle du *déjà vu* pour nous décider au voyage.

EXPOSITION INTERNATIONALE DE BUENOS-AIRES

Par toutes ces raisons, sans parler des autres, l'exposition internationale de Buenos-Aires ne pouvait être ni un succès d'argent ni un succès de rassemblement populaire. Une fâcheuse grève, ultra-moderne, l'a retardée d'abord, au point qu'à la date anniversaire du 25 Mai on n'a pu ouvrir que l'exposition de la *ganaderia* (bétail, élevage). En dépit de multiples difficultés, on a consciencieusement construit des pavillons dans lesquels on a empilé et rangé, selon les méthodes connues, quelques-uns des produits que l'appât du gain rassemble dans tous les entrepôts du monde. Quelques expositions spéciales ont été remarquablement réussies. Telle l'exposition anglaise de l'industrie des chemins de fer et l'exposition allemande de l'électricité. Des bâtiments sont restés inachevés, comme celui de l'exposition espagnole. La France, j'ai le regret de le dire, ne s'est pas distinguée. Cela paraît inconcevable quand on voit quel marché pourrait s'ouvrir de toutes parts à nos industries.

D'intéressantes vitrines de couturiers, de bijoutiers, d'or-
fèvres, dans un joli pavillon blanc rappelant *Bagatelle*, dénommé *Palais des arts appliqués*, voilà tout ce que nous avons
pu montrer. Reconnaissez que, pour la France, ce n'est pas
assez. Cependant, les Anglais exhibaient un merveilleux
wagon offert au président de la République Argentine.
Valeur : 2 millions, disait-on. L'Angleterre peut se donner
ce luxe, possédant presque tous les chemins de fer de l'Argentine. Et pourquoi, je vous prie ? Parce que l'ingénieur
qui vint, un jour, offrir sur le marché de Paris la construction
des premiers chemins de fer argentins ne trouva pas de
preneur (c'est lui-même qui me l'a raconté), et que l'affaire
fut, de Paris, portée à Londres, où elle devint le point de
départ de colossales entreprises.

Il était impossible qu'aux pavillons de peinture et de scul-
pture nous ne fussions pas représentés. Je puis dire honnêtement que notre exposition, bien agencée, nous a mis en
très bon rang. Sans grand effort, nous eussions pu la faire
infiniment supérieure. On a compté peut-être que les millionnaires argentins trouveraient à Paris ce qu'on ne leur montrait
pas chez eux, et s'il ne s'agissait que des millionnaires je n'en
aurais cure. Mais précisément parce que l'éducation esthétique du peuple argentin est encore rudimentaire, ainsi qu'on
pourrait dire de beaucoup de nations européennes, il eût été
désirable qu'on s'efforçât d'éveiller d'autres curiosités que
celle des amateurs habitués à s'approvisionner d'art hâtivement dans les expositions de l'ancien monde. Des morceaux
excellents ont été exposés sans doute : c'était le moins qu'on
pouvait faire. Nos artistes n'ont pas osé risquer l'aventure
d'une sorte d'*exposition-musée* qui eût été un coup d'éclat
de la révélation de notre art, aussi bien pour l'obscur besoin
de beauté toujours prêt à s'éveiller dans les peuples que
pour les recherches de critique où se forme le goût éclairé
des connaisseurs.

Il n'y a pas de musée d'art digne de ce nom dans la
République Argentine. Avant de se parer, il faut être. Mais,

si j'en juge par ce que j'ai vu dans les salons particuliers, le moment est proche où l'utilité supérieure des grandes collections d'art s'imposera aux grandes sociétés de l'Amérique du Sud, comme il est arrivé pour l'Amérique du Nord que j'ai connue, il y a quarante ans, moins bien préparée, et qui, aujourd'hui, met son orgueil à égaler sur ce point les vieilles nations d'Europe, dont elle s'approprie fastueusement les trésors.

Je ne saurais passer sous silence l'exposition historique des " temps coloniaux ". Quand on fête son centenaire, c'est qu'on a déjà une histoire, et cette histoire se trouve singulièrement illustrée par le seul aspect des instruments de civilisation aux mains des fondateurs. Quel contraste de ce wagon, plus que luxueux, dont je parlais tout à l'heure, offert par une compagnie anglaise au président de la République, avec les coches archaïques, les lourdes berlines pansues, les chariots mérovingiens qui s'engageaient dans la pampa, dépourvue de chemins, promenant de plantation en plantation des familles à qui tout concourait à épargner le besoin du superflu! Mobilier sommaire d'un temps où le bois était une rareté. Armes grossières, peaux de bêtes pour lutter contre l'occasionnelle rafale du *Pampero*. En un temps où le cheval était l'universel moyen de locomotion, — il l'est encore pour une grande part, puisqu'on peut voir partout dans la campagne les petits enfants chevauchant leur poney pour aller à l'école primaire, — l'équipage du cavalier s'embarrassait pompeusement du panache espagnol, depuis le lourd clinquant des ornements de cuivre jusqu'aux énormes molettes d'éperons monstrueux. Tout cela, c'est l'*ancien temps* d'il y a cinquante ans à peine, et quand on voit encore, aujourd'hui, passer le *gaucho* sur son petit cheval trapu, le pied engagé dans de lourds étriers de bois disposés verticalement en forme de roue, il est aisé de se rendre compte que le miracle des voies ferrées n'a pas pu anéantir tout d'un coup l'appareil primitif du monde colonisateur.

L'exposition des produits argentins : bêtes, bois, plantes,

fruits, céréales, etc., retient d'une façon toute particulière l'attention de l'étranger. La décrire serait faire toute l'histoire économique du pays. On me dit de tous côtés que l'exposition des animaux a été exceptionnellement belle. Je n'en suis pas surpris, après avoir admiré dans les concours ou dans les *estancias* (1) des animaux reproducteurs de tout premier choix. On sait que l'élevage du cheval et des bêtes à cornes, ainsi que du mouton, a pris dans la *pampa* un développement prodigieux. J'aurai l'occasion d'en parler, comme des fameux *frigorifiques* qui alimentent le marché anglais de viande abattue à Buenos-Aires, — sans parler des expéditions de bêtes sur pied. Tout ce que j'en veux retenir aujourd'hui, c'est que l'événement du jour fut l'achat, à l'adjudication, de cinq bœufs de boucherie par une compagnie *frigorifique*, au prix de 25 000 francs pièce. Cela paraît de la folie, et il ne s'en faut peut-être pas de beaucoup que ce soit de la folie en effet. Nous commençons à savoir en Europe jusqu'où la recherche de la folle réclame peut engager les Américains. Je cite ce trait parce que, mieux que toute affirmation d'un voyageur, il renseigne sur certains côtés d'un état d'esprit.

La culture des céréales — blés et maïs — comme la culture du lin (dont on brûle la tige faute de pouvoir l'utiliser) a pris, depuis un temps très court, un essor dépassant toute prévision. J'y reviendrai lorsque je parlerai de la *pampa*, immense dépôt d'humus, de la mer aux Andes, qui donne toutes sortes de récoltes sans fumier et presque sans culture. Partout où la voie ferrée amène la locomotive, une large bande verte des deux côtés de la voie indique, sur les graphiques de l'administration, la mise en valeur immédiate des terrains dont le produit se trouve assuré d'un prompt écoulement. Si je n'étais fermement résolu à ne pas donner les chiffres qui se trouvent dans toutes les statistiques et dans tous les livres faits à coups de ciseaux, j'émerveillerais aisé-

____

(1) Grands domaines de culture et d'élevage.

ment le lecteur en lui permettant de mesurer l'accroissement fantastique de la seule récolte du maïs, qu'on peut voir empilé en d'énormes meules aux abords des *estancias*, et que les élévateurs ont si tôt fait de distribuer par toutes leurs glissières aux *cargo-boats* anglais ou allemands.

En parcourant les galeries de cette belle exposition des produits agricoles de la République Argentine, on admire la variété des productions d'un sol qui permet d'exhiber des brins de luzerne atteignant la hauteur de 2 m. 50. Je ne dis rien des fruits et des légumes que je n'ai pas eu, à cause de la saison, la chance d'apprécier. Ni les uns ni les autres ne m'ont paru à la hauteur de nos produits européens. Quant aux fruits des tropiques, exception faite pour les oranges et les ananas, ils sont étonnants, j'en conviens ; mais on m'excusera de ne pouvoir leur accorder mon suffrage.

Une très belle exposition des bois de la République Argentine, au premier rang desquels brille, en compagnie du faux cèdre, le merveilleux *quebracho*, dont j'ai déjà parlé. Aucun bois ne peut lui être comparé pour la teneur en tanin. C'est pourquoi l'industrie s'emploie d'un zèle infatigable à dévaster les immenses forêts des provinces du Nord. Les traverses de chemin de fer et les pieux qui permettent d'encercler de fils de fer les immenses étendues de la pampa, sont le principal emploi du *quebracho* en dehors de l'extraction du tanin. Et comme la demande ne fait que s'accroître chaque jour, et comme l'idée de replanter ne paraît pas encore avoir fait son chemin dans les cervelles argentines, on peut prévoir le moment où, pour n'avoir pas su ménager de si précieuses ressources, le gouvernement de la République ne pourra plus offrir à ses administrés que le triste recours des vaines lamentations.

Que cette heure soit lointaine encore, je n'ai garde de le contester. On n'en est pas plus excusable d'un tel parti pris d'imprévoyance. Combien d'années, en effet, devront s'écouler depuis le moment où sera mis en terre le jeune plant de *quebracho* jusqu'au jour de l'exploitation ? La remarque, d'ailleurs, s'applique à toutes les essences. Lorsqu'on a vu les troncs d'arbres on ne sait combien de fois séculaires s'engouffrer, pièce à pièce, dans les brasiers des usines, sans que personne ait jamais donné une pensée à la question du reboisement, lorsqu'on s'est attristé aux merveilleuses forêts du Brésil flambant à tous les coins de l'horizon pour faire place aux plantations des caféiers parmi les troncs carbonisés, on comprend que l'un des besoins les plus pressants de ces grands pays est une sérieuse organisation d'aménagement forestier. Au Brésil, si la terre sur certains points s'est fatiguée de produire sans fumier, il ne semble pas que le régime des eaux ait changé. Le cas est différent dans la pampa argentine, où les cours d'eau se perdent dans le sol avant d'arriver à la mer. Quand les immenses forêts des hauts pays auront été remplacées par des plateaux brûlés par le vent et le soleil, peut-on douter que le fléau, déjà si redoutable, d'une sécheresse mortelle aux bestiaux et destructrice des moissons ne soit singulièrement aggravé ?

Je résiste à la tentation de m'arrêter aux intéressantes expositions des républiques sud-américaines. Je n'en finirais pas. Aussi bien ne dois-je pas me laisser détourner plus longtemps de la capitale argentine par des observations que je retrouverai plus tard. Il m'est pourtant impossible de quitter les terrains de l'exposition sans mentionner, dans leur immédiat voisinage, l'extraordinaire établissement où la *Société rurale* organise ses expositions annuelles de bétail. De vastes écuries, des étables selon les dernières formules des fermes modèles d'Angleterre. Tout cela pouvant contenir plus de 500 bêtes à cornes ou chevaux, tandis qu'on en peut rassembler 700 ou 800 dans les parcs, et que près de 4 000 moutons pourraient se trouver réunis sous un seul toit, avec le complément d'une grande piste d'essai entourée de tribunes qui ne mettent pas moins de 2 000 sièges à la disposition des intéressés.

Ces expositions ont lieu tous les ans au mois d'Octobre. Elles se terminent toujours par la vente aux enchères des bêtes exposées. Rien de mieux compris pour fournir le plus beau champ de démonstration aux progrès de l'élevage,

Certaines de ces expositions ont réuni plus de 4 000 têtes de bétail venues de toutes les parties du territoire, depuis les étalons des races chevalines les plus renommées jusqu'aux vaches Durham, Hereford, etc., sans parler des porcs, des lamas et du poulailler. Les machines agricoles et la laiterie y ont leur place, comme on pense.

C'est dans cette énorme cité de l'élevage que vient se condenser le plus grand effort de production animale dont puisse se vanter un pays. J'ai pu admirer à Rosario un magnifique concours de bestiaux. Mais la grande foire de Buenos-Aires dépasse certainement tout ce qui peut se voir en ce genre. J'aurai occasion de revenir sur ce sujet lorsque je parlerai des *estancias* et des immenses troupeaux qui en dépendent. C'est assez de noter aujourd'hui que les éleveurs argentins ne reculent devant aucune dépense pour se procurer les plus parfaits reproducteurs. On sait que l'Angleterre est le grand marché des compagnies frigorifiques grâce auxquelles la viande congelée fournit le lest de retour des bateaux charbonniers. La première préoccupation des grands propriétaires de la pampa est naturellement de s'accommoder au goût de la clientèle. C'est ainsi que les plus beaux spécimens de l'élevage anglais prennent chaque année le chemin de Buenos-Aires. Il n'est pas pour surprendre que la production chevaline ait suivi le même courant d'émigration, bien qu'on soit obligé de rendre pleine justice aux races françaises. Mais l'éleveur anglais sait *faire la place* pour ses débouchés, tandis que l'éleveur français préfère attendre au soleil de la plaine de Caen qu'on vienne lui demander la faveur de sa marchandise.

IV

LE PATRIOTISME ARGENTIN

IL est temps de revenir en ville pour s'éclairer de plus en plus sur l'habitant. En somme, tout ce dont j'ai parlé : ville, port, promenades, palais, maisons coloniales, produits d'agriculture, d'industrie ou de commerce, ne fait que l'exprimer, et, bien que je n'aie rien dit de lui encore, sinon qu'il était d'aspect européen, le lecteur déjà possède quelques-uns des aperçus de sa vie. Pour l'Argentin *extra muros*, le citoyen de Buenos-Aires est le *porteño*, c'est-à-dire l'homme du port, le citadin retenu par la mer au contact de l'Europe et faisant plus volontiers le voyage de Paris ou de Londres que de Tucuman ou de Mendoza. Bien que tenant l'homme des provinces en haute estime, — car tout ce monde est enragé de patriotisme argentin, — le *porteño* est enclin à parler avec une douce indulgence de tout ce qui vit loin de sa ville, tandis que l'autre ne refusera pas une aimable raillerie aux mœurs étranges de ce lointain compatriote qui, voyant aboutir à son domaine le meilleur de l'effort national, n'a pas la sensation directe du *Campo* d'où lui arrivent grains, bestiaux, payés des produits de l'Europe pour des entreprises nouvelles.

Cela, c'est l'apparence à laquelle il est permis de s'arrêter un moment pour noter des traits de caractère ; mais, dès qu'on cherche à pénétrer un peu plus profondément, on découvre bientôt que, si le *porteño* est plus près de l'Europe où il part en visite pour un oui, pour un non, s'il est plus imprégné de culture européenne, s'il se préoccupe davantage de la vie de l'ancien monde, si les jugements de l'Europe sur son pays lui importent au plus haut point, si sa légitime ambition est que la jeune République Argentine fasse belle figure parmi les vieux peuples de civilisation fatiguée, et si sa constante pensée est de tirer d'outre-mer toute la somme possible de connaissances et d'avantages profitables à son pays, ce serait une erreur singulière de croire que la fréquentation de l'Europe, pas plus que la filiation, même prochaine, puisse induire citadin ou propriétaire foncier, *porteño* ou *estanciero*, à subordonner, dans ses sentiments d'admiration ou d'amour, la belle terre vierge qu'il féconde de son labeur au vieux continent que les ancêtres ont quitté, sous l'impulsion d'espérances en partie déjà réalisées.

Tandis que l'aspect des rues de Buenos-Aires est véritablement européen, aussi bien par l'agencement et la physionomie de toutes choses que par la domination de nos modes et l'expression des visages, tout ce monde est argentin jusqu'au plus profond des moelles, — exclusivement argentin. New-York est plus près de l'Europe, et New-York est *Nord-Amérique* dans l'âme, aussi parfaitement que Buenos-Aires est argentin. La différence est qu'à New-York, comme à Boston même ou à Chicago, le nord-américanisme éclate à tous les yeux dans le type, dans le regard, l'allure, la voix aussi bien que dans le sentiment et la pensée, alors que le piquant de Buenos-Aires est de nous présenter, sous des voiles d'Europe, un argentinisme éperdu. Et le plus curieux peut-être, c'est que ce chauvinisme intraitable, qui volontiers s'atteste de façon blessante chez tant de peuples que je ne veux pas nommer, prend ici des allures si aimables, si candides, oserais-je dire, qu'on se laisse entraîner bien vite au désir de le voir se justifier.

Non contents d'être Argentins des pieds à la tête, ces

diables de gens, si on les laissait faire, nous *argentiniseraient* en un tour de main.

Pour confesser toute la vérité, je dois reconnaître que des étrangers (en très petit nombre) m'ont dit du mal du pays, — quelques-uns de ces critiques n'ayant pas même l'excuse des rancunes d'intérêt, puisqu'ils avaient réussi dans leurs affaires. Il y a des mécontents systématiques en toutes contrées, qui, pour se rehausser dans leur propre estime, ont besoin de rabaisser ce qui les entoure. A ceux qui ne sont point satisfaits de leur séjour en pays étranger, nul n'interdit de regagner d'un pied léger leur patrie.

J'ai dit que beaucoup d'Italiens traversaient la mer pour aller faire la moisson en Argentine et revenaient, grâce à la différence des saisons, faucher le blé de la terre natale. Ce mouvement de va-et-vient a pris une grande extension. Mais la puissance d'attraction d'une terre débordant d'énergies finit par l'emporter tôt ou tard sur la force atavique de l'enracinement séculaire. Et, dès que le colon d'Italie ou d'ailleurs a pris place sur le nouveau sol à titre de propriétaire, il est perdu pour l'Europe irrémédiablement.

L'ÉLÉMENT RÉVOLUTIONNAIRE ET LA RÉPRESSION

Je n'ai pas caché que le plus grand nombre des émigrants s'arrêtaient fâcheusement à Buenos-Aires, dont la population s'accroît ainsi hors de toute proportion avec le développement de colonisation dans l'ensemble du territoire argentin. Cette masse ouvrière, qui reste de nécessité très accessible aux impulsions de l'esprit européen, semble offrir un vaste champ d'action à la propagande révolutionnaire. Anarchistes et socialistes proprement dits n'épargnent aucun effort pour y conquérir, pour y accroître l'influence de leurs groupements. Des violences de paroles et de faits ont donné à certaines grèves un aspect vraiment européen. Mais, dans un pays où l'offre du travail est constante, il ne semble pas qu'une agitation, qui est de doctrine bien plus que de malaise social, puisse réagir d'ici à des temps indéterminés sur de notables parties du territoire.

Si j'en crois ce qu'on entend partout répéter, les anarchistes russes auraient, à Buenos-Aires, une organisation particulièrement redoutable. Il est certain, pour m'en tenir aux faits récents, qu'un des derniers chefs de la police, qui avait présidé à un acte de répression où rien n'avait été ménagé, fut tué par une bombe sur la voie publique par un jeune Russe que son âge préserva de l'extrême rigueur des lois (1).

Au mois de juin dernier, quelques jours avant mon départ d'Europe, une bombe fut lancée par un inconnu au théâtre Colon et tomba au milieu de l'orchestre, où elle blessa plus ou moins grièvement un grand nombre de personnes. Le théâtre Colon, où l'on joue l'opéra, est le plus grand et probablement le plus beau théâtre du monde (2). Les loges ouvertes du rez-de-chaussée, ainsi que des deux premiers rangs, présentent, avec l'orchestre peuplé de jeunes femmes en toilette de soirée, le spectacle le plus brillant qu'il m'ait été donné de rencontrer dans une salle de théâtre. En un pareil lieu, on devine ce que put être la catastrophe d'une bombe. L'horreur n'en saurait être exagérée. Un haut fonctionnaire m'a dit qu'il n'avait jamais vu de telles flaques de sang. On emporta les blessés comme on put, la salle se vida parmi les cris de fureur, et, les dégâts matériels réparés dans la journée qui suivit, pas une femme de la société ne manqua à la représentation du lendemain. C'est un beau trait de caractère qui fait tout particulièrement honneur à l'élément féminin de la nation argentine. Je ne suis pas bien sûr qu'à Paris la salle eût été comble en pareil cas.

(1) La peine de mort, supprimée dans l'Uruguay, existe encore dans la République Argentine. Mais les exécutions y sont très rares. La dernière remonte à plusieurs années. Le condamné est passé par les armes.

(2) Le théâtre Colon ne contient pas moins de 3 570 spectateurs. Le troisième rang, dénommé *Cazzuela*, est exclusivement réservé aux dames. L'acoustique y est excellente. Les plus célèbres artistes s'y font entendre. Il y a un autre théâtre d'opéra.

On s'expliquera cependant que la colère publique se soit fait jour par le vote d'une loi terriblement répressive, qui fut tout aussitôt dirigée contre tous les groupements suspects. Le criminel jusqu'ici n'a pas été découvert, bien qu'une arrestation sensationnelle, lors de mon séjour à Buenos-Aires, eût permis de croire un moment qu'on avait mis la main sur lui. Une sorte d'état de siège fut institué, qui durait encore au moment de mon départ, investissant le gouvernement de pouvoirs extraordinaires dont il ne fut fait usage que contre les organisations présumées d'anarchie. La peine principalement appliquée fut la déportation à la Terre de Feu, dans des conditions que personne ne peut ou ne veut préciser. Je n'ai point les éléments nécessaires pour apprécier les résultats. Il m'est venu quelques réclamations des milieux populaires où l'on affirmait que des innocents avaient été frappés : je ne pouvais que les transmettre à qui de droit. Dans les différents cercles de la population de Buenos-Aires où il m'a été donné de pénétrer, j'ai pu constater que ni les attentats anar-chistes, ni la loi de répression n'étaient un sujet de conversa-tion. A plusieurs reprises, je mis l'entretien sur la matière. Il me fut toujours répondu que c'était une question de force publique, que le gouvernement avait des moyens d'agir, qu'il agirait, et que, s'il réclamait d'autres pouvoirs, personne ne les lui refuserait. Sur quoi l'on revenait aux questions du jour.

Il n'est pas douteux que le gouvernement argentin ne soit décidé à en finir par tous les moyens avec des attentats qui ne peuvent provoquer qu'un même sentiment d'horreur dans tout le monde civilisé. Au cours d'une rapide visite que j'eus l'occasion de faire au département de la police, en compagnie de l'honorable intendant municipal, M. Guiraldès (au moment même où l'on venait d'arrêter un anarchiste soupçonné d'avoir lancé la bombe du théâtre Colon), je pus me convaincre que l'organisation de la police de Buenos-Aires était à la fois très fortement constituée et dirigée d'entrain par des chefs énergiques contre les fauteurs de violence, — tous ou presque tous étrangers, d'ailleurs, à la nationalité argentine (1).

Il n'est pas sans intérêt de noter, en passant, que la police argentine a perfectionné et répandu la pratique de l'empreinte du pouce pour identifier les criminels. D'abord, elle prend l'empreinte des dix doigts pour éviter toute chance d'erreur. Ensuite, partant de ce principe qu'il peut être aussi utile d'identifier un honnête homme qu'un bandit, elle a constitué des livrets d'identité qu'elle met à la disposition du public (moyennant une très modique rétribution), où se trouve inscrite l'empreinte du pouce agrandie.

Un rassemblement à la porte du bureau qui délivre les carnets signalétiques indiquait que le public apprécie les avantages de cette pièce d'identité. Des jeunes gens, des vieillards, s'adonnaient en silence au plaisir de se barbouiller les dix doigts d'une sorte de cirage que l'eau chaude et le savon ne paraissaient enlever, après l'opération, qu'avec difficulté. Et chacun s'en allait satisfait de penser qu'en cas d'accident les familles n'auraient pas le désagrément de voir enregistrer dans les journaux un de leurs membres sous cette qualification inglorieuse : " un mort inconnu ". La mode veut désormais, paraît-il, qu'on aille faire inscrire son pouce à la police avant de partir en voyage. M. Guiraldès nous dit que son fils, qui est en Europe, ne s'est pas embarqué sans avoir pris cette précaution contre les incertitudes des éléments, ou les gestes incérémonieux des apaches de l'ancien monde.

Au temps des pataches, on riait des Parisiens qui faisaient leur testament ou se munissaient d'un passeport au moment de partir pour Étampes. Voici que, par des voies nouvelles, nous revenons au bon vieux temps. Ce qui me plaît surtout, c'est de voir cette même Amérique du Sud, dont tant de gens croient encore la civilisation toute rudimentaire, occupée à se prémunir scientifiquement contre la sauvagerie des capitales ou même des campagnes de l'Europe. Ne nous cite-t-on pas

---

(1) Le corps des pompiers, excellemment organisé, ainsi que j'ai pu le constater de mes yeux, est armé, comme à Paris, et peut ainsi renforcer la police municipale en cas de besoin.

le cas d'un Argentin qui, s'étant noyé récemment sur une de nos côtes, fut jeté au rivage avec la tête affreusement défigurée ? Comme il avait gardé le pouce révélateur, il fut reconnu sans peine, ce qui malheureusement ne changea pas son destin. Si j'avais appris cette histoire à temps, je me serais fait tremper dans le cirage tout ce qu'on aurait voulu, plutôt que de me rembarquer pour l'Europe sans la marque d'identité qui aurait fait reconnaître Jonas jusque dans le ventre de sa baleine. Malgré cet excès d'imprudence, je retrouvai ma tête au débarquement. Une chance. On ne me reprendra plus à naviguer sans cette élémentaire précaution qui eût épargné tant d'ennuis à Ulysse dans la rocailleuse Ithaque.

L' " ARGENTINISATION "

Après cette digression qui trouve son excuse dans l'intérêt du sujet, je tiens à achever mon propos sur l'extrême *argentinisme* de nos Argentins. Ce fut pour moi un assez grand sujet de surprise lorsque, parlant avec respect des nobles qualités du peuple espagnol, je fus interrompu par des hommes de culture européenne jugeant, sinon la race, tout au moins la nation dont ils étaient issus avec une sévérité que j'aurais attendue d'un Anglo-Saxon plutôt que d'un Latin. Ne croyez donc pas, je vous prie, que les Argentins soient simplement des Espagnols implantés en terre d'Amérique. Non. Sans qu'il se l'avoue peut-être, l'Argentin véritable me paraît convaincu qu'une magique vertu de Jouvence, jaillissant du plus profond de son sol, l'a totalement revivifié, reconstitué en un homme nouveau qui n'est le descendant de personne, ancêtre inné des générations formidables qui vont venir.

Et ce qui semble attester, en effet, la puissance régénératrice de cette jeune terre, c'est qu'elle agit de même, en coup de foudre, sur les nouveaux venus d'origine différente. L'Italien, en particulier, s'argentinise bien avant d'être argenté. Dans les provinces comme à Buenos-Aires, j'ai eu de cela mille exemples, tous concordants. A un enfant, fils d'émigrant, nous demandons s'il parle italien ou espagnol. Il nous répond fièrement : " A la maison, nous parlons tous argentin. " Un autre, obligé de convenir qu'il est né à Gênes, bien qu'il se soit proclamé de nationalité argentine, s'excuse en murmurant : " J'étais si petit ! " Je dois dire que dans les écoles primaires, où m'ont été faites ces réponses, l'enseignement est par excellence de patriotisme argentin, comme l'attestent tableaux et inscriptions aux murailles (1). Mais l'Alsace-Lorraine et la Pologne sont là pour témoigner que, si le cœur n'y était pas, toute la puissance officielle s'épuiserait en vains efforts.

Et puisque je me suis promis d'être parfaitement sincère, je ne puis échapper à l'obligation de convenir que nos Français eux-mêmes vont au-devant de la contagion argentine avec une surprenante facilité. Assurément, je ferais une impardonnable injure à notre excellente colonie si je ne rendais pas justice à son ardent patriotisme. C'est dans l'épreuve que l'amour grandit et s'épure. L'absence rend la patrie d'autant plus précieuse, d'autant plus chère, que les fibres de sensibilité délicate qui rattachent l'âme au foyer sont plus vivement sollicitées par le souvenir, toujours vivant, des communes misères dont l'effet fut au moins de sauver l'honneur.

LA COLONIE FRANÇAISE DE BUENOS-AIRES

Les œuvres de la colonie française parlent pour elle noblement. La plus importante est l'hôpital français, dont la fondation remonte à des temps déjà lointains, et qui rend d'incomparables services grâce au zèle de son administrateur, M. Basset, et du médecin en chef, le docteur G. Laure,

---

(1) Il paraît même qu'à l'occasion de la fête nationale on fait prêter aux enfants de l'école primaire une sorte de *serment au drapeau*. C'est ce qu'on appelle la *Jura de la Bandera*, acompagnée de discours et de chants patriotiques qui ne peuvent manquer d'impressionner les enfants.

secondé d'excellents collaborateurs. Comme je quittais l'établissement, après une visite dont je garde le meilleur souvenir, l'honorable président du conseil d'administration me montra sous les arbres le buste de Pasteur et me demanda ce que je penserais si on lui donnait pour pendant une statue de la bonne Lorraine. Bien que les deux personnages soient de symbolisme très différent, on pense bien que je ne refusai pas mon adhésion au projet qui m'était exposé. Il y a, après tout, une assez belle correspondance entre ces deux hautes manifestations de l'âme française : l'effort pour connaître et la vaillance pour maintenir.

Les hommes qui s'expriment en ces nobles images, ceux qui viennent de doter la ville de Buenos-Aires d'un monument digne de la France pour commémorer l'amitié des deux Républiques sœurs, ceux qui, lors des inondations de l'an dernier, firent passer à Paris un chèque de 400 000 francs pour soulager les plus pressantes misères, n'ont cessé d'attester, en toute occasion, l'amour de la patrie lointaine. Et cependant que de fils de Français se rencontrent à chaque pas, et que l'Argentine a conquis, tête et cœur, sans possibilité de retour ! Un des grands industriels du port de Buenos-Aires est le neveu d'un ancien membre de notre Assemblée nationale de 1871. J'ai pu constater, au cours d'une visite que je fis à son remarquable établissement, qu'il parle le français moins couramment que l'espagnol, et ses deux frères, qui ne sont pas sans rendre de fréquentes visites à Paris, n'en sont pas moins devenus de purs Argentins.

Je pourrais prendre encore le cas d'un de nos compatriotes des plus éminents, venu en Argentine aux approches de la vingtième année et resté Français de pensée et de sentiments jusqu'au plus profond des moelles, dont le fils est aujourd'hui un haut fonctionnaire argentin. Sans doute le mariage avec une Argentine jette les fondements d'une famille sud-américaine. Le foyer subit quotidiennement l'assaut des influences ambiantes, et, tandis qu'une légitime combinaison d'intérêts rive l'homme et les siens au sol qui les nourrit, le façonne aux mœurs d'une société génératrice d'habitudes nouvelles, la vie même, dans ses modes de penser et de faire, se trouve insensiblement transformée.

Seulement, qu'on me dise pourquoi il n'en est pas ainsi des Français qui vont tenter la fortune dans l'Amérique du Nord, et pourquoi, au Canada même, les deux races, vivant en bonne harmonie, n'arrivent pas à se pénétrer ? C'est donc que le " sang est plus épais que l'eau ", comme dit le proverbe anglais, et que tout élément latin se dissout plus aisément dans une agglomération latine que dans une société d'Anglo-Saxons. Car j'ai pu constater partout, en Argentine, qu'au bout de deux ou trois générations il ne reste rien de la souche primitive, que le nom attestant des souvenirs effacés.

Je ne vois guère qu'un cas où l'organisme latin ait pu être complètement assimilé par une race du Nord, c'est celui de l'émigration française en Allemagne, après la révocation de l'édit de Nantes. Mais alors, la communauté des sentiments religieux, rendus plus puissants que jamais par une abominable persécution, fut l'agent efficace d'une complète dissolution de l'esprit et du caractère latins dans le grand flot de la Germanie. On n'a pas oublié que le premier gouverneur allemand de l'Alsace-Lorraine fut un descendant d'émigré français. Qu'on se souvienne du discours furieux que le savant Dubois-Reymond adressait à la jeunesse allemande en 1870 pour la pousser aux frontières contre le pays d'où ses ancêtres s'étaient évadés sous le sabre des dragons de Louis XIV !

LES FRANCO-ARGENTINS ET LA LOI MILITAIRE

Pour revenir à nos Franco-Argentins, je dois dire que l'application rigoureuse qui leur est faite de la loi militaire française contribue trop souvent à les écarter de la mère patrie. Pressés de peupler, les Argentins attribuent la nationalité argentine et, par conséquent, la charge du service militaire aux fils d'étrangers nés sur le territoire de la République. C'est la loi même que nous appliquons aux familles espagnoles en Algérie. Le résultat, c'est que le fils de Français que son père, afin de préserver sa nationalité, a pris soin de faire inscrire sur les registres du consulat français, se voit appeler simultanément sous les drapeaux des deux côtés de l'Océan. Que faire ? En Argentine, où le service militaire n'est que de courte durée, sont tous ses intérêts d'avenir, tandis que dans le cadre de la vie française aucune place ne lui est réservée. Si la France en péril réclamait son aide, il n'hésiterait pas. Mais on n'en est pas là. L'entourage retient de toutes ses résistances le jeune homme hésitant, incertain. La plupart répondent à l'appel du drapeau argentin, et les voilà du coup " insoumis " sur le territoire français, à moins que le père, par un acte de prévoyance peu recommandable, n'ait laissé le service du recrutement dans l'ignorance à l'égard de son fils, en omettant la formalité de l'inscription au consulat.

Si j'ai bon souvenir, sur une quarantaine d'inscriptions, dix jeunes gens environ quittent annuellement Buenuos-Aires pour faire acte de présence sous le drapeau français. Ce résultat vaut-il qu'on trouble profondément les relations de la colonie française avec la mère patrie ? Car le jeune insoumis ne peut plus mettre le pied sur la terre de France sans se voir recherché par la gendarmerie. Ses affaires cependant l'appellent en Europe au premier jour. Où portera-t-il ses commandes quand la France lui est fermée ? L'Angleterre, la Belgique, la Suisse, l'Allemagne, lui sont ouvertes. On m'a cité le nom d'un Français de Buenos-Aires qui crut pouvoir se risquer à Lille dernièrement et n'eut que le temps de franchir la frontière sur l'avis opportun d'un ami.

Sans que j'aie besoin d'insister, on comprend à quel point un tel état de choses est préjudiciable aux familles françaises vivant en Argentine, au Brésil et dans tous les pays d'Amérique, aussi bien qu'à la France elle-même. Nous arrivons ainsi à rejeter hors du giron national, par un excès de rigueur, des jeunes gens qui, s'il était besoin, répondraient des premiers à l'appel de la patrie menacée. Aussi n'ai-je recueilli qu'une même plainte — et très vive — partout où je suis allé. Les consuls, le ministre de France ne peuvent que répondre : " C'est la loi ". Mais le Français qui, à sa façon, tient le drapeau en pays étranger, demande qu'on adoucisse une loi qui ne saurait être la même pour le jeune homme résidant à Bâle, à Bruxelles, à Genève, et pour celui qui a trouvé son champ d'activité productrice dans les pays d'outre-mer.

Il me paraîtrait juste d'établir une distinction, par voie législative, entre ces deux catégories de Français résidant à l'étranger : d'autant que la pratique peut conduire à d'étonnantes contradictions. On m'a cité, par exemple, le cas d'un homme politique éminent, M. Pellegrini, fils de Niçois, et Français par conséquent, qui, dans sa jeunesse, se trouva en conflit, dans les conditions que je viens de dire, avec le service du recrutement, et qui, devenu plus tard président de la République Argentine, reçut le grand cordon de la Légion d'honneur. Le ruban rouge ou le conseil de guerre, quel est des deux traitements celui qui paraît le mieux approprié à cette catégorie de citoyens ? Certes il est permis de regretter que d'excellents concitoyens se trouvent, par la force des circonstances, enlevés à la nationalité française en des temps surtout où la France n'a pas trop des communs efforts de tous ses enfants. Cependant il faut dire qu'un Français devenu Argentin n'est point du tout perdu pour la France, comme il pourrait arriver aux États-Unis, par exemple, où l'esprit latin est bientôt submergé dans l'océan d'anglo-saxonisme irrésistible.

En Argentine, les races du Nord, au contraire, ne se présentent que comme un utile apport d'esprit méthodique et d'obstination continue que la grande vague latine a bientôt fait de recouvrir. Il y a d'importantes colonies allemandes au Brésil, en Argentine même. Les Anglais, les Américains du Nord y possèdent des établissements industriels d'une importance supérieure. Tout cela ne peut compter que pour une action secondaire dans les dispositions de l'esprit public demeuré foncièrement latin, et par conséquent toujours plus prompt à s'orienter vers les pays issus de l'antique pensée romaine, parmi lesquels il n'est pas présomptueux de dire que la France exerce une puissance incomparable d'attraction.

UN GRAND FRANÇAIS : M. PAUL GROUSSAC

C'est pourquoi tout Français d'une valeur intellectuelle et morale moyenne qui se trouve incorporé à la nation argentine devient pour l'ambiance, — car je ne crois pas qu'un Français puisse jamais se défranciser complètement, — un agent d'activité et de sympathie françaises permanentes en territoire argentin. Que dire lorsqu'il se rencontre un homme éminent comme notre compatriote, M. Paul Groussac, qui eût marqué sa place au premier rang dans son pays, comme il a fait à Buenos-Aires ? M. Paul Groussac, après avoir été reçu à notre école navale, prit le parti de voir le monde. Un jour il arrive à Buenos-Aires délesté de tout capital, se fait bravement gardien de ces immenses troupeaux de la pampa dont les têtes se comptent par milliers, entreprend de conduire des trains de mules au Pérou, et effectue avec succès, à travers des pays d'où toute civilisation est absente, quatre de ces voyages dont la durée est de quatre mois. Puis nous le trouvons maître d'école. Il continue à Tucuman l'œuvre du proscrit français Jacques, qui, réfugié en Argentine après le coup d'État du 2 Décembre, se voua tout entier à la grande œuvre de l'enseignement public, reprise plus tard et développée par le président Sarmiento.

A l'école normale de Tucuman, nous avons eu le plaisir de voir en belle place d'honneur les portraits des deux fondateurs français : Jacques et Paul Groussac. Entre temps, ce dernier a publié divers écrits, notamment des nouvelles où les mœurs de la terre argentine sont mises en vif relief, et ces œuvres dont le succès fut immédiat ont valu à leur auteur une notoriété littéraire de premier rang. M. Hilleret, le grand *sucrier* français de Santa-Ana, mit à la disposition de Paul Groussac une somme importante pour fonder un journal qui achève de consacrer la réputation du rédacteur en chef comme un rare ouvrier de la plume et de la pensée. Aujourd'hui on vous dira couramment que M. Paul Groussac est le premier écrivain de langue espagnole, ce qui ne l'empêche pas d'avoir publié, chemin faisant, des articles très remarqués dans le *Journal des Débats*, où s'atteste une puissante maîtrise de la langue maternelle, sans parler d'une curieuse étude sur l'énigme littéraire du *Don Quichotte* d'Avellaneda.

En 1810, une *bibliothèque publique* fut fondée par décret de la première junte révolutionnaire, sur l'initiative du secrétaire Moreno. L'inauguration eut lieu le 16 Mars 1812, le premier fonds se trouvant constitué par les bibliothèques des couvents. En 1880, à la suite de la proclamation de la ville de Buenos-Aires comme capitale fédérale, la *bibliothèque publique* devint *bibliothèque nationale*, et en 1885 Paul Groussac en fut nommé directeur. Il va trouver le président Roca, qui ne pouvait être soupçonné de sentiments favorables à son égard, et obtient de lui qu'un immeuble destiné au service des loteries (hélas !) fût affecté aux archives de l'intelligence humaine. Aussitôt il se met à l'œuvre. Aujourd'hui la bibliothèque nationale de la République Argentine, dont M. Paul Groussac est le directeur, n'a point de rivale dans l'Amérique du Sud et peut s'égaler à nombre d'établissements similaires dans l'ancien continent (1).

L'une des principales préoccupations de M. Paul Groussac, à cette heure, est de fonder un lycée français à Buenos-Aires, avec le concours des deux gouvernements. Son fils aîné — Argentin — vient d'être appelé au poste de sous-secrétaire d'État au ministère de l'Instruction publique par M. Saënz Peña.

Pourquoi faut-il que tant de fortes qualités soient affreusement déparées chez notre éminent compatriote par un défaut — j'ai presque envie de dire un vice — de caractère, qui lui a valu une réputation d'ours mal léché la plus solidement établie ? Ayant conquis pour mon propre compte un certain

(1) En 1899, la bibliothèque comptait 69 000 volumes ; en 1903 130 000 ; en 1910, 190 000.

renom d'inaménité, je ne doutai pas que nous ne commencions par nous prendre aux cheveux tout d'abord. Et puis, ma calvitie me donnant l'avantage, je me risquai dans l'antre où le monstre le plus affable et le plus souriant m'accueillit, toutes pattes ouvertes, avec des canines de sucre et des griffes de velours. Ainsi je fus conquis. Ainsi je devins prisonnier de l'aimable fauve dont le ferme accent, gardé du Gers, ne peut inspirer d'effroi qu'aux auditeurs de sons plutôt que de pensées.

On n'aura pas de peine à croire que j'ai combattu de tout mon pouvoir des préventions si mal justifiées. Je les ai trouvées résistantes et, quand j'en ai cherché la raison, je me suis rappelé une forte parole de Tacite qui dit de son beau-père Agricola : *Il aimait mieux offenser que haïr.* C'est, en effet, une espèce assez rare, celle des hommes, qui, pour se soustraire à l'indignité du mensonge, choisissent, comme Alceste, de dire tout uniment leur pensée. Il peut leur arriver, il leur arrive souvent d'offenser ainsi un interlocuteur avide de flatteries vulgaires, tandis qu'eux-mêmes, après leur sentiment exprimé, ne conservent à l'égard du prochain que des sentiments de bienveillance générale qu'une trop grande sincérité ne leur fournit pas assez souvent l'occasion d'exprimer. Et si l'on considère, d'autre part, l'état d'esprit que suscite chez les hommes l'habitude d'une parole trop souvent destinée à dissimuler la pensée, on reconnaît bien vite que le premier châtiment de cette faiblesse (pour ne pas dire le mot propre qui serait : lâcheté) est de nous porter à n'attendre d'autrui que ce que nous offrons nous-mêmes : à savoir des propos de dissimulation, sources de ces discords silencieux et tenaces qui sont pour trop de gens la plus forte préoccupation de la vie. Si c'est un moindre mal d'inspirer de fâcheux sentiments que de les éprouver, absolvons les braves gens impuissants à se faire aimer de ceux qui n'arrivent pas à les connaître, mais incapables en même temps de porter dommage à qui que ce soit.

Si je suis bien informé, nous aurons le plaisir de voir prochainement M. Paul Groussac à Paris. Une chaire d'histoire de la République Argentine ayant été fondée à la Sorbonne, on me dit qu'il a été question de lui pour l'occuper. Personne assurément ne pourrait être mieux qualifié. Mais je serais bien surpris si les multiples occupations qui retiennent M. Paul Groussac en Argentine pouvaient être rompues du jour au lendemain. On annonce qu'il viendra inaugurer le cours. Je puis promettre le régal d'un beau morceau de pensée française à ses auditeurs.

LES AUTRES COLONIES ÉTRANGÈRES

D'Allemand ou d'Anglais ayant subi la transformation argentine au même point que Français ou Italiens, je n'ai point entendu parler. L'Allemand, dont la rudesse foncière (pour ne rien dire de plus) aime à se masquer de bonhomie, s'insinue doucement dans tous les mondes, mais sans se laisser entamer autrement qu'à la surface dans ses caractéristiques originelles. N. Mihanowitch, chef d'une colossale entreprise de transports fluviaux et maritimes, Autrichien de naissance, peut et doit être tenu pour Argentin, mais il est certainement d'origine slave.

Les Anglais n'ont de plaisir qu'à s'individualiser. On me dit qu'en Patagonie, où ils font l'élevage du mouton dans des proportions qui distancent l'Australie, ils sont installés en de confortables demeures, revêtant chaque soir le smoking pour le dîner de famille, et ne manquant jamais d'aller passer tous les ans un congé de deux ou trois mois au pays natal. Ils ne deviendront pas Argentins. Cela n'empêche pas l'Angleterre d'être à la tête du monde des affaires de La Plata et d'exercer une puissante action sur la vie industrielle et commerciale de ce pays.

J'aurais voulu qu'il me fût possible d'étudier de plus près les colonies étrangères. Le temps m'a fait défaut. Je n'ai vu de la colonie espagnole que M. Coelho, le distingué directeur de la Banque espagnole de La Plata, dont l'activité débordante envahit chaque jour de nouveaux domaines, et qui m'a donné en mainte occasion des témoignages d'amabilité dont j'ai plaisir à le remercier.

La récente visite du feld-maréchal von der Goltz en Argentine n'a certainement pas été sans profiter à l'influence allemande. Ce sont les Allemands, comme on sait, qui ont réorganisé l'armée argentine. Leur gouvernement, plus avisé que d'autres, ne craint point de dépêcher à La Plata des hommes de haute autorité, que la société argentine accueille naturellement avec la déférence qui leur est due.

L'éminent professeur de droit, Enrico Ferri, député à *Montecitorio*, dont les opinions répondent à celles de nos "socialistes indépendants", est depuis assez longtemps, en raison de ses fréquentes campagnes oratoires en Argentine, le porte-parole officieux de la colonie italienne. Parfaite aménité, souplesse d'esprit, hauteur de vues, généreuse éloquence : tant de titres réunis forçaient l'attention publique en dépit de quelques résistances d'extrême-droite, par crainte du socialiste, d'extrême-gauche en rancune d'anciennes solidarités rompues. Le gouvernement de M. Saënz Peña s'est honoré en appelant M. Enrico Ferri à la direction générale des services pénitentiaires.

J'ai dit le principal de notre colonie française, qui me pardonnera si l'espace dont je dispose ne me permet pas de rendre justice à tout le monde. J'ai déjà mis à son rang M. Py, le très distingué directeur de la Banque française de La Plata, à qui le gérant de cette institution, l'honorable M. Puisoye, prête un si précieux concours. Je me reprocherais d'omettre le nom de Mme Moreno (de la Comédie-Française), qui s'est assimilé la langue espagnole au point d'avoir pu fonder et faire prospérer un conservatoire où elle forme pour le théâtre des artistes très appréciés. On serait d'autant moins excusable de l'oublier qu'on a le plaisir de la rencontrer fréquemment dans les salons, où, sans se faire trop prier, elle dit, tout en délicates nuances, prose ou vers français pour le fin régal du parisianisme argentin. En attendant que les femmes aient le droit d'être savantes, avec la permission des Académies, risquons-nous à proclamer le pouvoir de l'intelligence, même quand il se double du charme féminin.

V

L'ARGENTINE ET LA MÈRE PATRIE

SI les éléments étrangers du monde latin trouvent tant de facilités à se fondre en une grande coulée de peuple argentin, il n'en est pas moins vrai que l'apport principal est de métal espagnol. La langue, la littérature, l'histoire, fournissent des directions auxquelles nul ne peut se soustraire. L'antique rameau transplanté sur une jeune terre pousse ses rejetons vers un autre ciel, mais la sève originelle, avec ses affluents nouveaux, circule toujours au plus profond des chemins de la vie. L'Argentine n'est pas et ne veut pas être une colonie espagnole. Elle s'est heureusement affranchie des entraves historiques — théocratie, d'abord — qui ont si fâcheusement arrêté l'essor d'un peuple noble et fier, sollicité des hautes aventures. Et partant, malgré la grande alluvion d'Italie, symbolisée par le monument en l'honneur de Garibaldi, malgré la vive poussée de culture française, l'atavisme du sang maintient la puissance du trait indélébile qui caractérisera la nation argentine jusqu'au plus lointain de ses développements futurs.

La visite de l'Infante Isabelle à l'occasion du centenaire de l'Indépendance fut une heureuse inspiration du gouvernement espagnol. La princesse, accompagnée de M. Perez Caballero, aujourd'hui ambassadeur d'Espagne à Paris, fut

(77)

partout accueillie avec un enthousiasme débordant. On vit bien là que les luttes du passé, reléguées dans les annales des morts, n'avaient point laissé de traces au vif des cœurs. On jugeait beau ce geste de l'aïeule apaisée venant tendre la main au fils naguère si ardent dans son élan d'indépendance, et l'on trouvait un raffinement de plaisir à montrer que la courtoisie chevaleresque, traditionnelle dans la race, n'avait rien perdu de sa fleur sur la terre d'Amérique. Après la répression des violences anarchistes, le bruit courait que la vie du président de la République était en danger. Peut-être n'en était-il rien. Le malheur est qu'on n'en pouvait avoir la certitude qu'après l'expérience. L'Infante Isabelle voulut ignorer tout ce qu'on racontait à cet égard. Très simplement, et très bravement aussi, elle se montra partout aux côtés du chef de l'État, et, pour la bonne renommée du peuple argentin, ne rencontra que des salutations et des vivats.

Ainsi, fond immuablement espagnol à travers tous les changements à prévoir, et, dans le flot immense des afflux de civilisation européenne, fusion et parfaite assimilation de tous les éléments latins : telle apparaît la condition première de la grande formation argentine dont le spectacle saisit l'esprit et les yeux dans la ville de Buenos-Aires. Pour être complet, il faut noter l'importante contribution du sang indien qui saute aux yeux de toutes parts. J'y reviendrai. Quant aux traits du caractère, puisqu'au lieu d'une étude didactique je présente au lecteur de simples impressions de voyage, mieux vaut les faire jaillir du sujet même, au fur et à mesure des observations, que d'affirmer d'abord pour chercher ensuite à faire la preuve.

LE " DE SELVES " DE BUENOS-AIRES

J'ai dit l'extrême aménité de M. Guiraldès, l'intendant municipal de Buenos-Aires, le bon " de Selves " de la capitale argentine, nommé directement par le président de la République, selon la formule de Paris. Je dois dire, pour rendre hommage à la vérité, que, malgré quelques conflits inévitables avec le conseil municipal, le système a donné, dans une ville où se heurtent tant d'éléments disparates, de bons résultats. De parfaite culture européenne, comme toute la haute société argentine, M. et Mme Guiraldès font les honneurs de leur ville avec une grâce charmante qui donnerait à l'étranger de bonne éducation le désir de s'extasier à chaque pas. Le temps m'ayant mis à distance du charme, j'estime que la courtoisie s'accommode fort bien d'un sincère hommage à la vérité. Le matin, lorsque je me trouvais de loisir, un simple coup de téléphone amenait à ma porte l'aimable intendant, qui s'était mis une fois pour toutes à ma disposition. Là, nous tenions conseil, étant convenu que j'avais seul le choix des établissements à visiter, afin qu'aucun soupçon ne pût venir d'une visite truquée. J'ai ainsi inspecté à mon aise tous les établissements municipaux ou d'État sur lesquels, à un titre quelconque, mon attention se trouvait appelée. Il fallait voir le contentement de M. Guiraldès lorsque nous surprenions quelque fonctionnaire en flagrant délit de négligence.

" Vous ne direz pas, s'écriait-il, que votre visite était annoncée ! "

Alors, pour réprimer en lui tout excès d'orgueil, je lui racontais l'aventure de certain ministre de l'Intérieur à la prison Saint-Lazare.

Coup de sonnette au guichet :

" Je voudrais voir M. le directeur.

— Il est en ville.

— Alors je désire parler à M. le greffier.

— Il est en congé.

— Le gardien chef ?

— Il est malade.

— Puis-je voir la sœur supérieure ?

— Elle vient de sortir à l'instant.

— Et les prisonnières sont-elles à la maison ? "

Le porte-clefs, avec un bon sourire :

" Je crois que oui. "

Les fonctionnaires argentins, comme leurs confrères français, sont à la fois faillibles et zélés, et, s'il est impossible qu'en de telles rencontres ma critique n'ait pas trouvé de quoi s'exercer, j'ai à cœur de dire hautement quel fut mon plaisir de voir des écoles de tout degré, des hôpitaux, des asiles, des maisons de secours, des prisons, non seulement bien tenus, non seulement appropriés à la mise en œuvre de toutes les ressources de la thérapeutique, de l'hygiène et de la science moderne selon les enseignements de l'Europe, mais encore témoignant d'un visible effort pour dépasser les devanciers. Ah ! que j'aurais voulu tenir là, pour un moment, quelques-uns de ceux qui parlent avec dédain de pays sur lesquels nous avons pris une avance formidable, mais d'où nous peuvent venir d'excellentes leçons lorsqu'ils présentent à notre examen des institutions arrivées à un point de per-fection auquel il ne nous est pas toujours donné d'atteindre !

On ne me demandera pas de conduire le lecteur, à ma suite, dans tous les établissements où m'a promené M. Gui-raldès. Il me faudrait un livre pour ce récit que j'aurais à documenter en puisant dans les innnombrables brochures, comptes rendus et rapports, dont la bienveillance argentine m'a fait le plaisir d'agrémenter mon bagage. Ce n'est pas mon sujet.

LES ÉCOLES

Il n'est pas étonnant que les écoles aient attiré mon atten-tion d'abord. Sur la question scolaire il y aurait trop à dire pour qu'il me soit possible d'entrer dans les détails. J'ai vu des écoles professionnelles (*École industrielle de la Nation*) et des écoles primaires qui seraient des modèles en tous pays. Locaux irréprochables, enfants d'une propreté absolue. Leçons de choses à profusion partout. Leçons de la terre et de ses productions minérales, végétales, animales, dont on fait passer des exemplaires sous les yeux des élèves, avec accompagnement d'explications résumées en des tableaux synoptiques. Une leçon sur l'anatomie et la physiologie du poumon est accompagnée de la présentation des organes respiratoires du bœuf et du mouton (cours primaire supérieur pour jeunes filles), où paraît s'éveiller la curiosité des élèves. Des reproductions en carton-pâte colorié des différentes parties de l'organisme permettent de pousser assez loin ces démonstrations rudimentaires.

L'enseignement primaire, dirigé par le *Conseil National d'éducation*, est gratuit, y compris les fournitures scolaires, — obligatoire, *en théorie*, de six à douze ans. La population de Buenos-Aires s'accroît beaucoup plus rapidement que les institutions scolaires. D'où l'expédient fâcheux de diviser la population des écoles en deux séries, l'une du matin et l'autre de l'après-midi, dont chacune jouit tour à tour de la liberté de vaguer dans les rues, tandis que l'autre s'abreuve à la fontaine du savoir. Ce procédé est assurément des moins recommandables. On ne saurait comprendre que la capitale de l'Argentine s'y attarde, quand il lui suffirait d'un sacrifice pécuniaire, qui n'est certainement pas au-dessus de ses forces, pour se trouver rapidement à la hauteur de ses devoirs. Mon observation porte d'autant mieux qu'on a dépensé l'argent sans compter pour certains établissements qui sont de véritables palais : telle l'école *Presidente Roca*. Une centaine d'écoles privées, laïques ou confessionnelles, dont les maîtres parfois sont étrangers, recueillent les enfants qui ne peuvent trouver place dans les écoles publiques. A Buenos-Aires, comme dans le reste du territoire, le chiffre de ces exclus est fâcheusement élevé. Il est des provinces où le déficit des établissements scolaires est tel qu'il constitue un véritable scandale dans une nation civilisée (1).

(1) Le recensement de 1909 montre les progrès considérables réalisés par l'instruction publique depuis 1895, date du dernier recensement. L'Argentine, dans ces quatre années, a fondé 2 000 écoles nouvelles.

En 1895, la population scolaire n'était que de 30 p. 100. Elle était de 59 p. 100 en 1909.

Jamais je n'oublierai le ton de navrante détresse dont un enfant d'une dizaine d'années, dans la pampa de la province de Buenos-Aires, me répondit à trois reprises quand je l'interrogeai sur ses occupations :

" J'ai demandé à aller à l'école. Papa n'a pas voulu. "

Le père était un Mexicain. Les yeux de l'enfant condamné à rester en friche par l'abêtissement paternel pétillaient d'intelligence.... Que de mal ne nous donnons-nous pas pour mettre la terre en valeur ! Que d'apathie quand il s'agit de développer la force capitale de notre monde, celle qui met en mouvement toutes les autres : l'intelligence humaine ! Est-il concevable qu'en France même, après un effort de quarante années, l'arrivée des conscrits au régiment nous donne l'occasion de relever tant d'illettrés ? Ce même état de choses, qui est attristant chez nous, serait un grand succès dans le campo où les distances sont telles que les enfants vont à l'école primaire à cheval, ainsi que j'ai déjà dit. Encore faudrait-il que, lorsqu'une école est à proximité, l'accès n'en fût pas interdit par d'imbéciles parents (1).

L'école municipale ou d'État est laïque, absolument. Ce régime est établi dans toute l'Argentine, où il ne soulève aucune protestation. Les congrégations, qui sont nombreuses, ont leurs écoles privées, en vertu du principe reconnu de la liberté de l'enseignement. Ce qui peut surprendre un Européen, c'est que le clergé catholique argentin ait renoncé à combattre la laïcité de l'école publique, contre laquelle il fait de si violentes campagnes en d'autres pays. Ce n'est pas, à mon

(1) La loi Lainez a chargé le *Conseil national d'éducation* de fonder partout où besoin serait des écoles élémentaires donnant un minimum d'instruction.

Au cours du recensement de 1909, on fit établir pour tous les enfants de cinq à quatorze ans une fiche psycho-physique sur l'initiative du docteur Horacio G. Pinero. Cette fiche comporte vingt et une questions : âge, nationalité, parents, taille, poids, périmètre thoracique, circonférence de la tête, poids du corps, anomalies, difformités, stigmates, maladies antérieures, vision, audition, perception objective, attention, mémoire, langage et prononciation, affectivité, émotivité, caractère.

avis, que l'activité religieuse des prêtres et des moines soit moindre en Argentine qu'en Europe. Mais des circonstances, sur lesquelles il serait trop long de discourir, ont appris au clergé argentin la pratique *extérieure* de la tolérance. Interrogé là-dessus, tout Argentin vous dira couramment :

" Notre clergé ne s'occupe pas de politique."

Et cela paraît vrai. Le monde religieux semble étranger aux luttes des partis. L'action sociale de la hiérarchie romaine n'en est pas moins puissante dans ce qui reste de l'ancienne aristocratie coloniale et (sauf de très rares exceptions) dans le milieu féminin des classes supérieures. Pratiquement, le régime officiel des rapports de l'Église et de l'État, en Argentine, est tout proche de la séparation.

Je ne dirai rien des écoles et collèges secondaires, avec lesquels je n'ai pas suffisamment pris contact. Ils sont placés sous la direction immédiate du ministre de l'Instruction publique. Point d'internat. C'est, au dire de tous, la partie la plus faible de l'enseignement public. Amédée Jacques, l'un des proscrits du coup d'État de Décembre, y avait apporté nos programmes classiques, qui n'ont pas rencontré le succès. Depuis lors, la lutte s'est établie, comme chez nous, entre les partisans de l'antiquité et les champions de l'enseignement moderne, — voire technique. On s'est livré de grandes batailles, et, le plus clair de l'affaire, c'est que l'enseignement proprement dit a souffert des deux côtés. La création d'un lycée français, que j'ai lieu d'espérer prochaine, pourra contribuer au relèvement des études classiques dont, à mon avis, aucun pays de civilisation ne peut se passer.

L'enseignement supérieur en certaines branches a fait de grands progrès. Le droit et la médecine notamment s'honorent d'un corps enseignant riche de personnalités éminentes. Toute individualité marquante d'Europe est assurée de trouver là — maîtres aussi bien qu'élèves — un auditoire de choix. J'ai eu le grand plaisir d'assister à la première des conférences d'Enrico Ferri à l'école de droit. Sujet : *la Justice sociale.* Jamais la forte et chaude éloquence du grand orateur ne trouva public mieux préparé à ses hautes leçons de droit humanitaire.

LES HOPITAUX

Ce n'est pas en vain d'ailleurs que tant de jeunes Argentins ont pris le chemin des universités de France, d'Italie, d'Allemagne. Dès mon premier pas dans les hôpitaux, j'ai eu la sensation très nette qu'on était dans le plein courant de la science européenne et qu'on ne reculerait devant aucun effort de perfectionnement.

Je note un excellent institut de bactériologie dirigé par un de nos compatriotes, M. Lignères, aussi des écoles d'agronomie qui forment un bon personnel pour le développement de la pampa.

L'inspection des hôpitaux est éminemment favorable. Le *nouvel hôpital des contagieux*, situé à plusieurs kilomètres du centre de la ville, comprend une série de pavillons modèles, strictement isolés, dont chacun est affecté au traitement d'une affection spéciale. A l'hôpital Rivadavia, réservé aux femmes, les services *Cobo* (tuberculeux pulmonaires et opérations chirurgicales) font surtout l'admiration du visiteur. Partout, les derniers perfectionnements se trouvent réalisés, tant au point de vue de l'installation des malades, des salles de stérilisation et d'opération, que de l'arsenal de chirurgie. En ce qui concerne l'enseignement clinique, rien n'a été négligé : amphithéâtres de cours, tableaux, pièces de démonstration, etc. Les laboratoires sont montés avec un luxe qui ferait envie aux internes de nos hôpitaux. C'est là que notre éminent compatriote, le docteur Pozzi, fit en Mai 1910 une série d'opérations qui toutes eurent une heureuse issue, tandis que son confrère allemand, dont nul ne peut contester la science, eut le malheur d'aboutir à des résultats très différents. Même remarque pour le très distingué docteur Doléris, qui a fait à Buenos-Aires des démonstrations en espagnol, et dont toutes les opérations ont été couronnées de succès. L'hôpital Rivadavia possède de très beaux services annexes : consultations externes, électro et radiothérapie, pharmacie, etc. Il faut mentionner enfin, à l'usage des convalescents, des salles de récréation somptueuses et des cours et jardins merveilleusement entretenus.

Dans les maternités (Alvear, comme Rivadavia), nous retrouvons le même confort ultra-moderne, uni à la plus stricte propreté. Je signale un très curieux musée d'obstétrique avec pièces anatomiques, coupes de bassins, et une série d'admirables préparations destinées à montrer les différents stades de la gestation. A remarquer le petit berceau (d'invention allemande, je crois) ingénieusement accroché au lit de la mère, et pouvant être démonté d'un mouvement de main. Heureuse simplification. Dans le plan des constructions, dans les installations, le matériel des laboratoires, des salles de stérilisation ou d'opération, on reconnaît l'influence comme les produits mêmes de l'Allemagne. En revanche, on découvre sans peine la culture française chez les médecins et chirurgiens — maîtres ou élèves — qui se nourrissent de nos classiques des Facultés de Paris ou de Lyon. Je n'ai pu le constater, en visitant les bibliothèques des hôpitaux, sans faire un triste retour sur l'accueil qui fut parfois réservé, dans certaines de nos cliniques, à de modestes savants étrangers.

En revanche, je ne saurais cacher que le protectionnisme à outrance fleurit parmi les médecins de l'Argentine, très soucieux de se défendre contre la concurrence européenne. Il ne faut pas moins de *trente-deux examens*, me dit-on, pour qu'un médecin de la Faculté de Paris obtienne la faveur d'ordonner une purgation à un gaucho de la pampa. Il est permis de trouver ces mesures de non-confiance en soi plutôt exagérées.

Je dois signaler un très bel hospice de vieillards tenu par des sœurs de charité française avec une méticuleuse propreté et administré par des dames de la société. Les Argentins aiment à revendiquer pour leurs femmes l'honneur du zèle qu'ils déploient en faveur des œuvres de secours. A la

Chambre récemment, on a mis en doute la réalité de cette action. Je suis hors d'état de me prononcer.

Un établissement original : *l'Asile des veuves.* C'est une sorte de cité composée de petits logements d'une ou deux pièces, au rez-de-chaussée. Dans la cour, en face de la porte d'entrée, une petite guérite où s'installe un fourneau pour la cuisine en plein air, possible par tous les temps en ces heureux climats. Location à très bas prix pour les veuves ayant plus de quatre enfants.

UNE CURIEUSE MAISON DE FOUS :
                    " LA PORTE OUVERTE "

La colonie d'aliénés de Lujan, à laquelle son fondateur et directeur, le docteur Cabred, a donné le nom significatif d'*Open door* — *la porte ouverte* — vaut une mention plus détaillée. Dans un domaine de 600 hectares, sur la ligne du Pacifique, à 70 kilomètres de Buenos-Aires, douze cents malades répartis en vingt pavillons, élégants chalets entourés de jardins, contenant chacun soixante malades, tous pourvus des installations nécessaires pour la clinothérapie et la balnéothérapie avec salles de récréation. Des enclos de fil de fer, pas un mur, pas une enceinte de planches, partout la liberté du sol et de l'horizon.

Nous avons élevé dans Paris une belle statue à Pinel, où nous le voyons brisant les fers dont l'ignorance moyenageuse chargeait encore, en 1793, les fous de Bicêtre. Mais, si vous allez visiter notre asile de Sainte-Anne, très bien tenu, vous seriez fort embarrassé de me dire en quoi cet établissement " moderne " diffère d'une prison. Je m'empresse de reconnaître que, dans les autres asiles de la Seine, on commence à donner le plus de développement possible au travail en plein air. Depuis longtemps on avait conçu et réalisé la pensée de placer certains malades dans des familles de paysans. L'*Open door* soigne toutes les maladies mentales, à quelque point qu'elles soient de leur évolution, par ce qu'on y dénomme :

le travail en liberté. Il s'agit, dans le trouble des phénomènes cérébraux, d'ouvrir la plus grande carrière aux réflexes de la vie inconsciente ou quasi inconsciente. Si un malade a un métier, il trouve immédiatement à l'*Open door* l'emploi de son activité, car c'est avec le travail des aliénés : charpente, maçonnerie, serrurerie, etc., que tous les pavillons ont été construits. Sinon, il reçoit une éducation technique et devient susceptible d'acquérir parfois une très grande habileté. La principale affaire, c'est de persuader au nouvel arrivant de travailler. S'il refuse, on n'insiste pas. "On le laisse s'ennuyer." Puis on lui propose une promenade, et, quand il est sur le terrain, on lui offre l'outil pour faire comme les camarades.

"Je n'ai jamais rencontré qu'un seul refus, nous dit le docteur Cabred. Un malade, posément, entreprit de me démontrer que la vie ne vaut pas la peine de travailler pour l'entretenir. Je ne vous cacherai pas qu'il réussit presque à me déconcerter et que je cherche parfois le vice de son raisonnement sans être bien sûr de l'avoir trouvé. Il est un peu dur, pour l'apôtre du travail des fous, de se demander si le fou qui refuse le travail n'a pas sur ses congénères l'avantage d'une opinion raisonnée. En tout cas, c'est le seul homme de la colonie qui ne fasse rien. Il passe son temps à lire le journal ou à rêver sans dire un mot. Quand je vais le voir, il me raille en alléguant que c'est moi qui suis insensé, et vraiment le fait d'entretenir sa fainéantise n'est peut-être pas d'un homme bien raisonnable."

Ni camisole de force, ni appareil de contrainte dans toute la colonie. Pas d'excitation, pas de crise de violence qui ne tombe par l'effet du bain prolongé jusqu'à vingt-quatre ou même trente heures, s'il est nécessaire.

Pavillons séparés pour l'administration, le réservoir des eaux, la machinerie, la buanderie, la laiterie, les cuisines, les ateliers, le théâtre, la chapelle. Au dehors, le travail agricole sous toutes ses formes, du labour à l'élevage. Seuls les contre-maîtres qui dirigent le travail sont sains d'esprit ou supposés tels. Malgré cette assurance, ce n'est pas sans quelque inquiétude qu'on voit à l'atelier de charpente ou à la forge des fous manier le fer rouge, ou des instruments aussi dangereux pour autrui que pour eux-mêmes. On pense bien qu'ils n'arrivent à ces travaux qu'après une longue épreuve.

Notre visite à l'*Open door* n'a pas duré moins d'une journée, et nous n'avons certainement pas tout vu. De la première minute à la dernière, nous fûmes accompagnés par un fou photographe qui ne cessa de prendre des clichés à sa convenance, et même nous admonesta sévèrement vers la fin du déjeuner, quand il put croire que nous nous lèverions de table sans avoir consenti à poser. Quatre jours après ma visite, je recevais une suite de photographies reproduisant les divers incidents de notre promenade à l'*Open door*, reliées en album par un fou naturellement, et expédiées par un autre fou à un destinataire assez fou pour se supposer doué de raison. Par les échantillons qu'on lui met sous les yeux, le lecteur pourra juger de la mesure dans laquelle une expression d'art se peut accommoder de la déraison.

Ai-je besoin de dire que nous fûmes reçus au son de la *Marseillaise* et de l'air national argentin exécutés par une fanfare de fous qui, pendant notre déjeuner, nous régala de son répertoire? Depuis ce temps, je ne puis comprendre qu'on n'exige pas un brevet de folie authentique pour l'admission à l'orchestre de l'Opéra.

Et le journalisme, je vous prie, était-il admissible qu'il ne fût pas représenté à l'*Open door* ? Le bon docteur Cabred n'est pas homme à avoir de ces distractions. On nous présenta donc l'*Ecos de las Mercedes*, journal mensuel de l'*Open door* rédigé et imprimé par des fous dans la pensée peut-être de faire croire que les autres gazettes sont l'œuvre de personnages jouissant toujours du sens commun. Prose et poésie. Articles écrits en espagnol, en italien, en français. Parfois un peu de laisser-aller dans la grammaire et dans l'idée, mais, en somme, pas beaucoup plus de divagations qu'ailleurs.

Enfin on nous offrit, pour terminer la fête, le spectacle d'une course de chevaux montés par des fous. Bêtes d'esprit sain et cavaliers insensés parfaitement d'accord pour se ruer éperdument en inutiles efforts vers un but parfaitement vain. N'est-ce pas le spectacle ordinaire de notre humanité ?

Cependant, un brave fou mystique, décoré d'une centaine ou deux de médailles, nous poursuivait d'une lecture des saints livres accompagnée de sa bénédiction. Je me demandais si cet exercice était compris dans le programme du docteur Cabred, qui prétend faire accomplir normalement par des insensés l'œuvre même de la société raisonnante. Un scrupule du même ordre m'était venu lorsqu'au coup de midi je me trouvai devant une table magnifiquement servie :

" La cuisine, demandai-je non sans anxiété, est-elle faite par des fous ?

— Nous nous sommes résignés à une exception en votre faveur ", me fut-il répondu avec contrition.

Et une question me vint aux lèvres :

" Puisque vous démontrez pratiquement que les fous sont aptes à toute besogne, comment avez-vous pu vous donner à vous-même un éclatant démenti en laissant la direction de l'*Open door* à un homme qui paraît jouir de toutes ses facultés ?

— Oui, c'est une faiblesse, s'exclama l'aimable docteur en riant. Mais, après tout, qu'est-ce qui prouve que je ne remplis pas les conditions de la doctrine ? Ne vous ai-je pas dit qu'un de mes fous, qui peut très bien avoir le dernier mot des choses, m'a jugé délirant parce que je l'engageais à travailler ? S'il disait vrai, tout serait dans l'ordre à l'*Open door* ".

Je ne voulus pas chagriner l'éminent docteur, bon ouvrier d'une œuvre admirable ; mais un autre point me tenait dans le doute : ces fous qui se laissent embrigader si facilement pour des travaux de toute nature, et qui, dans le traitement du labeur en plein air, sans coercition d'aucune sorte, trouvent souvent la guérison et toujours l'adoucissement de leurs maux, parvient-on vraiment, en supprimant autour d'eux toutes murailles, à leur donner l'illusion de la liberté ? Je ne posai pas la question, car la réponse m'avait été fournie par un vieux jardinier français qui est un des hôtes de fondation à

l'*Open door* et qui, surexcité par notre présence, se mit tout
à coup à divaguer.

" Il y a vingt-cinq ans, criait-il, que vous me tenez *emprisonné* ici ".

Ainsi voilà un homme dont la vie se passait sous le ciel
en un travail familier, comme aux jours où sa raison était entière,
et, bien qu'aucune entrave ne fût apparente, il se sentait
emprisonné. Il est vrai que le déterminisme moderne a réduit
ce que nous appelons notre " liberté " même aux rigoureuses
fatalités d'un organisme qui ne nous laisserait, quand nous
obéissons simplement à la prédominante poussée d'une énergie
supérieure, que l'illusion de la libre volonté (1). O folie,
ô sagesse, ô vacillantes sœurs, est-il donc vrai que vous
parcourez le monde en vous tenant par la main ?

Vers quelque solution philosophique que notre instinct de
sagesse ou de folie nous entraîne, hâtons-nous de conclure que
l'*Open door* est une institution exemplaire par laquelle, grâce
au docteur Cabred, l'Argentine a tracé la voie aux peuples
de civilisation vieillie. Ajoutons, d'ailleurs, que les évasions
(si j'ose me servir de ce terme impropre) sont très rares, à
peu près impossibles en raison de l'état quasi désertique
de la pampa, et que les fous en voie de guérison, à qui l'on
accorde quelques jours de congé pour aller visiter leurs amis
avant la libération définitive, se font un plaisir de revenir au
logis dans le délai indiqué. Qui sait même si quelque fou,
plein de raison, ne refuse pas secrètement de se tenir pour

(1) " Si l'idée de liberté est elle-même une force, comme le dit
Fouillée, cette force serait à peine diminuée si jamais les savants démon-
traient qu'elle ne repose que sur une illusion. Cette illusion est trop
tenace pour être dissipée par quelques raisonnements. Le déterministe
le plus intransigeant continuera longtemps encore, dans sa conversation de
tous les jours, à dire " je veux " et même " je dois ", et même à le
penser avec la partie la plus puissante de son âme, celle qui n'est pas
consciente et qui ne raisonne pas. Il est tout aussi impossible de ne pas
agir comme un homme libre quand on agit, qu'il l'est de ne pas
raisonner comme un déterministe quand on fait de la science. " [La Morale
et la Science, par Henri Poincaré (*La Revue*, 1er juin 1910).]

guéri afin de passer le reste de ses jours dans un travail heureux, sous un beau ciel, parmi des hommes paisibles, étrangers aux soucis du monde comme à tous ces conflits d'éternelles compétitions qui sont le fléau de la vie " raisonnable " ? Cela pourra conduire le docteur Cabred à l'établissement d'une annexe pour les sages.

LES PRISONS

De l'asile d'aliénés à la prison il peut n'y avoir pas aussi loin que le pensent la plupart des gens. L'asile enlève du courant de l'ordre public, approximatif, tel que nous avons pu le faire, tous les déséquilibrés que le trouble de leurs fonctions psychiques condamne à y apporter des perturbations intolérables. Ne semble-t-il pas que cette définition élémentaire s'applique également à l'une et à l'autre catégorie de réprouvés ? Je supplie le lecteur de ne point se laisser effrayer par la redoutable gravité du problème. Si nul philosophe n'a pu trouver un fondement solide du droit que s'arroge un homme de *punir* son semblable pour avoir transgressé son commandement, tout le monde comprend sans peine que, les sociétés humaines étant, malgré leurs imperfections trop sensibles, un progrès manifeste sur l'état de sauvagerie où la force brutale seule peut triompher, il est inadmissible que ceux qui entreprennent de passer outre aux règles générales sur lesquelles la société se fonde soient admis à réaliser la destruction du peu de bien social si laborieusement conquis.

Que la société dans laquelle ces hommes s'arrogent le pouvoir de vivre en ennemis les écarte de son chemin : cela est de droit naturel (1). Où la véritable question se pose,

(1) " Si un jour la morale devait s'accommoder du déterminisme, pourrait-elle s'y adapter sans en mourir ? Une révolution métaphysique si profonde aurait sans doute sur les mœurs beaucoup moins d'influence qu'on ne pense. Il est bien entendu que la répression pénale n'est pas en cause ; ce qu'on appelait crime ou châtiment s'appellerait maladie ou prophylaxie, mais la société conserverait intact son droit, qui n'est pas de punir, mais tout simplement celui de se défendre. " (Henri Poincaré, *loc. cit.*)

c'est lorsqu'il s'agit de savoir quelle sorte de traitement peut et doit être appliqué à ces insoumis. Dans la " justice " primitive du talion, il n'y avait rien de si simple. Œil pour œil, dent pour dent. Tu as tué, je te tue. Tu as fait du mal, je te fais du mal à mon tour, et par la terreur du mal que je te réserve, je prétends te détourner de l'action méchante dont tu seras tenté. Cette " justice-là " a le double avantage d'être expéditive et de pouvoir être comprise des intelligences rudimentaires aussi longtemps que la tentation du mal ne les a pas fait succomber. Lorsque de mauvais instincts, dont nul n'a demandé que la nature le dotât, ont mis les délinquants en état de déchéance, la morbidité du sens moral, plus ou moins déréglé, qui les a précipités dans l'action de violence, leur fait ressentir uniquement la violence dont ils sont l'objet, et les pousse aux sinistres revanches sans leur laisser la paix du jugement d'où pourrait jaillir, par un juste retour sur eux-mêmes, le désir, l'espérance d'une vie nouvelle sous les lois de l'ordre établi.

Et puisqu'il a fallu venir jusqu'en 1793 — époque où l'universel élan de fraternité humaine se manifesta d'abord par la permanence de l'échafaud — pour trouver en Pinel l'homme de simple bon sens qui brisa les chaînes des fous, est-il absurde de penser que, sans libérer les criminels — pas plus qu'on ne lâche les fous dans le monde, même à l'*Open door* — on pourra, sans se faire accuser de déraison, s'occuper de l'institution d'un régime d'amendement et de réformation, dans les établissements où sont rassemblés les détenus. Il y aura des intraitables, c'est entendu. Peut-on donc arguer de ce qu'il y a des incurables dans tous les asiles et hôpitaux pour ne pas tenter jusqu'au bout l'impossible dans la lutte contre un mal supérieur aux forces humaines ?

Le lecteur doit penser que je ne me serais pas hasardé à ces considérations de philosophie sociale si je n'avais mon but. La thèse que je viens d'exposer brièvement, au risque d'ennuyer qui ne cherche en ce monde que l'amusement, est aujourd'hui celle de tous les criminalistes dignes de ce nom. Mais, comme les gouvernements les mieux intentionnés, d'autant plus imprégnés des préjugés de la foule qu'ils sont plus pénétrés de démocratie, n'arrivent que lentement à cette conception nouvelle, et comme la transformation de nos établissements de détention exigera beaucoup d'argent, nous n'en sommes encore qu'à l'inscription des mots de réformation et d'amendement, dans les programmes auxquels fait défaut jusqu'à ce jour un commencement d'exécution.

Veut-on que j'en donne un exemple ? Puisqu'un détenu à temps doit fatalement rentrer dans la société quelque jour, l'intérêt social n'est-il pas qu'il y reparaisse avec les meilleures chances d'une vie ordonnée pour n'y pas renouveler la tentative de désordre qui l'en a fait exclure momentanément ? Et la première condition de ce nouveau point de départ, n'est-ce pas la possession d'un métier où l'habileté soit poussée assez loin pour favoriser toutes chances de succès ? Si, donc, tandis que l'enseignement technique sera donné dans la prison, la base fondamentale de culture intellectuelle et morale est en même temps élargie, et si l'homme que la société n'a pas rejeté pour jamais, — au lieu de se voir abandonné dans le courant du monde, à sa sortie de prison, avec, pour unique ressource, la tentation des fautes nouvelles, — était mis d'abord par l'administration pénitentiaire en état de gagner honnêtement sa vie, la société n'aurait-elle pas donné toute chance à une somme supérieure de probabilités pour que sa dépense de volontés et d'argent n'eût pas été faite vainement ? Je crois qu'on en conviendra théoriquement sans trop de peine. Mais la grande difficulté, c'est qu'il est infiniment plus économique de chercher à tirer du travail des prisonniers le plus grand profit immédiat que de renverser le problème en dépensant de l'argent pour mettre aux mains de l'homme en faute (au risque d'un échec, je ne veux pas le méconnaître) l'outil de son relèvement.

Aux États-Unis, de grands progrès ont été réalisés dans cette voie, et s'il m'a fallu un si long préambule pour présenter à mes lecteurs la prison centrale de Buenos-Aires (hommes), c'est que la République Argentine me paraît avoir dépassé tout ce qui s'est fait jusqu'à ce jour dans cet ordre de réalisations. A ce point que j'ai craint de choquer l'esprit de routine où, malgré de révolutionnaires changements de mots, certaines sociétés s'enlisent, si j'exposais tout crûment, sans commentaires, ce qu'il m'a été donné de voir.

Je ne dis rien des arrangements matériels de la maison, qui ne m'ont pas paru différents des nôtres. Encellulés la nuit, les prisonniers sont répartis en des ateliers de travail disposés en vue de les perfectionner dans leur métier ou de leur apprendre un métier nouveau. L'organisation du pécule est la même que chez nous, avec cette différence que, la nourriture étant suffisante (1), l'homme peut en conserver pour sa sortie la plus grande part. Conversation à voix basse autorisée si elle n'interrompt pas le travail. Gamelles réparties dans les cellules par les soins des détenus eux-mêmes qui prennent leur repas, porte ouverte, et le font suivre de la cigarette, s'il leur plaît, pendant un temps de repos. Des livres dans chaque cellule avec le principal du matériel scolaire. *Quatorze classes, quatorze professeurs.* Tous les détenus suivent les cours d'adultes, qui comprennent nécessairement, avec la théorie de leur technicité spéciale, l'histoire, l'hygiène, la morale, toutes matières sur lesquelles chacun doit subir un examen à la fin de l'année. Directeur et professeurs rendent témoignage à l'application générale des élèves. Un notable développement donné au cours d'arpentage en raison de la constante demande d'arpenteurs dans toute l'étendue de la pampa. Une vaste salle de conférences, qui peut servir de salle de théâtre au besoin, ornée de tableaux, de dessins, de modelages, dus au travail des prisonniers. Les conférences sont faites et par les professeurs et par les détenus eux-mêmes lorsque leurs études antérieures ou leurs progrès récents les ont qualifiés pour cela.

(1) La nourriture consiste principalement en *puchero* (bœuf bouilli), qui est à la base de l'alimentation populaire.

Naguère, en présence de M. Ferrero, qui a publié, me dit-on, un récit de sa visite à la prison centrale de Buenos-Aires, un prisonnier fit une conférence sur l'Amérique préhistorique.

" Et la récidive ? demandai-je en sortant.

— Il y en a, me dit le directeur, mais très peu. Notre système de rééducation est puissamment aidé par l'offre permanente de travail dans toutes les parties de la pampa. Ajoutez que le plus grand nombre de nos pensionnaires nous sont envoyés pour crimes passionnels. L'Italien et l'Espagnol sont également prompts au jeu du couteau. Il y a là, parmi tous ces gens, nombre d'individus qui ont tué leur homme dans un moment d'exaltation furieuse et qui n'en seront pas plus mal vus, à la sortie, pour cet accès de " vivacité ". Je vous dis ce qui est, en vous laissant le soin d'en tirer les conséquences. Notre point de vue, à nous, est celui-ci : toutes les fois qu'un homme commet un délit ou un crime, un devoir de rééducation surgit pour la société dès l'heure même du manquement. Dans aucune société, sans doute, on ne fera jamais tout ce qu'on peut faire pour chaque individu. Mais, lorsque l'un des membres du corps social vient à faillir, eh bien, il faut le *refaire*. C'est à quoi nous nous appliquons, et je ne vous cache pas les grandes joies qui nous viennent du remarquable succès de nos efforts. J'ai visité la plupart des prisons d'Europe. Avez-vous rencontré chez nous ces regards inquiétants de bêtes traquées qui sont le trait commun de tous vos détenus ? Non. Nos hommes n'ont qu'une idée : recommencer la vie et s'outiller, cette fois, pour le succès. Voilà le secret de cette tranquille confiance d'enfants appliqués que vous avez pu remarquer sur tant de visages, — à défaut peut-être du repentir, qui ne peut être le lot de tout le monde.

— Et vous ne redoutez pas qu'une si confortable maison ne devienne un appât pour les embarrassés d'eux-mêmes ?

— Il n'y paraît pas jusqu'à ce jour. Ces craintes — que je ne puis croire vôtres — n'ont que le tort de méconnaître l'attrait supérieur, pour toute créature humaine, de la liberté. "

Et je partis, emportant une intéressante leçon de l'Argentine, à qui tant d'Européens sont généreusement prêts à en apporter.

VI

LA SOCIÉTÉ ARGENTINE

Ce n'est pas sans raison que j'ai noté comme un trait du
caractère argentin, avec une évidente bonne volonté d'apprendre de l'Europe, le désir et la capacité de pousser un
établissement public ou privé jusqu'à son dernier point de
perfection, sans omettre la chance, si elle se rencontre, de
nous dépasser. Le danger des colonisations hâtives, c'est
fatalement l'habitude de l'*à peu près* dont il faut bien se
contenter d'abord, mais qui, par la facilité de faire les choses
à demi, détourne trop aisément l'esprit de l'effort nécessaire
pour toutes les précisions d'achèvement sans lesquelles il n'est
point de résultat supérieur. C'est le grand reproche que les
hommes méthodiques du Nord prodiguent aux Latins
impulsifs, de se contenter trop volontiers d'une activité de
premier élan, quittes à s'en rapporter à l'imagination du soin
d'achever dans les airs les parties défectueuses de la réalité.

J'avoue qu'en partant pour l'Amérique du Sud, influencé
par quelques sociologues qui parlent de ces choses un peu
trop légèrement aussi bien que par les sots propos qui, en
dépit de l'attraction de consanguinité, retiennent notre élan
vers des pays dont l'Angleterre et l'Allemagne ont bien su
trouver le chemin, je pensais avoir besoin d'une prodigalité

de bienveillance pour échapper à la tentation discourtoise des sévérités. Eh bien non. Si la prodigieuse puissance d'expansion de la grande République américaine du Nord peut expliquer ma crainte, pour les Républiques sud-américaines, d'une trop rigoureuse comparaison, il me semble que tous les esprits libres n'en auront que plus de joie à constater le robuste et généreux développement des plus belles forces d'avenir en des sociétés naissantes que le destin appelle à toutes les formations d'une humanité supérieure.

En 1865, Buckle, qui n'était pas un esprit de médiocre envergure, ne craignait pas d'écrire dans son *Histoire de la civilisation* que l'action dominatrice de la terre et du climat était telle au Brésil qu'on n'y saurait attendre l'établissement ni le progrès d'une société vraiment civilisée. L'événement a répondu d'une façon péremptoire à la hasardeuse prophétie. Il y a des résultats de simple approximation, à des degrés divers, dans les Républiques sud-américaines, comme il y en a, de nécessité, aux États-Unis et ailleurs. On ne peut éviter de commencer ainsi pour la mise en valeur des territoires. Mais, à ne citer que les pays que j'ai visités, l'Argentine, l'Uruguay, le Brésil, ont pratiquement démontré qu'ils ne se contentaient pas de faire à demi, et la puissance de mener méthodiquement les choses jusqu'au dernier point du *fini*, en quelque domaine que ce soit, implique nécessairement la promesse des heureux efforts pour ne point rester en chemin dans les entreprises qui vont suivre.

Il n'est pas besoin d'un long séjour à Buenos-Aires pour reconnaître que cette tendance s'affirme avec éclat chez l'Argentin. J'ai dit l'aspect européen de sa ville, — la moins *coloniale* probablement des pays sud-américains. J'ai dû constater toutefois que l'Argentin n'acceptait pas d'être simplement un Espagnol déraciné, bien que la *société* de Buenos-Aires, lignée plus ou moins authentique des *conquistadores*, soit directement issue de la péninsule ibérique. Toutefois, si l'on cherche quelle autre influence que celle de la terre et du climat a pu s'exercer sur les générations européennes dans le bassin de La Plata, on s'arrête nécessairement à cette idée que l'apport de sang indien ne peut pas compter pour néant. L'élément noir, peu nombreux, paraît avoir été complètement résorbé. Nulle trace marquée de sang africain. En revanche, sans sortir de Buenos-Aires, il est impossible de négliger au passage quelques beaux types de métis indiens, — dans la police ou dans le corps des pompiers par exemple, — dont les traits de finesse et d'esthétique régularité frapperont l'observateur le moins bien préparé. Dès que je fus sorti de la province de Buenos-Ayres pour remonter vers le Nord, le métissage m'apparut triomphant.

LE SANG INDIEN

L'Indien de l'Amérique du Sud, bien qu'apparenté de si près au Peau-Rouge de l'Amérique du Nord, lui est, à tous égards, infiniment supérieur. Il a produit des formes de civilisation auxquelles les *conquistadores* ont mis brutalement fin. Dans les provinces du nord de l'Argentine, il subsiste encore d'importantes agglomérations d'indigènes que le gouvernement traite, hélas ! sans ménagements. J'ai recueilli trop de récits sur ce point pour que le doute soit possible. Ce n'est pas que des actes de sauvagerie ne puissent être établis à la charge des Indiens, comme l'abominable guet-apens qui aboutit au massacre de la paisible mission Crevaux en Bolivie. L'équité nous oblige seulement à reconnaître que ceux qui disposent de l'extrême argument de la force ne négligent rien pour ancrer de plus en plus les sauvages dans l'habitude d'y recourir à leur tour. On peut, on doit le déplorer au nom d'une sentimentalité supérieure. Mais notre implacable " civilisation " a prononcé, sur les races incapables de s'accommoder à notre évolution de vie civilisée, un arrêt contre lequel il n'est point de recours.

Ce n'est pas que l'autochtone du Sud soit, comme celui du Nord, incapable de se plier aux exigences d'un travail régulier. J'ai vu des ouvriers indiens dans les usines de

M. Hilleret, à Tucuman. Ce n'est pas davantage qu'il y ait manque de ressources en son intelligence. La difficulté d'accommoder ses facultés, immobilisées dans le cercle de la vie primitive, aux formes supérieures de notre activité quotidienne, l'empêche de se faire sa place au soleil dans le nouvel organisme social importé d'Europe par la race blanche. Plus résistant que les Peaux-Rouges de l'hémisphère boréal, il n'en est donc pas moins condamné à disparaître. Mais bien supérieur en cela à son congénère du Nord, il ne mourra pas tout entier : ayant déjà imprégné de son sang la chair vivante de son vainqueur.

On n'attend pas de moi que j'aie la prétention de résoudre en passant le problème de la fusion des races. Je me permettrai seulement d'observer que l'afflux de sang indien dans le populaire (il y en a aussi dans les " classes supérieures ") (1) me paraît trop important pour qu'il n'en reste pas des traces notables dans l'âme du peuple argentin, en dépit du flot toujours montant de l'émigration. Et, s'il me fallait rechercher quels éléments l'indigène peut apporter dans la formation des activités sociales à venir, je ne serais pas surpris que la simplicité, la dignité, la noblesse et la fermeté de son caractère lui permissent d'apporter à la turbulence européenne d'heureuses amélioration.

Après tout, l'Argentin qui ne veut pas être Espagnol a peut-être de bonnes raisons pour cela. Mieux que dans la péninsule Ibérique, je le vois débarrassé du sang maure qui a pu contribuer au développement de ses hautes qualités chevaleresques, mais qui l'a si fâcheusement stupéfié dans la conception orientale d'une immobile théocratie. Pourquoi le sang indigène, avec l'aide des circonstances complexes que nous rangeons sous le nom de " climat ", n'aurait-il pas agi déjà sur la mixture européenne pour préparer et former un peuple d'allure véritablement nouvelle auquel revient natu-

(1) Je pourrais citer un homme d'État qui a toute l'apparence extérieure, et peut-être aussi la prudente sagesse, d'un pur *cacique* des anciens jours.

rellement la qualification d'argentin ? Tout ce que j'en puis dire, à cette heure, c'est que, dans l'ensemble des races latines, le caractère argentin s'affirme certainement en des traits particuliers. On me dira peut-être que le " Yankee ", rebelle à toute fusion de races non européennes, n'en a pas moins acquis des traits de caractères qui le différencient très notablement de sa souche anglo-saxonne. Cela n'est pas niable, et la terre, et le climat, et l'incessant mélange des types européens suffisent à expliquer des modifications qui semblent converger vers la création d'un type ou sous-type nouveau. Ce qui me paraît remarquable, c'est que, pour quelque cause que ce soit, le caractère de l'Anglais américanisé, après avoir été d'abord de raideur puritaine au Nord et de morgue aristocratique au Sud, a fini par aboutir à une rare explosion de toutes les énergies vitales résumée dans la caractéristique formule d'un *go ahead* universel. Le Sud-Américain, au contraire, ayant débuté par toutes les extravagances de vie publique et privée qui ont mis l'Europe en défiance à son égard, est en voie manifestement de se calmer, de se régler, de s'ordonnner, avec une tendance très marquée à s'inspirer peu à peu, sans perdre le goût de la culture latine, des méthodes d'action dont se vantent les races du Nord.

Il est plus aisé d'indiquer des vues générales que de pénétrer jusqu'au fond du caractère argentin. C'est naturellement, dans la *société*, qu'un degré supérieur de culture fait apparaître avec plus de relief les traits susceptibles de prêter aux généralisations. L'Américain du Nord est par excellence hospitalier. Sur une lettre de recommandation sa maison vous est ouverte. Il vous installe chez lui, et conservant sa liberté pour le train de ses occupations quotidiennes, il vous abandonne aux commodités de l'inspiration. L'Argentin n'est pas moins accueillant, mais en des formes plus réservées. Bien que je sois étranger au monde des affaires, j'ai pu le voir d'assez près pour avoir le droit de penser que, si l'argent n'y est pas en moindre faveur que dans d'autres pays, la recherche du gain s'y atténue si bien de bienveillance aimable que toute âpreté se fond en un concert plaisant de douceur qui charme un temps les fatalités de la lutte pour la vie.

LA FAMILLE

C'est dans la famille que la différence entre les conceptions sociales de l'Amérique du Nord et du Sud éclate à tous les yeux. Le lien de famille paraît plus fortement serré en Argentine que partout ailleurs. Les gens riches, par exception à d'autres pays, se plaisent aux nombreuses progénitures. Telle dame s'est vantée devant moi d'une lignée de trente-quatre personnes, enfants et petits-enfants réunis autour de la même table. Ce ne sont partout que fêtes familiales d'anniversaires où l'on trouve vraiment plaisir à se rencontrer. Tout ce monde se tient de très près, fait force d'ensemble pour le maintien du grand foyer. Non que la femme argentine passe pour une mère particulièrement attentive, au sens où nous l'entendons chez nous. On lui reproche d'exposer au grand jour des enfants très mal élevés. Comment se fait-il que ces enfants-là deviennent les hommes les plus courtois du monde ? Peut-être ne faut-il voir dans certaines extravagances du jeune âge que le bruyant mais salutaire apprentissage de la liberté.

Tout ce qui apparaît des mœurs ne peut susciter que des jugements favorables. Les femmes — très généralement belles, d'une beauté superespagnole, et très souvent même séduisantes (1) — ont la réputation, que tout dénonce comme justifiée, d'une vie irréprochable. J'en ai entendu dire trop de bien pour en mal penser. Je les ai vues trop rigoureu-

---

(1) Je n'aurai point l'impertinence d'entreprendre une description de la beauté argentine. Il me sera permis de mentionner seulement les grands yeux noirs chargés de lueurs profondes, la peau délicatement dorée sous laquelle exulte un sang généreux, le sourire très doux qui reste jeune à tout âge.

sement éloignées du mal conventionnel, pour me trouver capable d'en dire tout le bien qu'elles méritent sans aucun doute. Sur leurs sentiments, leurs passions même, si l'on me permet de risquer le mot, je ne pourrais que rester muet par ignorance de l'inconnu. Sont-elles capables de vivre leur amour, d'en éprouver les joies suprêmes et les souffrances trop souvent inséparables ? Faute de confidences, je n'en saurai jamais rien. Tout au plus puis-je penser qu'elles ne semblent pas faites pour les fortes réactions de la vie telles que les sociétés européennes nous les montrent quotidiennement. Je prie qu'on ne voie pas une critique dans cette observation. Il suffit, pour que ce soit un éloge, d'admettre que la famille argentine réalise, en son cours régulier, le plein rêve de l'amour. Et même s'il n'en était pas ainsi, ce serait encore assez beau que la femme, en fidèle gardienne du foyer, ait su décourager la médisance, inspirer le respect universel par la pureté de ses mœurs et la dignité de sa vie.

Surtout n'allez pas croire que tant de charmantes femmes soient sans conversation. Les méchants leur ont fait une mauvaise réputation à cet égard. Leur grande affaire, bien entendu, est de se rendre visite toute la journée les unes aux autres, et de *potiner* comme peuvent faire de douces créatures dont les meilleures amies ou ennemies ne donnent pas matière à *potins*. Un si grave déficit dans les sujets de conversation expliquerait une langueur de l'entretien. La toilette et les nouvelles de la rue de la Paix sont le fonds qui manque le moins (1). N'en est-il pas de même en tout pays ? Les mauvaises langues veulent que le prix des terrains soit d'un vif intérêt pour les belles dames de Buenos-Aires, enclines au sport de la spéculation comme tout Argentin. C'est bien possible. On ne s'étonnera pas qu'elles ne m'en aient

(1) " Six robes me suffisent pour la saison de Paris : il m'en faut douze à Buenos-Aires ." Ainsi parlait une belle Argentine qui fut, il n'y a pas longtemps encore, du monde diplomatique parisien. Le cercle plus restreint de la société argentine et les rivalités de luxe qui en sont le résultat peuvent expliquer la différence.

rien dit. On ajoute encore qu'elles sont superstitieuses et que c'est une grande affaire de savoir ce qu'il est imprudent de faire à tel ou tel jour de la semaine, et à quel saint il convient d'adresser ses requêtes dans telle ou telle difficulté. Là-dessus je demeure sans lumières. Il le faut bien, puisque, si je m'étais trouvé là, les conditions d'une conversation exclusivement féminine n'auraient plus été remplies. Il me paraît, d'ailleurs, beaucoup plus naturel de penser que toutes les œuvres d'assistance auxquelles les dames de Buenos-Aires prêtent un concours empressé ne peuvent se mener à bien sans exiger beaucoup de temps. Enfin je puis dire, en toute sincérité, que si la culture intellectuelle de la jeunesse féminine n'est pas un de ces points où la République Argentine nous ait devancés, il n'en est pas moins vrai que j'ai eu l'heur de rencontrer de charmantes personnes pour qui une conversation parisienne, soutenue d'une information générale, n'avait point de secrets. Ajouterai-je qu'il s'y mêle un charme d'aménité profonde et de simplicité vraie que nous ne trouvons pas surabondamment aux rives de la Seine.

Je n'ai point parlé du *shopping* (l'art des emplettes de magasin en magasin), qui est la grande occupation du beau sexe dans l'Amérique du Nord. C'est qu'à Buenos-Aires on ne peut pas le découvrir. J'ai dit que les trottoirs des quartiers commerçants (y compris *Florida*, la plus belle rue et la mieux achalandée) étaient encombrés au point qu'on n'y pouvait marcher deux de front. Vous n'imaginez pas de belles toilettes en cet embarras. Aussi dans les rues centrales ne rencontre-t-on point de promeneuses. D'un pas hâtif, des femmes vont à leurs affaires, et c'est tout. Les autres reçoivent peut-être la visite des fournisseurs, ou descendent, au petit bonheur, d'une automobile qui n'est pas toujours admise, à partir de cinq heures du soir, dans la rue où l'on a affaire. Alors que reste-t-il aux flâneries citadines ? Les larges avenues de la périphérie, où rien ne les peut appeler ni retenir, et *Palermo*, l'inévitable, l'unique *Palermo*, ou plus exactement, avec la *Recoleta*, la partie de *Palermo* qui constitue une promenade inachevée.

On comprend que, dans ces circonstances, l'aspect des trottoirs de Buenos-Aires ait cruellement à souffrir de l'absence du beau sexe en action de *footing*. Il semble qu'à *Palermo* où les trottoirs sont heureusement libres parmi les fleurs, les pelouses, les bosquets, nos Argentines vont retrouver l'usage heureux de leurs jambes qui les préserverait d'une tendance redoutable à l'opulence des rondeurs. Eh bien non. Les convenances sociales s'y opposent. Nos anciens, hommes de pensées mûries, avaient pour propos familier, à l'exemple d'Apollon delphien, que l'excès en tout est un défaut. Buenos-Aires n'en est pas encore arrivée à ce degré de sagesse, et les dames de la société, non contentes de s'abandonner éperdument à la vertu, prétendent ajouter à leur haute renommée le ragoût supérieur d'une réputation qui ne saurait pas même fournir matière à l'entretien le plus indifférent. Pour ne point donner prétexte aux propos, il faut s'isoler de tout être humain dont la rencontre pourrait être, de quelque façon que ce fût, commentée. C'est pourquoi le beau sexe de la capitale ne se risquera dans *Palermo* que sous l'égide d'une règle sévère, aux termes de laquelle s'arrêter sur la voie publique pour causer avec une dame qu'on rencontrera le soir dans un salon est un acte de mauvaise éducation. Nous ne sommes plus en Europe, décidément.

Et, pour compléter l'exotisme, apprenez que les maris sont jaloux, ou du moins qu'on le dit couramment, ce qui ne peut être, j'imagine, sans quelque fondement de vérité. Pour dire ce que je sais, ils ne sont pas moins aimables que leurs très aimables épouses et ne paraissent pas du tout animés d'intentions tragiques à l'endroit de quiconque éveillerait une trop ombrageuse susceptibilité. Non. Mais s'il arrive, après dîner, que vous soyez engagé dans la plus tranquille causerie avec deux ou trois dames et que le mouvement du salon vous isole avec l'une d'entre elles pour un moment, il est bien rare que vous ne voyiez pas arriver le mari, plus souriant que jamais, et qui vient recueillir sa légitime part de l'entretien. Ceci pourrait étonner chez nous, où il est de bon ton pour les époux de ne pas imposer au public le spectacle de leur intimité. Encore ne faut-il pas que l'apparence du détachement conduise aux drames, secrets ou publics, de la réalité. Est-ce donc une faute, pour deux époux, de s'aimer, et si la fortune permet que leurs cœurs soient unis, comment un sentiment si fort pourrait-il éviter des manifestations plus ou moins discrètes selon l'occasion ? Prenons garde de nous dénoncer nous-mêmes en raillant autrui. Un personnage des plus haut placé, qui est le père d'un garçon de vingt ans, m'a candidement avoué (sans que je le lui aie demandé, bien entendu) qu'il n'avait jamais eu aucun reproche à s'adresser dans le cours de sa vie conjugale, et que, si le malheur eût voulu qu'il se trouvât en faute, il se serait considéré comme indigne de celle qui lui avait donné sa vie. Sans doute, la femme dont il parlait, qui était à quelques pas de nous, méritait pleinement à tous égards un tel hommage. Je me demandai toutefois, en écoutant ce noble et simple langage, s'il se trouverait beaucoup de Français pour faire, en toute candeur d'âme, une telle confidence à un étranger, et au cas où il s'en rencontrerait un, pour éviter une rougeur d'embarras en faisant cet aveu. Quoi que puisse dire secrètement la conscience du lecteur, je voudrais qu'il fût d'accord avec moi pour reconnaître que l'avantage, en ces délicates matières, est décidément du côté de l'Argentin, dont la santé morale est de bon augure pour la société qu'il prétend fonder.

Je voudrais parler de la jeune fille argentine. Ce qui m'embarrasse, c'est que je ne l'ai pas vue. Chacun sait que, dans l'Amérique du Nord, la jeune fille est l'institution sociale par excellence. Elle a tant fait parler d'elle que l'Europe et l'Asie ne peuvent l'ignorer. A l'exemple de ce qu'on observe en France et généralement dans tous les pays latins, la jeune fille, dans la société argentine, compte pour néant. On la voit chez ses parents sans doute, au théâtre de musique, où elle figure abondamment pour le plaisir des yeux, à *Palermo*, au *Tigre* (1), au Palais de Glace — très bourgeois — où elle vient patiner sous les yeux de sa maman, au bal enfin, lieu de délices supérieures dont les rites sont communs à toute la terre civilisée. Tout cela ne fait pas, de la jeunesse féminine sud-américaine, un élément social de conversation et de relations mondaines, comme aux États-Unis. Il faut donc qu'elle demeure en marge de la société jusqu'au jour du mariage. Gardez-vous toutefois d'assimiler trop complètement la jeune fille argentine à sa sœur latine d'Europe. Moins cultivée peut-être, mais d'allure plus vive et de parole moins timidement réservée, elle manifestera plus d'indépendance, m'a-t-on dit, à Mar del Plata, seul point de rencontre des familles aisées, puisque la pampa n'offre point de recours en dehors de l'*estancia*. Au théâtre Colon, à l'Opéra, elle occupera le devant de la loge, bien en vue ; elle fera de tout le rez-de-chaussée une immense corbeille de fleurs enrubannées, et là, sous les yeux des siens, les jeunes amis de sa famille seront admis à l'aborder. Faut-il tout dire ? On reproche à cette jeunesse, pour qui toute parure est superflue, de se plaire parfois aux " attraits empruntés " de la houppe et du pinceau dont l'exemple lui viendrait de celle-là même dont la charge serait de l'en détourner. Ce doit être une calomnie, car toutes les interrogations que j'ai hasardées à cet égard n'ont obtenu qu'un haussement d'épaules agrémenté d'un éclat de rire. En pareil cas, tout homme qui sait vivre n'y voit jamais que du feu.

Le père n'est pas un insouciant, quoi qu'on vous puisse dire. J'ai très bien constaté qu'il n'est pas du tout indifférent à l'éducation de ses enfants, comme le veut la légende. Et, si j'ai rencontré des exemplaires de jeunesse oisive jetant les piastres par-dessus les moulins, le mal des chefs de famille en

(1) On comprend sous cette dénomination générale les îles du delta du Parana.

quête d'amusements licite, ou non, pour tromper les ennuis d'une vie inutile, est hors de toute proportion avec ce que nos capitales d'Europe peuvent nous montrer en ce genre.

Bien que je n'aie rien dit qui ne fût véritable, je n'ai point entendu vous présenter le mari argentin comme le phénix de l'univers. L'extrême facilité de l'argent peut suggérer bien des pensées mauvaises, et au cas où la fâcheuse tentation surgirait, j'ai lieu de soupçonner que les moyens d'y satisfaire ne feraient pas défaut. Encore serait-il bon de veiller au maintien du plus strict mystère, car il m'a paru que Buenos-Aires était très *petite ville* à cet égard, et que, faute de pouvoir dauber sur trop de gens, on n'était pas sans réserver une abondance de traits piquants à qui se laissait imprudemment découvrir. Et puis, tant qu'une société n'aura pas fait condamner en justice le célibataire....

LE JEU ET LA SPÉCULATION

Que l'amour du jeu tienne une trop grande place dans la vie d'un certain nombre d'*enrichis*, c'est ce qu'on ne saurait contester. Mais vraiment nous appartient-il de nous montrer plus scandalisés de ce qui se passe à l'étranger que chez nous ? Que ne pourrais-je dire du développement de nos *casinos* ? Pour la satisfaction de ce vice dans les masses populaires, les Argentins ont la loterie qui vient s'ajouter aux tentations trop efficaces du champ de courses. Le mal est universel : je ne puis que le constater.

Ce qui est particulier à la République Argentine, c'est la spéculation effrénée sur les terrains. On vous dira couramment en Europe que tout le travail, à Buenos-Aires comme dans la pampa, est accompli par les étrangers, tandis que l'Argentin attend dans l'indolence la plus-value toujours croissante des terrains, qui double, qui triple, ou décuple sa fortune sans qu'il ait rien fait que de se croiser les bras. Il en pourrait être ainsi, assurément, puisque la hausse du prix des terrains n'a cessé d'aller en croissant, dans ces dernières années, avec une rapidité vertigineuse. Il faudra bien qu'une réaction se produise tôt ou tard : cela est d'évidence. Mais jusqu'à ce que ce jour apparaisse, dans un pays où tout homme qui se respecte se doit à lui-même de posséder quelques lieues carrées, de grosses fortunes se font, il faut bien le reconnaître, sans que l'heureux propriétaire d'un bien foncier ait pris la peine de remuer un seul doigt. Notre compatriote M. Basset m'a même conté comment, dans son domaine, la plus-value de la partie laissée en friche lui permit de se récupérer de ses pertes sur les terres mises en culture. On ne peut vraiment pas s'étonner si dans de telles conditions le prix du terrain devient l'objet général des conversations. C'est, en plus grand et sous des apparences plus tranquilles, l'ancienne foire des actions du Mississipi, rue Quincampoix, avec la différence d'un fond qui, sans être inépuisable, représente, cette fois, une réalité.

Mais, s'il n'y a pas à nier que la spéculation sur les terrains soit d'une importance toute particulière, en ce moment, dans la vie argentine, on ne peut pas sérieusement contester que les grandes entreprises de culture, d'élevage, de commerce et d'industrie, n'engagent, comme en tout pays, du haut en bas de l'échelle sociale, les efforts continus de tout le monde. L'*estancia* veut un chef. Un troupeau de dix mille vaches a besoin, pour un bon rendement (laiterie, boucherie, élevage) d'être administré. Les magnifiques produits qu'on admire aux expositions ne peuvent être obtenus par la seule grâce du ciel, et non seulement tous les " grands Argentins ", avec qui j'ai eu l'honneur de causer, m'ont parlé de leurs *estancias* avec un luxe de détails qui montrait leur attention toujours présente et leur activité toujours en quête d'améliorations, mais souvent ils ne m'ont point caché que d'autres entreprises retenaient une partie de leur temps. Par surcroît, quelques-uns m'ont surpris par leur empressement à mettre sur le tapis les grandes questions d'ordre général qui sont à l'ordre du jour dans les pays européens.

LE " JOCKEY CLUB " DE BUENOS-AIRES
ET L'HIPPODROME DE PALERMO

L'intérêt croissant de tous les travaux de la terre en même temps que le besoin de perfectionner les types de bétail pour l'élevage et la boucherie ont amené la réunion des propriétaires en un cercle dénommé *Jockey Club*. Le nom suffit à dénoncer la prétention aristocratique de l'institution, qui n'en a pas moins rendu d'éminents services à l'élevage des bêtes à corne aussi bien que des chevaux. L'installation somptueuse manque de cette simplicité cossue où se plaisent les Anglais. Quoique la décoration soit empruntée à l'Europe, l'agencement en est tout américain. Le confort excellent règne dans toutes les parties du palais où l'on a voulu que le luxe n'eût pas la modestie de se dissimuler. Services de la table impeccablement parisiens. Beaux salons de conversation où la lumière est heureusement distribuée. Une grande rotonde *empire*, qui est le *clou* de l'endroit, mais qui, comme Napoléon lui-même, manque de modération. Austère bibliothèque, cabinets de travail et de réunions, etc.

Pour expliquer tant d'argent amassé ou même jeté par les fenêtres, il faut savoir que toutes les recettes des hippodromes — sauf un léger prélèvement de l'administration — reviennent au Jockey Club, qui les emploie en toute liberté. D'où la grosse fortune de l'institution qui vient d'acheter dans le plus beau quartier de Buenos-Aires, pour la construction d'un palais encore plus grandiose, un terrain qui n'a pas coûté moins de 7 millions. J'ai lu dans les journaux que le Jockey Club se proposait d'offrir au gouvernement l'hôtel qu'il occupe aujourd'hui rue Florida, et où s'installerait, croit-on, le ministère des Affaires étrangères. Vous voyez que les éleveurs argentins sont dans leurs meubles et s'y trouvent bien.

Le président du Jockey Club, M. Benito Villanueva, est un sénateur, très lancé dans le monde des affaires, dont l'art particulier est de joindre et de fondre agréablement les qualités superlatives du *go ahead* nord-américain et les grâces d'une urbanité supérieure diluée de *bongarçonnisme* européen. Il entretient des relations suivies avec tous les mondes de la capitale, et, s'il n'est pas de toutes les affaires, il pourrait en être à son gré. Des gens qui ne lui ont jamais parlé se plaisent à le désigner par son nom de baptême, et, comme il n'y a pas deux " Benito " de cette taille, personne n'a lieu de s'en étonner. Tout rond, très délié, souriant, avec une pointe discrète d'aristocratie moderne, c'est un manieur d'hommes qui n'hésite pas à faire les sacrifices nécessaires aux résultats. Des petits yeux noirs qui dardent une pointe d'acier me feraient croire qu'il n'est pas bon d'être son ennemi. Il a des adversaires, pourtant, comme tout homme mêlé aux luttes de la politique, surtout quand il s'y joint les conflits d'intérêts. Il n'a pas l'air d'y songer. Son estancia, l'*Eldorado*, avec écurie de courses, troupeaux d'élevage (1), le Sénat où il paraît fort assidu, et les entreprises sans nombre où il est engagé (sans parler de l'administration du Jockey) doivent en faire l'un des hommes les plus occupés de Buenos-Aires. Pourtant, je l'ai toujours trouvé de loisir toutes les fois qu'il s'est agi de lui faire perdre du temps en ma compagie pour me montrer quoi que ce fût en ville ou au dehors. Buenos-Aires étant une ville d'amabilité triomphante, je craindrais de faire du tort à trop de gens si, dans l'universel concours de bienveillance, je mettais M. Benito Villanueva hors de pair. Je dirai seulement que, si beaucoup l'égalent, nul ne peut le surpasser.

Qui mieux que M. Villanueva pouvait me faire les honneurs de l'hippodrome de *Palermo* ? Aménagements modernes, installations élégantes : aucune des commodités requises n'y fait défaut. La grande tribune du Jockey est dotée, à l'étage supérieur, d'un restaurant de premier ordre où la clientèle, qui ne s'embarrasse pas plus des courses qu'il n'est nécessaire pour parier, peut goûter, parmi les plaisirs

---

(1) C'est de cette propriété que venaient les bœufs dont j'ai parlé, qui furent vendus 25 000 francs pièce aux enchères.

de la table, la vue du poteau où se décide la victoire. On cite des chiffres fabuleux pour le montant des paris. Mon devoir de sincérité m'oblige à répéter pour l'hippodrome la critique que j'ai précédemment adressée au parc de *Palermo*. Que dire d'un affreux talus de terre jaune qui barre désagréablement l'horizon ! Je ne crois pas que dans l'établissement d'un hippodrome on puisse se désintéresser du panorama. Pour la commodité de la promenade, la situation de l'hippodrome est des meilleure. Mais vraiment, puisque les courses elles-mêmes ne prennent que la moindre partie du temps consacré aux plaisirs qui les accompagent, ne comprend-on pas que la joie de reposer ses yeux sur l'ensemble ou les détails d'un beau paysage est de celles qu'on peut réclamer des artistes qui concourent à l'organisation parfaite du spectacle ? On se propose, paraît-il, de cacher le talus par des plantations. Ainsi l'on ne verrait plus que les trains traversant l'hippodrome de bout en bout. Je ne saurais médire de cet amusement ; mais, puisqu'on peut se le procurer par toute la campagne, peut-être ferait-on bien de le réserver pour la délectation des *ranchos* dans la pampa. D'autant que le chemin de fer déplacé pourrait, grâce à une heureuse percée, ouvrir jusque sur le Rio une grande trouée de lumière.

Le public des courses étant partout le même, des chevaux aux humains, je n'aurai rien à dire des professionnels ni du public, si je ne devais constater que le beau monde féminin de Buenos-Aires, dans les tribunes du champ de courses, pour être inférieur en quantité, sinon en qualité, à celui de Longchamp, n'en arbore pas moins, avec une virtuosité digne d'éloges, les dernières trouvailles de la mode parisienne. Je ne dis pas qu'une faute d'orthographe ne se puisse relever au passage. Cependant il est bon de noter, contrairement à ce qu'on pourrait croire, que certaines audaces parisiennes ne trouvent qu'un écho lointain (ce qui est à l'éloge des dames argentines) en ces brillants parages. C'est qu'ici les savantes extravagances des belles personnes qui n'ont rien à ménager ne sauraient réagir, comme chez nous, jusque sur l'honnêteté des toilettes mondaines, dans l'universelle concurrence des dispositions dont le but est d'attirer les regards. La raison en est simple. Il n'y a pas de demi-monde à Buenos-Aires, car on ne peut ranger sous cette appellation des beautés de passage qui n'ont traversé l'Océan que par occasion, et qui n'évitent la grande tribune populaire de l'hippodrome que pour se réfugier au Paddock, où leur isolement fait plutôt appel à la commisération.

LE " TIGRE "

Encore en compagnie de M. Villanueva, j'eus le plaisir de visiter le plus beau champ ouvert aux délassements de Buenos-Aires : le *Tigre*. Sur ce nom, n'allez point vous imaginer une cage de ménagerie. En des âges reculés, il paraît que les grands félins se hasardaient jusqu'à l'embouchure du Parana pour y guetter un déjeuner aux dépens du citoyen de la capitale argentine. Les temps sont bien changés. C'est le bon Argentin maintenant qui vient prendre son repas dans les îles, après s'être assuré, par les moyens convenables, que le tigre n'y reviendra plus. Un inextricable réseau de rivières formant le delta du Parana et encerclant des îles sans nombre dont une luxuriante végétation fait ce qu'on a joliment appelé une *Venise de jardins* ; imaginez dans tout ce grouillement de terres flottantes des arbres de toutes provenances penchés aux berges, comme attirés par le miroir mouvant des eaux ; évoquez le spectacle des riches vergers glorieux de leur parure de Printemps ou d'Automne ; jetez, parmi les bosquets de verdure, tout un dévergondage de fleurs civilisées ou sauvages ; faites enfin glisser sous les voûtes de branchages grands et petits bateaux chargés d'une jeunesse heureuse dans la cadence des avirons parmi les rires et les chants, vous aurez une idée des plaisirs que le *Tigre* peut offrir à ses visiteurs. *Quintas* (1), chalets bâtis sur pilotis,

(1) Maisons de campagne.

(113)

hôtels, restaurants, guinguettes, établissements de toutes sortes pour toutes les classes de la société confondues, aux jours de loisirs, en ces eaux enchantées, offrent un asile de paix mouvementée pour succéder aux fatigues de Buenos-Aires. En remontant le cours de l'eau après de longs kilomètres parmi les futaies et les fleurs d'eau, on rejoint des terres plus pittoresques encore, puisque l'homme n'y a point mis la main, et l'on s'engage au petit bonheur en des canaux encombrés de branches fleuries, qui parfois laissent le passage libre jusqu'au Parana, d'ou descendent lentement ces grands bateaux du Paraguay chargés d'oranges, et dont le pont resplendit au soleil comme un fantastique palais d'or.

On accède au *Tigre* par un chemin de fer qui vous met en vingt minutes à bord de l'esquif préalablement retenu. M. Villanueva, qui ne recule devant rien, avait prétendu faire avec son automobile l'essai d'une route qu'on disait achevée. Mais la route carrossable n'est pas, faute de cailloux, le triomphe du pays. Après un voyage qui ne fut pas sans nous rappeler quelquefois le saut de la grande douve à Auteuil, nous atteignîmes le *Tigre* sans avoir complètement cassé l'automobile, ce qui tient du miracle, mais non sans avoir porté dommage à la sensibilité de nos organes les plus chers. C'est pourquoi nous nous présentâmes modestement au guichet de la gare pour regagner fauteuils et chaises longues de l'hôtel qui nous paraissaient pleins d'appâts.

CONFORT ET CUISINE

Puisque la question du meuble et de l'hôtel se présente sous ma plume, pourquoi ne dirais-je pas que les installations intérieures en Argentine, comme au Brésil, m'ont paru d'un pays où le meilleur de la vie se passe au dehors ? L'Italie, de vie extérieure, était tout indiquée pour fournir à l'Argentine, avec ses architectes, tout cet ameublement de surornementation fait pour la vue plutôt que pour l'usage, et la camelote allemande venant y ajouter ses produits les plus gauches, un

Français sera pardonné de ne pas s'ébahir au " confortable " pas plus qu'au décor ordinaire des habitations (1). Sans doute j'ai retrouvé la marque de nos grands tapissiers parisiens dans les demeures aristocratiques, — avec un peu d'encombrement, s'il faut tout dire. Quelques salons même, où " *l'ancien* " est discrètement représenté, attestent une heureuse recherche de mesure et de simplicité. Aussi ma critique n'est-elle que de la généralité.

C'est dans les hôtels surtout, en dépit de l'effort marqué pour bien faire, qu'on a vraiment la sensation d'être un peu loin de l'Europe. Le changement du personnel à tout moment ainsi que la mauvaise distribution des services sont une source perpétuelle d'ennuis. Certes on jouit d'un chauffage central, mais trop capricieux dans son fonctionnement. Le *Pampero* souffle-t-il ? Les tuyaux du radiateur ébranlent les vitres par des tempêtes de glouglous qui vous font tressauter à l'heure du sommeil, mais n'irradient que du froid (2). Il faut y suppléer par le chauffage électrique péniblement installé. Avez-vous l'idée de confier quelques papiers à un tiroir ? Si de longues recherches aboutissent à la découverte d'une clef, c'est tout justement celle d'un meuble qui ne se trouve pas chez vous. Et, comme j'eus l'inconvenance d'insister, le directeur, par extrême obligeance, voulant me donner un meuble susceptible de recevoir un tour de clef, fit installer dans ma chambre son coffre-fort avec sa comptabilité. Le plus beau, c'est qu'en ouvrant le tiroir qui m'était réservé j'y trouvai de l'argent. O merveille de l'hospitalité !

On installe maintenant des cheminées, paraît-il, dans les maisons neuves. L'Européen qui vient passer en Argentine les mois d'hiver — Juin, Juillet, Août — ne pourra que s'en

(1) La cherté de la vie à Buenos-Aires, et des loyers spécialement, est le thème commun de tous les voyageurs.

(2) J'entends dire qu'il est question d'organiser le refroidissement central pour l'Été, dans les habitations et hôtels des pays chauds. Rien ne serait plus facile et surtout plus utile en même temps. Même en nos climats, nous en apprécierons l'avantage à certains jours.

féliciter. En attendant, il faut souffler dans ses doigts, car, si le soleil brille infatigablement dans un ciel sans nuages, le vent glacé du sud a de soudaines fantaisies qui peuvent éprouver l'Européen non accoutumé à de trop brusques changements de température (1). Pour l'Été, que je n'ai pas vu, chacun m'en a dit les plaisirs, dont le plus commun est de s'éponger le front au *Tigre*, à Mar del Plata ou dans les estancias, faute d'avoir, comme au Brésil, la ressource de la montagne.

Embarras de parler de la cuisine à Buenos-Aires — plutôt internationale — exception faite des maisons qui se peuvent offrir le luxe d'un chef français. Influence marquée de l'Italie avec ses pâtes et ses fromages. Peu de variété dans les poissons. Déplorable habitude d'une viande rebelle, pour la simple raison qu'elle est trop fraîchement abattue. Légumes indifférents. Trop de fruits tropicaux et trop d'effet tropical sur les fruits européens. Homards et poissons d'Europe, importés par les frigorifiques, — peu recommandables. Très bonne eau de table. Mets nationaux : le *puchero*, bœuf bouilli, excellent lorsque la bête (ce qui est rare) n'est pas tuée du matin ; l'*asado*, agneau rôti tout entier, savoureux souvenir de mes excursions en Grèce, où je l'ai rencontré sous le nom d'agneau à la palikare. J'y pourrais joindre une longue liste dont le principal intérêt serait de noms bizarres pour des mets connus. Sur le fond immuable de l'homme et de ses sociétés, le plaisir le plus clair de nos déplacements n'est-il pas dans la variété des apparences et des formes d'expression ?

(1) On va répétant que Buenos-Aires a " l'hiver de Nice ". C'est exact de tous points. Le soleil y fait rarement défaut, et le rôle du *Mistral* y est tenu à souhait par le *Pampero*.

VII

LE GOUVERNEMENT ARGENTIN

ÉCRIRE d'un pays, sans prétention dogmatique, au hasard des impressions courantes, présente l'avantage de fournir, en l'absence des formules générales souvent contestées, quelques traits de vie dont l'interprétation peut varier, mais qui, par cela même, sollicitent la collaboration constante de l'écrivain et du lecteur. Cette méthode, si le mot n'est pas trop gros pour un petit résultat, me rendra plus faciles les brèves remarques que je ne puis omettre tant sur l'organisme que sur le fonctionnement du gouvernement argentin.

Aux intellectuels d'une république démocratique il était naturel qu'un démocrate allât parler de la démocratie, des graves problèmes qu'elle soulève et des solutions plus ou moins prochaines qui sont en voie de préparation. Ce n'est pas toutefois sans une inquiétude légitime qu'on aborde un public complètement inconnu, fier de ses réalisations, ardent aux espérances d'avenir, et que la sincérité même de ses efforts peut porter quelquefois aux excès d'une ombrageuse susceptibilité. J'eus lieu d'être bientôt rassuré. La conscience d'une grande œuvre accomplie, la forte sensation du beau développement de volonté, dont les effets se révèlent chaque jour en d'étonnants spectacles, inspirent au peuple argentin une trop juste confiance dans la haute valeur de son activité, pour que toute critique courtoise ne soit pas accueillie comme une heureuse occasion de mieux faire, à la seule condition de paraître justifiée. Si bien que la critique elle-même souvent laisse tomber ses armes par crainte d'enfoncer trop lourdement un trait qui ne devrait toucher qu'à fleur de peau, et d'inspirer ainsi des doutes à des hommes engagés corps et âme dans une grande entreprise de progrès social.

A Buenos-Aires, comme dans les provinces, je n'ai trouvé personne qui ne fût amplement renseigné sur les défauts ou même, si l'on veut, sur les vices de l'administration et du gouvernement. C'est le cas ordinaire en tous pays. Un des plus clairs progrès depuis cent ans est que les peuples sont assaillis d'informations bonnes ou mauvaises, véridiques ou fausses, sur les actes de ceux qui les dirigent ou croient les diriger. De se débrouiller dans ce fatras de vérités et de mensonges, c'est affaire à tout membre du " peuple souverain " pour en tirer en certains jours les conclusions qu'il appartiendra.

Les Argentins, à cet égard, ne sont dans une situation ni pire ni meilleure que les peuples d'Europe chez qui la liberté de tout dire a commencé de faire son œuvre. La masse populaire elle-même, malgré l'étonnante rapidité d'assimilation qui caractérise cette terre, n'est pas encore assez homogène pour qu'une action des profondeurs se puisse véritablement exercer sur les problèmes du jour, en dehors des questions de patriotisme qui rencontrent l'unanimité. En tant d'autres pays, malgré les apparences, il n'en va pas différemment !

Ici, comme ailleurs, les hommes politiques, interprètes plus ou moins autorisés du vague concours d'opinions générales qu'on dénomme esprit public, peuvent confondre les éphémères exigences de partis avec l'intérêt permanent du pays. Ce qui est à noter, c'est que les conflits de factions, qui ont si longtemps ensanglanté les villes et les campagnes de l'Amérique du Sud, sont manifestement, de toutes parts, en voie de décroissance. Il est bien difficile, après une longue histoire de violences, que rien ne subsiste des anciennes impulsions qui faisaient des mouvements politiques une simple succession d'attaques de nerfs. Autocratie et coups de force de toutes provenances s'engendrent mutuellement. C'est le plus sûr de l'éducation que les peuples de la péninsule Ibérique ont reçue de leurs gouvernements. Les derniers événements du Brésil où l'effort économique, admirable, s'accompagne d'un si beau développement de progrès méthodique dans l'ordre de la paix civile, n'ont que trop bien montré quels feux couvaient encore sous la cendre des anciens incendies. Que ni la patience, ni le courage civique nécessaire pour imposer le respect de la loi ne fassent défaut à nos amis ! Dans l'Urugay, pays d'amabilité latine, la rage des révolutions s'est fréquemment déchaînée, et, s'il paraît qu'elle soit apaisée, blancs et rouges échangent encore de bruyants défis sans s'embarrasser des raisons qui pourraient expliquer, sinon justifier, une prise d'armes. L'Argentine paraît plus éloignée de toute secousse révolutionnaire.

" La richesse nous a calmés ", me disait un homme politique.

Le fait n'est pas nouveau. Toutes activités acquises au labeur se trouvent perdues pour les aventures de violence. Profit à travailler et crainte de perdre le bien acquis constituent le premier fondement de la prudence.

Mais, s'il ne semble pas qu'aucune révolution menace l'Argentine — et maintenant moins que jamais — je ne saurais nier que j'aie recueilli, dans certaines provinces, de fâcheuses rumeurs. On craignait un mouvement. On avait pris des précautions pour sauvegarder des dépôts d'armes. Et quand je demandais la raison d'une tentative éventuelle d'insurrection, il m'était invariablement répondu que personne n'en savait rien, qu'il y avait sans doute des mécontents.... Il n'était vraiment pas besoin de venir jusqu'en Argentine pour découvrir des causes de mécontentements. Et comme tous ces propos aboutissaient au néant, j'ai bien été obligé de n'y voir que le retentissement verbal d'une époque disparue. J'admire même comment tant de paix aimable a pu succéder à tant de fureurs, car l'Argentin qui, en révolution, exposait si gaiement sa vie, n'hésitait pas à prendre celle de l'adversaire.

Maintenant, dans aucune partie de l'administration, n'est-il rien demeuré des procédés quelque peu cavaliers des premiers âges ? Certains fonctionnaires en prennent-ils un peu trop à leur aise avec des administrés trop enclins à subir passivement la loi du bon plaisir, jusqu'aux prochaines revanches de la force ? Je l'ai maintes fois entendu dire, tout en me trouvant hors d'état de le prouver. Je ne saurais me faire ici l'écho des médisances et probablement des calomnies dont, sur tous les continents de la terre, les hommes publics ne manquent pas réciproquement de s'accabler. Je me permettrai seulement de dire à nos amis argentins que, en aucun pays du monde, il n'y a lieu de craindre l'excès dans la surveillance et le contrôle des administrations.

LES HOMMES AU POUVOIR

Présenté par M. Thiébaud, le distingué ministre de France (1), au président de la République, M. Figueroa Alcorta, qui est présentement notre hôte, je reçus un accueil de cordiale courtoisie dû aux sentiments de resp~t et d'amitié que la France n'a cessé d'inspirer aux hommes d'État argentins. La première parole du président fut pour me demander si je me trouvais aussi bien au *Palace Hôtel* qu'à l'*hôtel du Mouton*, de Chantonnay (Vendée). J'appris ainsi que le président de la République argentine était un des lecteurs de l'*Illustration*, où fut publiée la photographie du monument plus que modeste qui m'avait offert un abri, lors d'une excursion au pays natal. Je l'assurai que les ressources de Buenos-Aires étaient prodigieusement supérieures, et ce fut le point de départ d'excellents propos sur les deux pays.

M. Figueroa Alcorta était vice-président de la République

(1) Je saisis l'occasion de remercier M. et Mme Thiébaud de l'amical accueil qui me fut fait à la légation de France.

quand la mort du président Quintana l'appela au fauteuil de la magistrature suprême. Il m'a semblé que beaucoup de gens avaient eu quelque peine à lui pardonner cette fortune imprévue. Quelques journalistes ont trouvé plaisant de lui faire la réputation d'un *Jettarore* : inépuisable sujet de malicieux échos pour la satire des feuilles d'opposition. On me dit que cela n'est pas sans effet sur le monde féminin, enclin à la superstition. M. Figueroa Alcorta paraît supporter son infortune avec tranquillité. Il me parle de l'Argentine avec une modestie qui n'exclut pas un légitime orgueil et s'exprime sur la France en termes d'une admirative sympathie. Je m'empresse de dire que M. le président Saënz Peña, que j'ai eu l'honneur de voir deux fois à Buenos-Aires, est un ami déterminé de la France et de la culture française. C'est un devoir pour moi d'ajouter que l'attention de M. Saënz Peña a été vivement appelée par ses amis sur certains manquements de l'administration, et qu'il a manifesté la ferme résolution d'y mettre fin.

Le ministre des Affaires étrangères, M. de la Plaza, est devenu, depuis mon voyage, vice-président de la République. C'est un homme d'aspect un peu lourd et froid, — la gravité silencieuse d'un " cacique ", a-t-on dit, — mais de profonde culture et d'esprit très aiguisé, chez qui la rareté ou la lenteur du propos n'est peut-être qu'une ressource de la diplomatie. Il se complaît dans la réputation d'un parfait anglomane, qui heureusement se peut allier avec toute la francophilie désirable (1).

Encore dois-je citer le nom du ministre des Travaux publics, M. Ramos Mexia, que le président Saënz Peña a maintenu, à la formation du nouveau cabinet, dans ses très importantes

(1) Pour ne point connaître les rigueurs de notre fameuse chapelle du quai d'Orsay, la diplomatie argentine n'en a pas moins fourni des hommes de premier rang comme le ministre actuel des Affaires étrangères, M. Ernesto Bosch, universellement apprécié dans le monde politique français, et son digne successeur, à Paris, M. Enrique Rodriguez Larreta.

fonctions. En un pays où la question des grands travaux publics est à l'ordre du jour sur tous les points du territoire, ce n'est pas trop d'un esprit droit et d'une volonté de fer — doublés d'une réputation inattaquable — pour supporter l'assaut des compétitions incessantes de toutes les grandes maisons européennes toujours anxieuses de contrats ou d'adjudications. Vaste champ de querelles, d'accusations plus ou moins voilées, de récriminations infinies. Sans récriminer moi-même et tout en gardant les ménagements qui s'imposent, il me sera permis de regretter la préférence donnée aux canons Krupp sur les canons français, après que de nombreuses expériences eurent incontestablement établi la supériorité de ces derniers.

J'ai dit comment l'Angleterre avait, par notre faute, obtenu de construire presque tout le réseau des chemins de fer argentins. Elle s'en est acquittée à la satisfaction du public, et j'en dois dire autant de l'Allemagne pour les services d'électricité. La France triomphe dans la construction des ports à Rosario, à Montevideo, à Pernambouc, à Bahia-Blanca, à Rio-Grande do Sul. Je ne dis rien de plus, car à Mar del Plata et à Buenos-Aires, en ce moment, pour de grands travaux de ports, la concurrence européenne se donne toute carrière (1). Il s'est trouvé des gens pour accuser M. Ramos Mexia d'être trop favorable à l'Angleterre. Il est nécessairement Argentin tout d'abord, et c'est à ce titre qu'il s'arroge le droit de choisir ce que chaque pays lui paraît avoir de meilleur. S'il y a eu quelques malentendus, je les crois maintenant dissipés : il n'en pouvait être autrement, puisque M. Ramos Mexia est un fervent de la culture française, un familier de nos classiques ainsi que de nos auteurs contemporains, un fidèle habitué de la Sorbonne et du Collège de France lorsqu'il vient, pour son délassement, réclamer l'hospitalité de Paris. Faut-il ajouter que Mme Ramos Mexia, par

(1) Pour Mar del Plata, une lettre m'apprend que c'est le projet de M. Sillard qui a été classé n° 1. Un notable succès pour l'entreprise française.

la grâce de son accueil et le charme de sa conversation, est la plus française des Argentines que j'aie rencontrées ?

LE PARLEMENT

On sait que les ministres en Argentine (et, je crois, dans toutes les Républiques du Sud, sauf le Chili) ne sont pas responsables devant le parlement. Au Chili, les coalitions parlementaires se font un jeu d'abattre les ministres comme boules jonchant le carreau de quilles. En Argentine, la règle — qui ne va pas sans exception — est que les ministres suivent le président dont ils ne sont que les agents, soumis à la seule nécessité d'obtenir des chambres les fonds nécessaires à leur administration.

Avant de peser les avantages et les inconvénients de ce système que l'Amérique du Sud a reçu tout vivant de l'Amérique du Nord, il me faut confesser mon extrême surprise lorsque je constatai, contrairement aux sottises courantes sur les extravagances des *Pays chauds*, qu'une assemblée sud-américaine pourrait donner des leçons autorisées de bonne tenue à plus d'un parlement européen. En Angleterre, le règlement a pris toutes les précautions que l'on sait pour empêcher les questions personnelles de surgir entre les représentants des pays, et de dénaturer des débats où l'intérêt général doit être l'unique préoccupation de tous. Ici le caractère chevaleresque du Castillan suffit à la commune garantie contre les excès de langage ou les abus de la majorité. Par exemple, en certains cas, il n'est accordé que dix minutes à l'orateur pour expliquer, avec un minimum de développement, une proposition. Si c'est un membre de la minorité, président et Chambre se font un point d'honneur de ne point limiter son temps de parole. S'il en abusait, on recourrait, sans doute, au règlement, mais cela, paraît-il, n'arrive jamais. Enfin " il est d'un usage constant parmi nous, m'a dit un des parlementaires les plus autorisés, de ne jamais faire allusion, au cours du débat, à quoi que ce soit qui puisse blesser un de nos collègues. Cela se fait naturellement, sans qu'il nous en coûte aucun effort. C'est une habitude à prendre ".

Puisse cette " habitude " se propager en tous pays rapidement !

A l'heure même où le mouvement général de la liberté civilisée dissout, en des modes divers, toutes les puissances d'autocratie — de la Russie à la Perse et à la Chine elle-même — par l'institution de parlements partout considérés comme l'instrument par excellence du pouvoir de contrôle et de libération des démocraties, c'est un fait remarquable que l'exercice même du pouvoir parlementaire soit l'objet d'assez vives critiques dans des pays précisément où il ne fut conquis que par une longue suite d'efforts. Il en faut chercher la raison, à mon avis, dans l'impardonnable gaspillage de temps dû à la mauvaise organisation du régime des délibérations qui fait trop de part au goût puéril des scènes théâtrales, et, laissant toute carrière aux fantaisies des discoureurs, semble ignorer la nécessité d'aboutir. Un bon réformateur doit être capable de se réformer lui-même d'abord.

Sur le continent américain, c'est moins le parlement que le pouvoir exécutif qui attire l'attention de l'observateur euro-péen. C'est que le pouvoir exécutif domine en fait le par-lement au lieu d'être dominé par lui. Les Républiques de l'Amérique du Sud se sont empressées de copier la consti-tution des États-Unis de l'Amérique du Nord, création originale de la révolution de 1776 merveilleusement adaptée aux besoins, aux idées, aux sentiments du pays. En s'en appropriant le texte, sinon l'esprit qui le fait vivre, les Américains du Sud ont fait comme les peuples d'Europe, s'ingéniant à copier la constitution anglaise dans sa lettre plus que dans l'état d'esprit et les mœurs que sa principale vertu est d'exprimer.

Sans entrer dans une discussion qui m'entraînerait trop loin, je ne pouvais m'abstenir de cette remarque, parce que, dans la pratique des gouvernements sud-américains, les institutions de l'Amérique du Nord ont subi et subissent chaque jour de graves déformations que l'éducation différente de l'esprit public et la répartition géographique des populations rendaient inévitables. Que les premiers groupements de civilisation se soient faits par la constitution de provinces ou d'États destinés à se lier plus tard par voie de fédération, la nature des choses le voulait ainsi, et aussi longtemps que la mère patrie y a importé du dehors l'autorité souveraine, on a vécu vaille que vaille dans les luttes de la liberté naissante et de l'autocratie non contrôlée. Une fois le *self-government* proclamé, il a bien fallu s'essayer à constituer des éléments de vie publique qui permissent d'en aborder la pratique. Or cela demande un autre effort qu'une rédaction de principes. Il ne faut donc pas s'étonner si les peuples de l'Amérique du Sud, très attachés à leurs institutions qui assurent l'autonomie doctrinale des États fédérés et donnent à leur idéalisme des satisfactions verbales dont le prix ne leur paraît pas pouvoir être surestimé, sont encore, comme tous les peuples en évolution de démocratie, assez loin des réalisations adéquates à l'idée. De travailleurs dispersés dans la pampa (dont beaucoup sont de nationalité étrangère) et séparés par d'énormes distances, on ne saurait attendre une action politique concertée. Et pour ce qui est des villes, petites ou grandes, une coterie politique aura plus tôt fait de s'organiser — surtout si l'absence d'esprit public lui permet d'abuser du pouvoir — que le " peuple souverain " lui-même, le plus souvent bien empêché (ainsi que cela se voit en Europe) de se donner et de faire fonctionner les organes de sa " souveraineté ".

De là des maux signalés dans maintes publications, qui ne sont, au vrai, que l'amplification plus frappante de ceux qu'on peut découvrir ailleurs, notamment l'indifférence du corps électoral manifestée par le nombre dérisoire des électeurs qui se présentent aux urnes, — et comment quelques-uns d'entre eux y sont-ils menés ! A cet état d'esprit correspond fatalement une disposition semblable des classes moyennes elles-mêmes trop promptes à se désintéresser d'une action politique générale qui ne leur échappe que par leur propre faute, et à laisser, par une organisation de tous les moyens directs ou indirects de pression sur l'électeur, plus de champ qu'il n'est désirable aux politiciens de profession.

Je n'hésite pas à signaler le mal. Mais j'ai hâte de dire que, si l'esprit public, tel qu'il peut être formé par l'élite intellectuelle de la nation, éprouve quelque peine à se plier aux lentes méthodes de l'action politique organisée, le sentiment d'indépendance et de dignité personnelle demeure si puissant au cœur des citoyens (1) qu'il se forme, en dépit de toutes les défaillances, une opinion publique capable d'imposer son autorité d'une façon décisive au monde politiquant. On vous dira couramment, par exemple, que le président de la République, par son action sur les législatures d'État, choisit, *en fait*, son successeur, et cette assertion n'est pas sans renfermer une dose de vérité. Pourtant, s'il en était rigoureusement ainsi, le même parti se perpétuerait indéfiniment au pouvoir : ce qui n'est pas du tout le cas. C'est que l'opinion publique, lorsqu'elle est suffisamment ferme en son propos, arrive très bien, la crainte d'une révolte aidant, à briser toutes les résistances pour faire triompher son candidat. Ainsi se trouve contre-balancé, au petit bonheur, l'abus éventuel du pouvoir personnel, comme il est arrivé précisément dans le cas de l'élection de M. Saënz Peña. Je crains bien qu'en aucun pays les institutions ne fonctionnent selon leur pure théorie. Avant de jeter la pierre à l'Argentine, commençons par faire la toilette de notre propre jardin.

Le défaut des constitutions sud-américaines, selon la formule de Jefferson, nous apparaît, à nous Européens, dans l'établissement d'un pouvoir personnel trop puissant. Il y aurait là, sur notre continent, un dangereux appât pour une reconstitution des forces du passé dont toute l'espérance se concentre sur un coup de surprise. En Amérique les pouvoirs

(1) Je me plais à noter comme un triomphe de l'orgueil sur la vanité que l'Argentine, l'Uruguay, le Brésil, aient délibérément renoncé à l'enfantillage des décorations.

morcelés d'une fédération offrent assez de points d'appui aux résistances, — à la condition que les gouvernements d'État jouissent d'une autonomie véritable, — pour tenir en échec toute tentative d'usurpation. L'Américain du Sud n'est pas moins attaché que celui du Nord au principe de l'autonomie des États. Il ne lui reste plus qu'à en faire une réalité.

En fait, d'ailleurs, l'irresponsabilité théorique des ministres devant le Parlement ne tient pas contre l'omnipotence budgétaire des assemblées représentatives. Ce système a l'avantage d'éviter les crises à jet continu, mais un ministre doit disparaître, et disparaît toujours, quand une série de votes démontrent qu'il n'a pas la confiance du Parlement.

LA PRESSE

En Amérique, comme en Europe, la presse est le premier pouvoir après le gouvernement. Je dis *après*, parce qu'il faut en croire le texte des constitutions, mais il est trop véritable que la paralysie de volonté qui caractérise aujourd'hui, dans nos démocraties, certains " chefs de peuples ", principalement soucieux de s'orienter à tous les vents, laisse, à quiconque s'arroge le droit de parler au nom de l'opinion publique, une part d'autorité devant laquelle s'efface, en dépit de la pompe des mots, l'individualité même des prétendus gouvernants.

Bien que la presse joue un rôle très important en Argentine, il ne m'a pas semblé que le mal fût poussé jusque-là. Non, peut-être, que l'homme qui peut disposer d'une feuille publique ne fût enclin, comme partout ailleurs, à tirer tout le parti possible de sa puissance. Mais, dans un pays où tout sollicite de l'homme le plein de son énergie, le Latin, naguère trop aisément disposé aux envolées exubérantes de la politique révolutionnaire, a conservé tout au moins assez de personnalité pour résister efficacement aux entreprises trop flagrantes contre sa volonté.

Les hommes d'État argentins vraiment dignes de ce nom

ne se contentent pas d'avoir des vues personnelles : ils sont encore capables de conduire leurs desseins jusqu'au bout de l'exécution. Car toutes les conditions de prospérité qui font le succès de la République Argentine ne compteraient pour rien, s'il ne se trouvait des têtes pour la conception supérieure des grands intérêts généraux et des cœurs résolus pour la mise en œuvre. Jusque dans le domaine politique et social, avec les chances communes de faillibilité humaine, l'Argentine est un champ de volontés en action.

L'activité publique, ainsi qu'il arrive en tous pays, se manifeste par le moyen des partis : nécessité dont les avantages ne sont pas beaucoup moindres que les périls. Les théoriciens ont beaucoup discuté sur les " partis d'hommes " et les " partis d'idées ". Le gouvernement argentin, se fondant non sur le fait historique traditionnel, mais sur une doctrine du droit d'où doit découler une organisation de justice et de liberté qui ne passera du texte dans l'action vivante qu'à la condition que les citoyens soient capables de la pratiquer, montre des " partis d'hommes ", ce qui ne change rien au problème, puisque l'homme sans l'idée n'est qu'une force perturbatrice et que l'idée ne vaut, en politique, que par l'homme capable de lui donner la vie.

L'ancienne presse d'idées, d'autre part, a prodigieusement évolué depuis Armand Carrel, le lecteur se montrant surtout avide de faits sur lesquels il puisse établir son propre jugement, que le rédacteur s'efforce de préparer, mais qu'il ne saurait escompter trop sûrement. En réalité, la presse argentine n'est ni inférieure ni supérieure à celle des pays libres. Presse d'informations (1) ou presse de partis, on peut la louer, en général, de sa bonne tenue. Ce n'est pas qu'on ne puisse signaler, comme partout, des excès de langage, mais il est des écarts que le sentiment public ne tolérerait pas. Pas de presse pornographique, pas d'image qui salisse la vue du

(1) Grâce à la différence de l'heure, les journaux de Buenos-Aires peuvent publier dans leur édition du matin les informations qui paraissent en même temps à Londres et à Paris.

passant. Félicitons-en ce peuple qui a trop d'activité saine à dépenser en plein soleil pour s'avilir dans les raffinements de la corruption " civilisée ".

La *Prensa* est, comme on sait, le plus grand journal d'informations du continent sud-américain. Sous l'habile gestion de son fondateur, M. Paz, la *Prensa* a atteint une prospérité qui, pour ses moyens d'action, en fait l'égale des plus grands organes de publicité dans le monde. C'est un journal avec lequel tous les partis doivent compter : d'autant que, sans être inféodé à aucune agrégation de politiciens et tout en restant fidèle aux principes de l'évolution démocratique, il cherche visiblement à tenir la balance égale entre les différents groupes politiques afin de se réserver la chance d'une intervention décisive, le cas échéant. La direction actuelle est aux mains de M. Ezequiel Paz, dont l'esprit avisé permet de croire que l'œuvre paternelle sera par lui dignement continuée. M. Zeballos passe pour être l'inspirateur du journal. L'ancien ministre des Affaires étrangères est en même temps homme de lettres, jurisconsulte, historien. Ses travaux sur les questions de droit sont appréciés en Europe. Une fâcheuse querelle avec le Brésil lui a fait des loisirs qu'il n'est pas embarrassé d'occuper. M. Paz, qui a bien gagné le repos dont il jouit en Europe, s'est naturellement réservé un droit de haute suprématie. Un fantastique palais qu'il se fait construire dans le plus beau quartier de Buenos-Aires semble annoncer des projets de retour. Mais, en ce cas, je ne pourrais m'empêcher de le plaindre, car il ne faudra pas moins que la cour de Louis XIV, ou même de Xerxès, pour emplir cette fastueuse demeure. Le palais professionnel de la *Prensa*, dans l'*avenue de Mai*, bien que de dimensions plus restreintes, est à peine moins somptueux. C'est une des curiosités qui s'imposent au voyageur. Qu'en dirais-je ? Il faudrait une brochure pour la description. Tous les services du métier sont installés avec un sentiment parfait de l'appropriation des moyens aux résultats. Simplicité du cadre, propreté rigoureuse, confort pour le travailleur de tout ordre avec une spécialisation du travail qui fait converger, sans flottements, tous les efforts vers le but final : promptitude et sûreté de l'information. A tout cela s'ajoutent des services annexes comme celui d'une clinique très suivie qui vaudrait la documentation d'un spécialiste, et des appartements que la *Prensa* se plaît à mettre à la disposition des personnages qui lui paraissent désignés pour cet honneur. J'avoue que dans cette partie de l'édifice un moindre luxe aurait pu s'accommoder mieux au goût des pauvres hommes distingués qui sont exposés, en regagnant leur demeure, à faire des comparaisons trop désavantageuses à leur modeste foyer.

La *Nacion* est un journal de parti, au meilleur sens du mot, qui suit la noble tradition de Bartolome Mitre, son fondateur. On se plaît à le comparer au *Temps*. Mon excellent ami Antonio Piñero y jouit d'une heureuse influence auprès des descendants du grand homme d'État. Sans le concours discret, mais nécessaire, de la *Nacion*, dont tous les intérêts parlaient en sens contraire (1), jamais la loi sur la propriété littéraire n'aurait pu aboutir. C'est un devoir en même temps qu'un plaisir pour moi d'en dire ma gratitude à qui de droit.

Le *Diario*, à son tour, exige une mention spéciale à cause de la personnalité de son directeur, M. Manuel Lainez, sénateur, qui pousse jusqu'aux extrêmes limites du raffinement parisien l'art d'une critique dont la cruelle morsure n'exclut point la gaieté. M. Manuel Lainez est un journaliste du boulevard qui excelle à discerner le point faible des hommes et des choses et prend plaisir à enfoncer d'une main sûre le dard acéré d'un mot sanglant. Il radicalise avec agrément, expert à dissimuler la pondération fondamentale de sa culture sous des voiles de fine ironie. Je ne connais pas de plus charmant causeur. Son esprit fait-il du tort à sa

(1) La *Nacion* publie en forme de " bibliothèque " les traductions des principales œuvres littéraires françaises (50 p. 100), anglaises, russes, allemandes, italiennes, sans parler bien entendu des ouvrages espagnols et argentins dans le texte original.

politique, comme le prétendent ses adversaires, c'est sur quoi je suis hors d'état de me prononcer.

Je dois encore une mention à l'*Argentina*, dont il m'a semblé que l'effort était d'une information sérieuse en toute matière.

Enfin je ne puis ignorer les journaux photographiques *P. B. T.* et *Caras y Caretas (Figures et Figurines)*, qui remplacent la parole écrite par l'image, — suivant une formule qui vient de faire sa première apparition chez nous. Grande circulation.

On se souvient du mot d'Ibsen faisant dire à son *Ennemi du peuple* que les journaux sont rédigés par leurs lecteurs. Il n'est pas douteux que la gazette d'aujourd'hui cherche moins à faire triompher une idée qu'à se conformer aux sentiments présumés du grand nombre qui tient en ses mains la clef du succès. Sa puissance directe d'enseignement s'en est trouvée fort amoindrie. Il en subsiste toutefois des parties. La culture, lente mais inévitable, des masses populaires aura, n'en doutez pas, une heureuse influence sur la presse qui lui est destinée. Et quant au témoignage irrécusable de la photographie, lorsqu'elle n'est pas truquée, et de la cinématographie qui lui donne le mouvement à défaut de la vie, chacun peut trouver là encore une appréciable leçon de choses. L'ennui, c'est que rien n'est sacré pour le photographe argentin. Il est omniprésent et jouit de l'exécrable privilège d'être chez lui chez vous. Vous donnez un dîner d'amis ou de famille. Au dessert entrent, sans dire un mot, de pâles personnages, munis de voiles noirs, qui dérangent domestiques et convives pour braquer dans l'endroit qu'il leur plaît de choisir des lunettes compliquées. Après quoi ils vous aveuglent d'un éclair de magnésium et vous empoisonnent de leur fumée : ce dont le maître de la maison s'empresse de les remercier. Le *diable boiteux*, qui enlevait simplement le toit des maisons, est dépassé. Quand un malheureux Argentin veut offrir son cœur — toujours accompagné de sa main — à la dame de ses pensées, qu'il commence par s'enfermer à double tour, persiennes hermétiquement closes, s'il veut être en sûreté !

LA PROPRIÉTÉ LITTÉRAIRE

J'ai fait allusion tout à l'heure au vote de la loi sur la propriété littéraire (1). On devine aisément que cet acte méritoire ne s'est pas accompli sans un long travail de préparation. La liste serait trop longue de tous ceux qui, des deux côtés de l'Océan, ont apporté à cette œuvre de justice et de probité une utile collaboration. Du jour où les hommes d'État argentins ont compris que le travail purement intellectuel devait être constitué dans ses droits au même titre que tout autre labeur, et que, s'arroger le pouvoir d'en dérober les produits, c'était se placer en dehors du mouvement de la vie civilisée, ils ont mis leur point d'honneur à se rendre avec une parfaite bonne grâce aux invitations qui, de toutes parts, leur étaient adressées. N'est-il pas remarquable, en effet, qu'une loi qui lésait des intérêts si bien placés pour se défendre ait pu être votée d'un accord unanime sans trace de protestation ? Faisons honneur à la République Argentine, non seulement de l'acte en lui-même, mais encore du beau geste de désintéressement dont elle le sut accompagner.

Il y aurait affectation de ma part à ne pas parler du public qui m'a fait l'honneur de venir écouter ce que j'avais à dire sur l'évolution de la démocratie, telle qu'on la peut induire aussi bien de l'histoire que des événements contemporains. Le sujet n'est pas folâtre. Il est pourtant de ceux qui dominent toutes les questions de l'heure présente, et nul ne peut s'en désintéresser. Le malheur est que, des lectures hâtives aux brèves haltes de labeur ne suffisent point, dans le tumulte des passions de partis, à éclairer le

(1) J'ai le regret de dire que le Brésil est fâcheusement en retard de ce côté. Puisse-t-il ne pas se laisser devancer par la Russie !

grand public sur des problèmes qu'il est tenu de résoudre au hasard de jugements sommaires, pour apporter un concours nécessaire au gouvernement du pays. Vouloir que des gens s'arrachent aux occupations, toujours si pressantes, de la vie quotidienne, pour aller écouter les propos d'un homme public, contre qui les préventions ne manquent jamais, sur des questions de doctrine, n'est-ce pas dépasser la mesure ? Le commun des travailleurs ne peut se rendre à des réunions de l'après-midi, et les représentants des " classes supérieures ", même les plus cultivés, dans nos pays d'Europe, ont trop de défiance encore envers les mouvements de la démocratie pour consacrer une heure d'ennui au service d'une cause qui les inquiète de tant de façons. Par fortune, l'histoire des peuples américains ne s'embarrasse pas des terribles rancunes sociales enracinées au plus profond de tant d'âmes européennes, par des traditions d'oppressions et de révoltes dont il faut souhaiter que nous ayons vu la fin. Au Nord comme au Sud, les classes dirigeantes d'Amérique n'ont point peur des mots. Leurs sociétés se sont fondées sur des idées nouvelles, encloses en des formules qui étaient un objet de scandale et de terreur pour l'ancien monde. Mises à l'épreuve, ces idées, ces formules, ont reçu la sanction d'une expérience aujourd'hui séculaire, et les hommes " pratiques " du nouveau continent, et qui n'ont pas le sentiment des nécessités sociales à un moindre degré que les nôtres, sont prêts, plus que tous autres, à s'abandonner aux chances des tentatives nouvelles qui pourront invoquer l'appui du droit et de la raison. Ni bourgeois ni aristocrates, au sens ordinaire de ces mots dans le vieux monde. Travailleurs qui, parvenus au plus haut échelon, loin de vouloir casser l'échelle, sont prêts à la disposer pour la commodité des ascensions successives.

C'est ce qui fait qu'à part la petite aristocratie formée par les derniers vestiges de l'ancienne colonisation espagnole, j'ai eu la joie et l'honneur de trouver un grand public de culture européenne et d'esprit éclairé, avide de savoir ce que tout Européen, qui cherche sincèrement à tracer la voie de l'idée, peut avoir à dire tant sur les expériences politiques et sociales de l'Europe que sur les essais, plus ou moins rationnels, dont leur propre pays est le théâtre. La liberté de leur critique, l'indépendance de leurs jugements, sont telles qu'on peut le souhaiter d'auditeurs sur qui l'on tente d'exercer un effort de persuasion. Le meilleur public, disposé à se rendre ou à résister selon la valeur intrinsèque des arguments. La résistance est représentée peut-être par l'élément féminin, légèrement touché de snobisme, soit qu'il s'abstienne en manière de protestation contre la production éventuelle d'idées trop hardies, soit qu'il s'empresse afin de comprendre à son tour et de pouvoir discuter au besoin.

Pour ce qui est de la langue, aucune difficulté. Tout ce monde comprend le français, le lit, le parle comme l'orateur lui-même et marque, par ses mouvements, qu'il saisit au passage toutes les nuances du discours. Que peut-on souhaiter de plus ? Par la grâce de la parole ailée, l'esprit de notre France essaime jusqu'à l'autre rive de l'Océan. J'en ai conçu joie et espérances. Aussi le plaisir est-il grand d'exprimer à ce public d'élite ma très profonde gratitude et mes chaleureux remerciements, tant pour une bienveillance persistante que pour l'encouragement qui m'est venu d'un accord supérieur d'idéalisme et de volonté.

VIII

LA "PAMPA" ARGENTINE ET LA VIE DU "CAMPO" : La Pampa.
— A cheval ‖ LES TROUPEAUX : Tableau pastoral. — Les troupeaux en
liberté. — LES RÉSULTATS DE L'ÉLEVAGE . Trop libres ! ‖ LES ARBRES
ET LES ANIMAUX DE LA PAMPA : La végétation — Les animaux sau-
vages ‖ LE "RANCHO" ET L'"ESTANCIA" : Fermes et fermiers ‖ LE "GAU-
CHO" D'AUJOURD'HUI ‖ LES PLAISIRS DU CAMPO : Le " Tango ".

LA " PAMPA " ARGENTINE ET LA VIE DU " CAMPO "

Toute capitale est un monde, un monde où la diversité des apports nationaux vient se fondre avec la contribution de l'étranger, mais c'est du pays seul que la compréhension de la vie nationale peut venir. Une vaste contrée, cinq ou six fois grande comme la France, offre nécessairement, de la Patagonie au Paraguay et à la Bolivie, une variété de sols et de climats commandant des aspects, des cadres de travail et de vie, des habitudes, parfois des mœurs, qui diffèrent notablement. En d'étroits domaines notre vieille Europe rassemble souvent encore des groupes ethniques de traits suffisamment marqués — telles nos provinces françaises — pour que les mouvements d'une longue histoire n'en aient pas encore détruit ni même altéré le caractère.

C'est une tout autre affaire lorsque, sur un continent sans histoire, des hommes se répandent, divers mais rapprochés par une communauté d'intérêts aussi bien que d'espérances, pour féconder le sol de leur puissante alluvion de labeur. J'ai dit quelles énergies de race m'avaient paru subsister. Le colon, sans doute, conservera d'abord tout ce qu'il pourra de l'homme façonné par sa patrie d'origine. La première marque en sera sa disposition à se grouper en colonies nationales.

(135)

Cependant la patrie en devenir impose les conditions inévitables d'une vie nouvelle, et la seule nécessité de s'adapter au milieu fait l'homme nouveau, qui sera plus tard fixé définitivement par le succès.

La pampa n'est pas toute l'Argentine. Elle en est une part si déterminante qu'elle a, par son organisation du travail agricole et l'exploitation de ses produits, façonné l'homme et le pays. Tandis que l'industrie est encore à l'état rudimentaire et sera probablement retardée dans ses progrès par la difficulté de l'approvisionnement en charbon, la pampa offre, de la mer aux Andes, l'immense plaine d'un même sol d'alluvion pour le même effort d'élevage et de culture. Aucun relief du sol, même humus, mêmes nappes d'eau souterraines, aucune disposition spéciale en aucun lieu qui appelle autre chose que l'immuable vie du *campo*.

On a naturellement commencé par l'exploitation la plus rudimentaire des troupeaux à demi sauvages qui ne pouvait s'améliorer qu'en vue des marchés européens. Dès que ces débouchés se sont offerts, tout l'effort d'intelligence et d'argent s'est porté sur le perfectionnement de l'élevage, si bien qu'en quelques années seulement le progrès a dépassé les espérances des premiers jours. Et, comme, en même temps, la culture des céréales prenait son essor, le double aspect de la pampa s'est trouvé nettement déterminé d'un bout à l'autre de l'immense étendue. L'élevage — troupeaux, avec prairies naturelles ou artificielles — et le grain — blé, avoine, maïs, lin — il n'y a pas, il ne peut pas y avoir d'autre spectacle pour le voyageur. L'élevage primitif amélioré à mesure qu'on se rapproche du chemin de fer, le développement immédiat de la culture partout où arrive la voie ferrée. Tout cela fait l'homme du campo, estanciero, colon, péon, gaucho, lui impose des conditions de travail et de vie auxquelles il ne peut pas se soustraire. Propriétaire foncier, fermier, serviteur, ou ouvrier agricole, l'immense étendue qui s'ouvre devant lui, l'éloignement des habitations, la difficulté des voies utilisables ne lui laissent d'autre moyen de communication que le cheval qui s'offre de toutes parts et qu'on *emprunte* sans façon en cas de besoin.

L'homme du campo est un cavalier. Assurément ce n'est pas un cavalier " fin " dont l'équitation serait appréciée à Saumur. Pas de filet, rien qu'un mors : ce dont le premier résultat est d'abaisser l'encolure et de donner un mauvais équilibre au cheval, tandis que le cavalier, pour compenser ce défaut, élève les mains à la hauteur de la figure, achevant ainsi le fâcheux ensemble par l'équilibre instable du cavalier. Ainsi qu'il advient le plus souvent en pareil cas, instinct et volonté suppléant tant bien que mal à tous défauts, l'homme arrive à garder approximativement une assiette suffisante pour rester sur sa bête à tout événement, surtout quand le service courant, comme c'est ici le cas, n'exige du cheval que des allures modérées en terrain plat. Le sabot ne rencontrera jamais une pierre, mais il peut s'engager dans un trou : le petit cheval " créole ", très résistant, excelle à éviter ce danger. Il n'y a pas à lui demander davantage (1).

Sur son énorme selle de peau de mouton, le péon ou le gaucho (2), *sombrero* rabattu sur les yeux, drapé dans son *poncho* (couverture percée d'un trou pour passer la tête), s'embarrasse d'un fouet, dont le manche lui sert de maillet au besoin, et d'un lasso, avec ou sans boules, enroulé derrière la selle. L'aspect est pittoresque en cette monotonie de la plaine sans fin, où rancho, arbre, bête ou homme, s'enlèvent en un puissant relief sur un fond de lumière crue.

Sans voix, sans geste, yeux fixés au vide de l'horizon, l'homme passe dans le silence de la solitude infinie, avec des allures d'apparition. En troupe, les gens échangent des propos à voix basse. Rien des éclats de fantaisie qu'on eût attendus d'un pays du soleil. Gravité peut-être de la confrontation de l'homme et de l'univers dans l'infini de la terre et du ciel, où nul mouvement du sol n'arrête le regard, ne fixe la pensée.

(1) Je parlerai plus loin des dompteurs de chevaux " sauvages ".
(2) Le gaucho est supposé métis.

LES TROUPEAUX

Il y a pourtant ces immenses agglomérations de bêtes à corne ou de chevaux, qui occupent une place appréciable dans la morne plaine, — " verte l'hiver, jaune l'été ". Quand on parle d'un troupeau de dix mille vaches, cela n'est pas sans faire quelque impression, même sur un " gros fermier " du Charolais. Eh bien, je vous assure que dix mille vaches dans la pampa, ce n'est pas une affaire. On voit à l'horizon une forme sombre dont on ne pourrait dire si c'est un village ou un amas de meules jusqu'à ce que de vagues changements de modelé dans la tache mouvante vous suggère l'idée d'une manifestation de vie. Les lignes se précisent, des groupes se détachent avec des apparitions de pointes cornues, et bientôt, profilées en tache noire sur la blancheur du ciel, comme les troupeaux des patriarches qui firent mon admiration aux ombres chinoises du *Chat noir*, vous contemplez le tranquille déplacement de la masse monstrueuse sur la ligne d'horizon. La silhouette s'accuse avec une telle précision qu'on perd le sentiment de la distance, stupéfait de cet accord de volontés nonchalantes qui met en mouvement, d'une puissance aussi lente qu'irrésistible, l'énorme troupeau mouvant où se découvre comme une manifestation silencieuse de fatalité. Fantasmagorie de rêve, d'autant plus saisissante que, si le regard se détache un moment du spectacle pour y revenir tout à l'heure, le tableau bientôt se trouve changé. La lourde masse voyageuse paraît maintenant fixée à l'autre bout de l'horizon, tandis qu'au plus profond du lumineux lointain des taches d'ombre plus ou moins distinctes annoncent d'autres troupes vivantes tantôt stationnaires, tantôt en marche vers l'inconnu. Mirages de la pampa, auxquels nul ne prend garde et qui m'ont vivement frappé, car c'est tout le drame de cette terre, depuis la touffe de gazon, où les yeux de la bête s'ouvrent à la lumière, jusqu'au dernier pas de la promenade fatidique sur la planche glissante de l'abattoir.

Le rapide déplacement de l'automobile multiplie, précipite

la différence des points de vue. Les vastes domaines de la pampa, dont l'étendue varie de deux à cent lieues carrées, sont répartis en grandes parcelles entourées de fils de fer qui mettent un terme aux pérégrinations des troupeaux. Les routes sont tracées entre deux rangs de fil de fer. Ce que leurs fondrières peuvent fournir de poussière ou de boue selon l'occasion, en l'absence du moindre caillou, on le devinera sans peine. Les véhicules s'y engagent pourtant et même, semble-t-il, réussissent à en sortir. On y rencontre des troupeaux de bœufs ou de moutons : aussi des familles de porcs occupées à déjeuner d'un mouton débarrassé de sa peau. En moins d'une heure les os, convenablement raclés, sont dispersés sur le chemin, où, par les soins du temps, ils pourront rendre un précieux phosphate à la terre. On comprend qu'une telle " route " ne soit pas recherchée de l'automobile qui prend, " à travers champs ", sur l'immense tapis de billard, une éclatante revanche. Point de règlement, de police pour vous chercher noise. Point d'autre loi que votre fantaisie et le souci du plantureux déjeuner qui vous attend à la prochaine *estancia*. Là, vous découvrez que ces monstrueux troupeaux de l'horizon se résolvent en bonnes bêtes, placides par ignorance heureuse des causes profondes qui émeuvent la bonté de l'homme à leur égard. Peut-être les étonnons-nous ? Peut-être leur sommes-nous indifférents ? Des yeux se fixent sur nos machines anhélantes comme les nôtres sur le doux ruminant, et nulle étincelle ne jaillit du choc des deux pensées, l'une trop cruellement précise, l'autre trop vite arrêtée dans l'effort de compréhension.

D ile à la *rebenque* (fouet) du péon, le troupeau, qui paraît menaçant en masse agitée, se laisse arrêter ou conduire par des cris, des mouvements de cavalerie au petit galop. La vue d'une étoffe qui claque au vent — veste ou poncho — est également d'un effet décisif. Si l'on excepte les vaches parquées pour la traite (1), le plus clair des rapports de

(1) En moyenne 3 litres de lait par jour.

l'homme et de la bête consiste dans le facile emploi de cet appareil de terreur. Les soins ne figurent au compte que pour l'établissement du moulin qui alimente automatiquement l'abreuvoir, pour l'arrivée des reproducteurs chargés de l'amélioration de la race, et pour la sélection des animaux destinés aux *frigorifiques*. Pour le reste, c'est à la Providence d'y pourvoir. Un tout autre régime que celui de nos fermes françaises. D'abri pour se garer du vent ou du soleil, il ne peut être question. L'herbe est là quand la sécheresse ne s'y oppose pas ; aussi un vilain chardon qu'on ne prend pas la peine d'arracher et qui parfois envahit le terrain.

Des fléaux de la divinité la sécheresse est le plus redoutable, car elle sévit d'un coup sur l'immense étendue. S'il n'a pas plu, ni gazon, ni luzerne, ni moisson ne peuvent apparaître. Pour le bétail, c'est l'impossibilité de vivre. Déjà l'hiver est une assez rude saison à passer. Le vilain poil, les flancs creux, les pointes osseuses en saillie attestent les souffrances de la bête, et auxquelles le souffle glacé du pampero n'apporte aucun remède. Avec le printemps vient l'espérance de la pluie. Mais, si l'espérance est déçue, c'est le dépérissement et la mort.

Pour le service des animaux de choix, on a pu engranger les bottes de luzerne, mais on ne peut songer à l'alimentation du troupeau. La pampa devient un immense cimetière où s'entassent des centaines et des milliers de cadavres sans possibilité de sépulture. C'est l'habitude du campo de laisser au vent, au soleil, à la pluie, à la terre en ses pores béants, le soin de reprendre peu à peu, avec l'aide du temps, le corps de la bête qui succombe. L'oiseau de proie et le chien servent de collaborateurs : combien insuffisants ! Un ami m'a dit qu'il arrivait souvent aux chiens de rapporter au logis une effroyable odeur. Pour moi, si ma vue a été souvent choquée par le spectacle des charognes rencontrées dans la pampa, au hasard de la promenade ou même aperçues du chemin de fer, — quelques-unes en pleine décomposition dans des mares à peu de distance des habitations, — je ne pourrais pas dire que mon organe olfactif en ait jamais été incommodé. Il est vrai que nous étions en hiver, et le soleil d'été, sur cette chair putréfiée, doit faire une terrible besogne. J'ai parlé du danger des piqûres charbonneuses, sans pouvoir obtenir autre chose que de vagues réponses. Je dois dire que, toujours, j'ai trouvé les carcasses complètement momifiées sous une peau si bien tannée qu'on se serait cru plutôt en présence d'une pièce préparée pour un musée d'anatomie. Mais, quand la mort est récente et que l'été amène ses mouches, je me méfierais du voisinage.

On ne s'étonnera pas que je me sois permis d'attirer l'attention des hommes publics sur les dangers de cette coutume fâcheuse, et sur la détestable impression qui en résulte pour le voyageur. On m'a toujours répondu que l'Argentine souffrait et souffrirait encore très longtemps du manque de bras, que les milliers d'animaux qui succombaient normalement dans toute l'étendue du campo ne pouvaient trouver de fossoyeurs et que, lorsque la sécheresse faisait périr d'un coup par exemple dix mille moutons dans un seul domaine, il n'y avait pas d'autre ressource que de se résigner à l'inévitable.

LES RÉSULTATS DE L'ÉLEVAGE

On voit que l'élevage argentin a ses hauts et ses bas. La nature y intervient par ses éléments de triomphes et de désastres. L'homme n'y apporte et n'y peut guère apporter qu'un minimum d'efforts, amené par la force des choses à compter pour le succès sur la quantité : ce qui ne le détourne pas des heureuses tentatives pour l'amélioration de la qualité. J'ai déjà dit qu'il n'est point de prix qui l'arrête dans l'achat des plus beaux reproducteurs. C'est en Angleterre qu'il s'approvisionne obligatoirement, sa clientèle pour les viandes étant surtout anglaise. De toutes parts, on célèbre les résultats obtenus. Dans l'espèce chevaline, l'effet éclate aux yeux. En ce qui concerne l'espèce bovine, lorsqu'on me dit qu'on pourrait expédier au marché de la Villette des sujets égaux

aux nôtres pour un prix moindre de moitié, je prends la liberté de penser différemment. Si je suis convaincu que notre palais aurait quelque peine à s'accommoder de la viande des *frigorifiques* dont l'Angleterre se contente, la distinction me paraît nécessaire entre les bêtes de choix, merveilleuses pour la plupart, qui encombrent les expositions, et le commun du troupeau, parmi lesquels la vérité m'oblige à dire qu'il y a beaucoup de médiocrités. Il faudra du temps et du changement dans les conditions de l'élevage pour que l'Argentine arrive à égaler les fins produits de nos races françaises. Il n'en pourra être d'autre sorte aussi longtemps que la jeune bête, plus ou moins hasardeusement conçue, naîtra sur l'herbe du campo entre deux cadavres de sa parenté et se développera selon les chances de la température. J'ai vu partout de ces petits veaux que la mère abandonne aussitôt nés, pour les venir retrouver quand l'heure du premier allaitement est venue. Je ne pourrais pas alléguer sans contre-vérité qu'ils soutiennent la comparaison avec le produit moyen des étables normandes ou charolaises. Et ce ne sont pas les qualités laitières de la nourrice qui leur feront rattraper l'avance perdue.

J'ai dit que de cette avance le cheval en troupeau semble avoir gardé une assez grande part. Je parle moins des lignes que des qualités d'action qui souvent m'ont paru remarquables. On n'imagine pas le plaisir de rouler en automobile dans la pampa, tandis qu'à chaque portière une troupe de jeunes chevaux en liesse hennit et lutte de vitesse avec le moteur (1). Surtout, je vous en prie, ne les baptisez pas " chevaux sauvages ". En dépit de la légende, je ne crois pas qu'il y ait des " chevaux sauvages " en Argentine. Il y a des chevaux que des cavaliers traitent parfois sauvagement, sous prétexte de les dompter. C'est un reste de l'ancien temps qui a survécu à la production, maintenant universelle, de chevaux civilisés. Le dernier *lad* tirera plus

(1) Il y a seulement de brefs temps d'arrêt pour ouvrir et fermer les barrières.

d'un jeune cheval par l'adresse tranquille et la douceur que par l'inutile et cruel lasso dont je dirai les méfaits plus tard.

LES ARBRES ET LES ANIMAUX DE LA PAMPA

J'ai montré la pampa en mouvement avec les hôtes de sa civilisation récente. Nous sommes assez loin des descriptions romantiques chères aux récits d'aventures. Nous savions déjà qu'il ne faut pas juger le Peau-Rouge de l'Amérique du Nord sur les contes de Chateaubriand ou de Fenimore Cooper. La pampa, en effort de civilisation, s'humanise en perdant les traits originels de son caractère. Elle était nue " comme le discours d'un académicien ", selon le mot d'un poète qui fut de l'Académie : l'homme se donne pour tâche d'y faire surgir des vergers, des bosquets, des bois même. Elle donnait asile à une population de bêtes à peu près innocentes : le fils d'Adam, par sa seule présence, refoule toute autre vie que celle dont il tire parti pour son propre avantage.

J'ai déjà dit que l'ombu était le seul arbre subsistant dans la pampa, pour la simple raison que les sauterelles dévorent tous autres produits végétaux, luzerne, moissons, arbres de toutes essences. Le dommage causé par les formidables troupes de criquets s'abattant en nuage destructeur, pour anéantir en un moment toute culture, n'est que trop connu de nos colons algériens. Où la nuée s'abat, c'est le massacre impitoyable de toute végétation. En quelques heures, toutes les feuilles de l'arbre ont disparu et le noyau du fruit, bien nettoyé, demeure solitaire au bout de la branche pour attester le désastre irré-parable. Je n'ai pas vu les sauterelles, mais j'ai pu contempler le résultat de leur travail accompli en toute conscience. Des hommes qui ont peiné de longs mois sur leur terre voient en un clin d'œil, dans la rage de l'impuissance, disparaître tout le fruit de leur labeur. Les récits qu'on m'a faits me détour-neraient, je l'avoue, de m'exposer à cette chance. Le gou-vernement dépense tous les ans un certain nombre de millions pour l'atténuation des dommages. Le seul remède employé jusqu'ici consiste, quand la troupe meurtrière approche, à tâcher de l'effrayer par le bruit pour la rejeter sur le voisin. Cela n'est pas d'un altruisme irréprochable. On entasse aussi les vilaines bêtes dans des fossés et on les recouvre de terre : palliatif qui n'est qu'un jeu d'enfants. Quand vous vous enquerrez de l'origine du fléau, on vous répond d'une voix unanime que les sauterelles viennent du Chaco, que quelques-uns ont tenté d'y aller voir, mais que, le pays étant impénétrable, on y a, pour le moment, renoncé. Je m'empresse de communiquer au public ces insuffisantes lumières.

Seul vainqueur de la sauterelle par la répugnance qu'il lui inspire, et de l'homme par sa triomphante inutilité, l'ombu, de-ci, de-là, étend son appareil de gloire auprès de quelqu'u rancho que sa présence a fait surgir en ce lieu, ou dans les pâturages du campo pour la satisfaction de quelque quadrupède trop sensible à l'ardeur du soleil. Autour de l'estancia, le propriétaire va planter, à tous risques, son verger, ses bosquets d'ornement qui feront ou non figure, selon le bon plaisir des criquets. Quand les bêtes meurtrières ont passé, il ne faut pas moins de deux ans pour revenir au *statu quo ante*. Par la rapidité de sa croissance, l'eucalyptus a donné d'excellents résultats, mais l'arbre préféré de la pampa est le *paraiso, arbre du paradis*, qui résiste tant bien que mal aux sauterelles, à force de persévérance. On en rencontre parfois de petits bois où chantent l'*ornero*, le *cardinal*, où roucoule la colombe.

Car le campo est habité par une population de bêtes courantes et volantes dont la première qualité doit être de ne pas être difficiles sur l'abri. Les jardins et les parcs des estancias offrent un naturel refuge à tout le peuple ailé des chanteurs, que l'homme, peut-être adouci par son isolement dans ce désert, n'a pas encore effarouché.

Le *guanaco* (plus petit que le lama, plus grand que la vigogne) déjà refoulé bien loin de Buenos-Aires. L'autruche grise, jadis abondante, décimée par le lasso du gaucho qui, au risque de recevoir un coup de pied qui peut lui ouvrir le ventre, se précipite sur la bête se débattant sous la corde cruelle et, lui ayant arraché ses meilleurs plumes, la rend à la liberté. L'autruche vraiment " sauvage " a disparu de la pampa. On en voit des troupeaux de la voie ferrée, mais elles sont encerclées par de lointains fils de fer et vivent à l'état de bêtes parquées.

On n'attend pas de moi une énumération de tous les animaux qui grouillent sur ou sous le sol du campo. Rien à dire du " chien de prairie ", systématiquement détruit à cause de ses ravages. Je citerai seulement le tatou, petite bête au museau effilé intermédiaire entre le lézard et la tortue, dont elle a emprunté la carapace. Elle creuse en tous lieux des trous semblables aux orifices de nos terriers.

Le gaucho tient le tatou pour un mets estimable, alléguant qu'il a le goût du porc. Peut-être le plus sûr, pour obtenir le goût du porc, est-il de s'adresser au porc lui-même, vulgairement connu sous le nom de " cochon créole ", aimable petit goret noir qui joue avec les enfants dans de petites mares boueuses aux abords des ranchos.

Je laisse de côté le lièvre — importé d'Europe — le petit perdreau et la martinette (*Tinamou*), pour mentionner seulement le pluvier, les carnassiers de grand vol qui règlent toutes disputes secondaires pour la possession du sol, selon le jugement souverain d'un appétit inépuisable, le petit hibou familier qui se lève tous les 10 mètres avec un cri de bonne humeur pour se poser à quelques pas de là, suivant l'homme d'un œil interrogateur. Sur le terrier qui lui sert d'habitat ou sur le pieu des entourages, sa jolie silhouette est l'ornement du paysage.

Enfin je dois saluer aux abords des estancias et dans les bois l'*ornero*, charmant oiseau familier, plutôt bavard, comme tant d'amis, qui construit avec de la boue dans les branches un nid en forme de four, divisé en deux chambres, et dont la petite porte s'ouvre toujours au nord, d'où vient le chaud. Quand vous serez perdu dans la forêt, il vous fournira ainsi le moyen de suppléer à la boussole absente. Les gauchos ont pour l'*ornero* un respect religieux. La légende veut qu'il ne travaille jamais à son nid le dimanche. Il n'a pas besoin, celui-là, d'une loi sur le repos hebdomadaire, pas plus que d'une réglementation sur les débits d'alcool. O supériorité des frères " inférieurs " !

On m'a parlé de grands lacs où s'ébattent par milliers des cygnes à col noir et des flamands roses. Je n'ai pas eu le temps d'aller rendre visite à ces charmants oiseaux.

Pour me consoler, M. Onelli m'a fait présent de deux beaux cygnes à col noir qui n'ont pu s'accommoder au climat de la Normandie.

LE " RANCHO " ET L'" ESTANCIA "

Les principaux traits du cadre ainsi marqués, il ne reste plus qu'à mettre à leur place, à " camper " pour dire le mot exact, le rancho et l'estancia. J'ai déjà montré la cabane primitive de Robinson Crusoé dans le campo. J'ai esquissé de même la silhouette du colon, du gaucho ; il n'y a pas lieu d'y revenir. J'ai montré les divers éléments de sa vie. Le chemin de fer n'y a rien changé, sauf les interminables chevauchées des premiers temps et la fatigante monotonie des lourds convois qui s'acheminaient lentement vers le marché des villes, ainsi que les ressources d'ameublement.

En des huttes de métis, près de Tucuman, je n'ai trouvé d'autre meuble que les deux tréteaux où s'étale la natte qui sert de siège, de lit et de table indifféremment, — toute cuisine étant réservée au dehors. Dans la pampa, des habitations d'apparence médiocre ou même pire s'ornent très bien d'un fauteuil, d'une commode, auxquels viennent se joindre pendule, machine à coudre et gramophone qui, le succès venu, se complète d'un piano. Le gramophone, c'est le théâtre de la pampa. Il apporte avec lui orchestre, chants, paroles, tout un développement " d'art " approprié à l'esthétique des auditeurs. Aussi de tous côtés entend-on retentir d'affreux cris nasillards, qui répandent la joie dans la troupe d'une jeunesse dont la carrière artistique s'achèvera peut-être en quelque fauteuil du théâtre *Colon.*

Les mœurs du campo sont telles que les imposent ces conditions de vie. Trop resserrés dans les villes, les hommes sont assaillis de mille tentations. Trop loin des regards, la facilité d'abuser n'est pas moins dangereuse. Le témoin est un frein en toute rencontre. Dans l'ancienne pampa, le témoin faisait de l'occasion bonne aubaine en devenant un associé. Entre la menace douteuse d'une vague police lointaine et la crainte de l'Indien, le gaucho se muait en soldat d'aventure, prêt à tous les coups de main. Poignard à la ceinture, fusil en bandoulière, et lasso à l'arçon, cherchant à l'horizon toute chance, il chevauchait un domaine sans fin dans un drame de toute heure.

> Il s'asseyait parfois à l'ombre de sa lance,
> Mais peu.

D'ailleurs hospitalier, prêt à faire largesse d'un bien plus ou moins correctement acquis, admirable chef de bande au service des tumultes révolutionnaires. Je n'ai pas vu de révolution et je souhaite à l'Argentine de n'en plus revoir. Cependant ces périodiques explosions de violences ne sont pas si anciennes que l'écho n'en soit venu jusqu'à moi. Je laisse de côté, bien entendu, toutes les circonstances exté-rieures qui pouvaient mettre, à l'occasion, une troupe d'aven-turiers en mouvement. On était pour le général X... ou pour le général Z... selon les espérances : c'était le côté le moins important de l'affaire. Une fois le signal donné, il s'agissait de constituer une force militaire, et les moyens en étaient d'une admirable simplicité. On s'armait de tout instrument plus ou moins convenable pour la bataille, et l'on se présen-tait en bande à la porte d'une estancia.

" Nous sommes pour le général X... Il faut que tous les péons nous suivent. En armes et à cheval. "

Et l'on obéissait. Sinon, c'était à l'estancia et à ses troupeaux de pâtir. Ainsi recrutée, la troupe commençait à faire figure, et, après quelques visites de ce genre, on se trouvait avoir constitué vraiment une force " respectable ". Mon ami le peintre Biessy, avec qui j'ai eu le plaisir de faire le voyage, se trouvant un jour en visite dans une estancia, fut témoin de l'aventure. Il causait avec l'intendant lorsque celui-ci, tout à coup, entendant un bruit suspect, colle son oreille au sol et se relève inquiet.

" Il nous arrive des cavaliers au galop. Qu'est-ce que cela peut être ?"

Un instant après, en effet, on découvre une bande si étrangement accoutrée que le premier mouvement fut de croire à une mascarade. C'était le temps du carnaval. Cependant le chef se présente et somme l'intendant de mettre tous ses péons au service de la révolution. Biessy lui-même dut exciper de sa qualité de Français pour échapper à la réquisition. Ne croyez pas, d'ailleurs, que cela fut simple fantasmagorie. Le respect de la vie humaine n'était pas le principe dominant du campo. Des deux côtés, ces braves péons se battaient furieusement, sans se soucier de la cause qui les enrôlait au hasard dans l'un ou l'autre camp. L'intendant d'une estancia voisine, et qui causait avec M. Biessy, quand il eut à parlementer avec la bande révolutionnaire, fut tué net par ces mêmes gens quelques heures plus tard pour leur avoir fait résistance.

Si l'on ne se gêne pas pour réquisitionner les hommes, — je mets le verbe au présent parce qu'on ne sait jamais ce qui peut arriver demain, — vous pensez bien qu'on ne fait pas plus de façons pour enrôler les chevaux. Le plus curieux, c'est que, la guerre finie, ces excellentes bêtes, mises en liberté, savent très bien retrouver leur pâturage. L'intendant d'une estancia m'a daclaré qu'à la dernière révolution on lui avait enlevé six cents chevaux, sur lesquels quatre cents, emmenés à 200 ou 300 kilomètres, lui étaient revenus de leur propre mouvement. Comment ces animaux peuvent-ils s'orienter dans la pampa et faire leur chemin à travers ces inextricables réseaux de fils de fer, c'est ce que je ne me charge pas d'expliquer. Comme je demandais à ce même intendant s'il n'arrivait pas parfois qu'on lui volât un cheval sans qu'il eût le moyen de s'en apercevoir.

" Oh ! me répondit-il, c'est comme si l'on cueillait une pomme en Normandie. Il arrive sans doute qu'un passant, ayant son cheval fatigué, jette le lasso sur un des nôtres pour finir son chemin. Il le lâche à l'arrivée, et l'animal ne manque jamais de revenir à son troupeau."

LE " GAUCHO " D'AUJOURD'HUI

J'ai déjà parlé du temps où le *gaucho* abattait un bœuf, au passage, pour le beefsteak du déjeuner. En certaines parties reculées, il se peut que l'usage subsiste encore. Il n'en est pas moins vrai que la civilisation montante, et le rail du chemin de fer qui en est l'efficace et prompt instrument, ont très vite modifié le gaucho, son entourage et tout le milieu dans lequel rayonne son action. Descendu de cheval, le gaucho commence à se rapprocher beaucoup d'un homme ordinaire. Sa grande cravate de couleur éclatante, qui fut parfois un signal de ralliement, est aujourd'hui fort apaisée. Son *poncho*, excellemment approprié aux conditions climatériques du campo, est adopté par les citadins eux-mêmes qui le font passer du bras aux épaules et *vice versa* lors des brusques changements de température. Le sombrero, pas plus que les braies ficelées ou les bottes, n'est un signe particulier. Il reste le lourd étrier romantique plus ou moins artistement travaillé, bien souvent remplacé aujourd'hui par un simple anneau de corde ou de fer, et la *chiripa*, pièce d'étoffe attachée aux reins qui se relève à la ceinture, entre les deux jambes, simulant assez bien la fameuse *jupe-culotte* de nos gracieuses détraquées. Le temps du panache est passé. La civilisation de son puissant rouleau égalise et nivelle tous les éléments d'activité sociale pour le triomphe utilitaire, mais inesthétique, de l'uniformité. Encore un peu, et la vie du campo ne sera plus qu'un souvenir, car, avec le costume d'antan, c'est l'ancien homme lui-même qui disparaîtra.

Le gaucho d'aujourd'hui a gardé du passé la parole prudente, le geste réservé, l'œil interrogateur de l'homme qui vit sur la défensive. Mais il sue la civilisation par tous ses pores, et il peut se promener dans la rue Florida de Buenos-Aires sans attirer l'attention. En vain le théâtre lui-même, ainsi que je l'ai pu voir à l'*Apollo*, entreprend de porter à la scène la psychologie du campo. Qu'y découvrons-nous, sinon l'éternelle comédie de l'amour ou les ridicules de la femme du gaucho trop soudainement enrichi, ce qui est de tous les temps et de tous les pays, comme les chants et les danses sont de tous les rassemblements de jeune humanité ?

LES PLAISIRS DU " CAMPO "

Bien longtemps avant le gramophone, la guitare enchantait l'oreille espagnole jusqu'aux derniers confins de la pampa. Entre deux crises de guerre civile, où l'on courait farouchement au-devant de la mort, les chants joyeux, les mélopées plaintives alternaient, sous l'ombu pour la joie d'une jeunesse que les drames du rancho rendaient plus prompte encore à cueillir hâtivement le plaisir. On dansait le *Péricon*, le *Tango*, comme on le danse encore, en ces attitudes hardies où l'Espagne amoureuse exprimait ses ardeurs ; mais déjà toutes ces choses ont pour le grand public la saveur de l'histoire. Les " bals créoles ", où l'on voit de gracieuses jeunes filles, harmonieusement drapées d'étoffes blanches, s'enchaîner pour une figure voisine de notre " pastourelle ", sont surtout un sujet de carte postale.

Il y a, il y aura toujours dans la pampa — je veux mourir dans cet espoir — de gracieuses jeunes filles vêtues de blanc, et qui éveilleront d'autant plus sûrement l'amour que celui-ci ne doit jamais sommeiller dans un cœur d'Italie ou d'Espagne. Seulement, la peine qu'on se donne pour reconstituer chants et danses sur le théâtre, même pour présenter à l'étranger d'Europe, au cours d'un entr'acte, le *vrai Tango* dans l'antique impudeur de sa naïveté, disent assez que, jusqu'au cœur des terres sauvages, l'âge héroïque — ingénuité et barbarie mêlées — est en train de perdre ses derniers traits de caractère dans la désolation d'une monotonie civilisée. Le *Tango* s'en va. Dans la ville de Rio de Janeiro, en revanche, à la fleur de ma soixante-dixième année, n'ai-je pas eu l'occasion de figurer dans le quadrille officiel du président de la République pour la honte de la chorégraphie française? Hélas! Hélas!

IX

LA GRANDE PROPRIÉTÉ
DANS LA RÉPUBLIQUE ARGENTINE

L A civilisation romaine finit par ces *latifundia* classiquement
accusés d'avoir — beaucoup d'autres causes aidant —
perdu l'Italie. Les immenses domaines du campo argentin ne
se sont pas constitués, comme ceux de l'antique décadence,
par l'expropriation d'un peuple de petits agriculteurs. Ils
résultent simplement de la mainmise, en bloc, d'une humanité
fortement outillée sur la terre où vaguaient d'infortunés sauvages incapables de l'exploiter. Sans reprendre la suite des
discussions fameuses sur l'origine de la propriété foncière, et
sans rechercher trop curieusement comment nos doctrines du
droit s'accommodent du fait accompli, je prends simplement
acte du fait que les *conquistadores* et leurs descendants
érigèrent en *res nullius* tout ce qu'il leur convint de s'approprier.

Le principe établi — c'est le commencement de toute
civilisation — il n'y eut plus qu'à fixer approximativement
l'étendue de terre propre à satisfaire l'appétit de l'Européen.
Vous souvient-il du beau conte où Tolstoï nous dit l'histoire
de cet homme à qui je ne sais quelle tribu de la steppe donne
autant de terrain qu'il en pourra envelopper dans une marche
d'un jour ? A peine mis en route, le malheureux a pour

(153)

unique idée d'agrandir constamment le périmètre de son parcours et, de biais en biais, son chemin s'allongeant toujours, il n'arrive à boucler sa boucle, au prix d'une course effrénée, que pour s'abattre, au moment où il touche le but, dans l'achèvement suprême de la mort.

Les premiers occupants qui suivirent le Génois ne se donnèrent probablement pas tant de peine, bien que leur gloutonnerie, sans doute, ne fût pas moindre. Mais, le sol n'ayant de valeur que par le travail, le résultat, pour l'homme de Tolstoï et pour les *conquistadores*, ne fut pas très différent. C'est pourquoi, dès que le premier soc retourna la première motte de terre, le domaine dut se proportionner, en des formes quelconques, à la mesure de l'activité humaine. Ainsi les grandes propriétés d'aujourd'hui — d'une lieue à cent lieues carrées — sont un démembrement, et, dans la mesure même où la main-d'œuvre, tant sollicitée, se présentera pour sa tâche, nous verrons s'accomplir encore le progressif fractionnement des parcelles démesurées. Cela, c'est l'avenir inévitable qui permettra des raffinements de culture auxquels nul ne peut s'arrêter maintenant. Un agriculteur qui ne connaît l'engrais sous aucune forme, qui en est aux premiers essais d'irrigation, et qui brûle la tige de son lin faute de pouvoir l'utiliser, pourra longtemps encore inonder les marchés d'Europe de ses grains, de ses viandes, mais à la condition de se contenter des petits rendements et de compenser par l'étendue de la récolte l'insuffisance proportionnelle de la production. C'est ce qui détermine la vie du campo telle que j'ai tenté d'en donner un bref aperçu.

Il me reste à montrer le grand metteur en œuvre de tout cet immense mouvement d'élevage et de culture, le patron supérieur qui administre la pampa par lui-même et par ses intendants, le propriétaire de l'*estancia*, l'*estanciero*.

L'ESTANCIERO

Le mot *estancia* — la chose se trouvant hors de comparaison — est d'une traduction malaisée. Disons que c'est la forme la plus somptueuse de la propriété primitive. Je dirais le siège d'une féodalité agricole si le péon était d'humeur à se laisser asservir. Quelque chose comme une sorte de principauté démocratique, supposé que les deux mots se puissent accoupler.

Quand nous le rencontrons sur le boulevard, l'estanciero parlant de son incommensurable domaine et de ses troupeaux qu'il ne peut dénombrer, nous paraît fabuleux. C'est une autre affaire de le voir, à cheval parmi ses gens, dans sa pampa qui, faute des caractères de la propriété aux divers temps de l'histoire, paraît, dans sa nudité, n'être le lieu de personne, c'est-à-dire être le lieu de tout le monde.

Le contraste de son raffinement personnel, et du confort de son installation familiale, avec la rusticité primitive de la terre environnante rappelle notre esprit aux contradictions d'une sauvagerie drapée de civilisation.

Comme j'en ai déjà fait la remarque, les résultats obtenus, même avec l'aide d'un intendant, sont nécessairement dus à une suite d'efforts auxquels le chef ne peut rester étranger. Car, si l'on peut éblouir l'Européen avec des chiffres fantastiques sans faire tort à la vérité, il est bon de dire pourtant que le succès n'est pas automatique et que, du fait des éléments (sans parler des sauterelles), il faut parfois s'attendre à de graves mécomptes. M. Basset, dont la compétence est indiscutable, m'a raconté qu'ayant acheté un vaste domaine, ses entreprises agricoles le constituèrent en perte au point qu'il se résolut à vendre. Or le prix des terrains avait monté et la plus-value des terres laissées en friche lui suffit pour se récupérer. " J'aurais gagné une grosse somme, concluait-il, si je n'avais pas travaillé ma terre. " Cela montre assez qu'en Argentine, comme ailleurs, il y a des risques à courir. L'estanciero s'y expose ; mais, s'il se bornait à attendre au soleil, comme on se plaît à le dire, la hausse des terrains, il ne contribuerait pas, pour une si notable part, à l'enrichissement de la rue de la Paix. On a beau répéter que la parole favorite de l'indolence créole est perpétuellement *Mañana*, à demain, les nécessités du succès économique modifient tous les jours ces mœurs, et, las d'ajourner les affaires, l'Argentin, comme le Yankee, finira plutôt par faire la veille ce qui pourrait être renvoyé au jour suivant. En tout cas, l'absentéisme est inconnu de l'estancia, car ce serait la ruine à bref délai. L'estanciero, il est vrai, a, comme tout grand seigneur, la réputation d'hypothéquer aisément ses terres et, quand la bonne récolte lui permet le remboursement, d'acheter de nouvelles terres encore au lieu de se libérer. Qu'en puis-je dire, sinon que toute faute économique se paie tôt ou tard, et qu'en dépit de ce qui peut rester de " l'indolence créole " il faudra en venir à chercher le profit dans l'amélioration des procédés de culture ?

Grand seigneur, ai-je dit. Grand seigneur en terre de colonies, dont la demeure est un palais agreste qui tient de la ferme et du château. Simplicité des constructions dont la brique et le bois sont, de nécessité, l'élément principal. Tout en rez-de-chaussée, selon la mode coloniale. Grandes salles où s'étale librement le luxueux confort de la vie anglaise, dans une impeccable tenue des choses et des gens. Les grands meubles cossus du temps où la lente circulation des marchandises obligeait la ménagère à l'accumulation. Même d'importantes bibliothèques, avec les lourds volumes marquant l'âge où le chemin de fer ne jetait pas encore au vent la connaissance humaine par petites tranches ailées. Toutes les commodités pour le rêve. Des tableaux, ou plutôt des images. Argenterie massive. Pièces d'orfèvrerie gagnées dans les concours d'élevage, dont les médailles emplissent de grands cadres, sans omettre les photographies des animaux primés. Et, mieux que tout ensemble, l'accueil hospitalier des temps qui ne reviendront plus. Depuis que toute l'humanité s'occupe à sillonner la terre et l'océan, l'antique hospitalité n'a plus de sens. Il en reste pourtant des vestiges dans les pays où l'achèvement de civilisation n'a pas encore mis le voyageur à l'abri des chances mauvaises. Disons bien vite qu'au nombre de ces dernières il ne faut pas compter le risque de mourir de faim dans une estancia. Je veux que l'abondance du bétail y soit pour quelque chose. Mais il n'en reste pas moins au compte de l'estanciero le mérite de la manière, qui est de belle courtoisie. Je voudrais louer sans restrictions le *puchero*, l'*asado*, dont j'ai déjà parlé. Je ne le pourrai faire que lorsque l'Argentin se sera déshabitué de livrer la viande au cuisinier aussitôt abattue, ce qui demande une puissance de mastication supérieure à celle que la débilité européenne peut fournir.

Tous les jardins potagers se ressemblent, et l'on ne peut attendre de l'estancia que ses jardins d'agrément aient été dessinés par Lenôtre. Même si ce miracle s'était produit, qu'est-ce que les sauterelles en auraient laissé ? Dans une estancia, près de Buenos-Aires, qui passe pour la plus belle de l'Argentine et que l'amabilité du propriétaire ouvre à tout visiteur étranger, j'ai pu admirer un parc de 1000 hectares où, parmi les grands bosquets de hautes futaies, circule un peuple d'animaux destinés à donner une impression de sauvagerie. Quelques troupes d'autruches grises ont peut-être l'illusion de la liberté. De beaux groupes de reproducteurs soigneusement parqués provoquent des exclamations admiratives, renouvelées à l'occasion de toute rencontre. En grandes avenues ou isolé, l'eucalyptus domine tout d'une hauteur qu'aucun rival ne peut atteindre. Dans cet heureux séjour, la libre végétation n'a rien à redouter des sauterelles. Toute essence pousse à sa fantaisie ou à peu près. C'est pourquoi l'intendant, très soucieux de nous montrer les raretés dont il se glorifie, nous conduit en grand mystère jusqu'au bord d'un talus où, d'un geste autoritaire, il nous arrête devant un arbre d'aspect médiocre, qui, tout dépouillé de ses feuilles, ne me paraît pas inconnu.

" Oui, c'est un chêne que vous voyez là. Un vieux chêne d'Europe en Argentine. Qu'en dites-vous ? "

Je reconnais aimablement que c'est bien un chêne, tout en confessant que j'ai déjà vu ça. Et même, au risque de susciter l'étonnement, j'avoue que ce n'est pas la flore européenne qui sollicite le plus mon attention dans la République Argentine.

Le trait particulier de ce beau parc est dans les parties réservées aux groupes d'animaux reproducteurs. Les échantillons que je découvre au passage et qu'on fera défiler sous nos yeux tout à l'heure, en appareil de concours, sont des bêtes merveilleuses dont l'ensemble atteste un effort méthodique de sélection. Les plus belles races anglaises sont glorieusement représentées, non seulement par des importations d'Europe, mais par des animaux de production argentine qui feraient honneur à tout pays.

COMMENT LES PÉONS DOMPTENT LES JEUNES CHEVAUX

D'agencement et de personnel, les écuries sont tout anglaises. Avec une maëstria britannique, on fait défiler devant nous des étalons renommés qui joignent à la beauté des lignes la vertu, plus admirable encore, des actions.

Il s'agit maintenant de voir " dompter " les chevaux, non pas les chevaux " sauvages ", puisque cela est du temps passé, mais simplement les jeunes chevaux qui n'ont pas encore été montés. En fait, le problème se présente ici dans les mêmes conditions que chez nous, et je demande la permission de penser que notre méthode pour le résoudre est infiniment supérieure aux procédés argentins. Les poulains sont réunis dans un enclos dénommé *corral.* N'imaginez point, je vous prie, le cheval de Mazeppa, l'œil en feu et le poil hérissé pour la joie des chromolithographes. Rien que l'ardeur de la jeunesse et la libre grâce des mouvements. Il s'agit d'accoutumer l'animal à l'homme et à ses demandes. C'est ce que notre gars normand aurait bientôt obtenu par un mélange d'adresse et de douceur qui n'exclut point la répression des écarts.

Les voies du péon argentin sont tout autres. Du lasso il

commence par encercler l'encolure du sujet, pour l'entraîner hors de l'enceinte, sur un terrain le plus souvent très mal préparé. Là, en quelques nouveaux coups de lasso, une boucle de corde est passée à chaque membre. Après quoi, la plus simple manœuvre fait perdre l'équilibre à l'infortunée victime, qui s'abat lourdement sur le sol au risque de se rompre les os. La bête est affolée, comme il est naturel. Cependant cinq à six hommes se sont rués sur elle, chacun expert au rôle particulier qui lui est dévolu, et quand elle est complètement immobilisée par le jeu savant des entraves, on lui passe le *mors* et la selle de peau de mouton dextrement sanglée. Il ne reste plus qu'à relever l'infortuné quadrupède pour l'usage du cavalier. Les cordes se relâchent avec autant d'aisance qu'elles se resserraient tout à l'heure, et le poulain, sur ses quatre pieds, solidement maintenu à la tête, les yeux encapuchonnés, pourrait se remettre de son émotion si les deux jambes antérieures n'étaient encore entravées par un dernier lien qui ne lui permet pas de s'évader.

Cependant le péon a fait signe qu'il est prêt et, tandis que la dernière boucle se dénoue, il saute en selle et lance sa monture à fond, tout droit devant lui avec des cris de bête sauvage et des coups de *rebenque* à tour de bras. Deux cavaliers, dits " *parrains* ", sont venus l'encadrer, qui épouvantent l'air de leurs vociférations accompagnées d'une cravache implacable. Quand il a fait 200 mètres ainsi, le cheval est parfaitement fou de stupeur et ne demande guère qu'à s'arrêter. Il y a probablement des exceptions. La chance ne me les a pas révélées. En revanche, j'ai vu de pauvres bêtes qui n'essayaient aucune défense et désarmaient par une angélique douceur les mains, les jambes et jusqu'au gosier du bourreau. Il paraît que, lorsqu'on a recommencé cet exercice cinq à six fois, le poulain se rend sans discuter. Au temps des chevaux en liberté dans la pampa, ces pratiques pouvaient avoir leur raison d'être. Nous nous faisons une autre idée d'une séance de dressage.

LE SÉJOUR AUX CHAMPS DES PROPRIÉTAIRES

Tous ces services exigent, comme on pense, un assez grand développement de constructions. Autour de la demeure patronale s'élèvent, en conséquence, de nombreux bâtiments de toute architecture, et qui font de l'estancia une sorte de petit village d'où part toute direction de travail à travers la pampa. Ainsi compris, ainsi vécu, le séjour aux champs dans une " solitude ", sillonnée à toute heure de grands troupeaux et du gaucho toujours en mouvement, n'a donc rien dont puisse s'effrayer l'homme anxieux de ne pas perdre le contact de ses semblables, en un temps de civilisation à outrance. Aussi ne faut-il pas s'étonner si un séjour de quelques mois à l'estancia fait partie du programme que la vie courante du propriétaire argentin impose, sans aucun regret, à toute sa famille. Le chemin de fer n'est jamais très loin, puisque c'est le rail qui apporte, avec la colonisation, tout le mouvement de culture. L'effort se poursuit normalement par la construction d'environ 500 kilomètres de voie ferrée par an. Les provinces de Buenos-Aires, de Cordoba, de Santa-Fé, qui fournissent à elles seules plus de 80 p. 100 de l'exportation des produits agricoles, sont bien entendu les plus favorisées. Et tout naturellement c'est sur la pampa, immense réservoir de toutes les énergies de fécondité, que se concentre le maximum de labeur pour l'accroissement des voies de communication.

On découvre qu'il n'est pas trop malaisé de se mouvoir dans le campo. Enfin, d'une estancia à l'autre, l'automobile roulant tantôt sur les routes tracées, tantôt sur le grand tapis de verdure où les barrières mobiles rompent l'arrêt des fils de fer, facilite à plaisir les relations de voisinage. J'ai dit que l'absentéisme était inconnu de l'estancia. Souvent le père de famille, si quelque raison le fixe à la ville, confie la direction du domaine à l'un de ses fils, qui utilise ainsi magnifiquement, en une œuvre passionnante, les belles énergies de la jeunesse et de la virilité. Quoi de plus naturel, pour toute la famille, que de se réunir, aux beaux mois de l'Été, sous les ombrages que peut offrir le grand foyer d'activité féconde, parmi les troupeaux en joie de vivre, dans la beauté des moissons enivrées du soleil ? Sous le ciel pur des longues matinées, dans l'air revivifiant qui jette le sang au cœur d'une force nouvelle, les jeunes chevauchées se succèdent sans fin. Au Brésil, j'ai entendu plaindre l'Argentin de n'avoir pas, lors des grandes chaleurs estivales, la ressource de la montagne. Les Andes sont trop loin, en effet, même depuis la construction du chemin de fer transandin (1), et les joies coûteuses d'un séjour à Mar del Plata sont vite épuisées. L'estancia offre un bel asile de paix active et féconde. La visite aux fermiers, qui empiètent peu à peu sur le domaine de l'estancia en achetant les terres prises à louage et en groupant les fermes pour la constitution des villages, l'inspection permanente des troupeaux (*rodeo*), la surveillance des moissons qui répandent précipitamment sur la pampa une surabondance de vie : quotidiens motifs de déplacements où l'utilité se mêle au plaisir. Les hautes meules s'accumulent, le grain tombe au ronflement des machines fumantes ; l'ancien bétail étique de la pampa fait place aux monstrueux durhams, aux herefords à belle tête blanche, aux percherons, aux boulonnais, aux moutons du Lincolnshire alourdis d'épaisse toison. Il n'est pas sûr que les plaisirs de Trouville ou de Vichy soient d'une catégorie supérieure. Peut-être même pouvons-nous croire que le *gentleman farmer* a pris le bon lot.

LA CHASSE DANS LA PAMPA

Je n'ai rien dit de la chasse. Il faut convenir que les ressources cynégétiques de la pampa sont supérieures à celles de nos chasses libres. Lièvres et perdreaux sont au programme, comme chez nous. M. Py m'a dit qu'il avait essayé

(1) Le chemin de fer transandin est en plein fonctionnement entre l'Argentine et le Chili. Quarante heures de Buenos-Aires à Valparaiso ou à Santiago.

d'acclimater la caille : vainement. Quelques milliers d'oiseaux lâchés en bon terrain ont disparu sans laisser de nouvelles. L'histoire du lièvre est fort différente. Des Allemands, il y a une cinquantaine d'années, lâchèrent des couples en divers points de la pampa, et ce même animal qui, dans son pays d'origine, ne peut donner qu'un ou deux petits par an, se mit à pulluler à la façon du lapin. Plusieurs portées annuelles, et combien fécondes ! Le résultat, désastreux pour la culture, c'est qu'on nous parle couramment de quatre-vingts à cent lièvres par hectare, et que vous ne pouvez circuler dans la pampa sans voir de grandes oreilles bondir de l'herbe à tout moment. La chair n'a pas bonne renommée, peut-être simplement parce qu'on néglige la précaution élémentaire qui suit la mort de l'animal en nos contrées. Le perdreau, plus petit que le nôtre, vit isolé. Chair blanche, plutôt fade. La Martinette (*Tinamou*), sorte d'intermédiaire entre la perdrix et le faisan, est le meilleur gibier de la pampa. On peut chasser devant soi sans courir le risque de bredouille. Le grand amusement, c'est le rabat à " la corde " et le coup de fusil tiré de l'automobile.

Le rabat ne peut se faire qu'avec des cavaliers. Une douzaine ou deux de péons se lancent au galop, — sans se préoccuper de savoir où peut être le gibier, puisqu'il est partout, — vont se rejoindre à perte de vue et reviennent à toute vitesse sur la ligne des chasseurs. Alors, avant que vous ayez pu entendre leurs cris ou découvrir leurs silhouettes à l'horizon, vous voyez surgir de la ligne incertaine où la terre et le ciel se rencontrent un torrent de formes désordonnées qui se ruent, s'entre-mêlent et se croisent dans toutes les directions. Proches ou éloignées ? On ne saurait dire, faute de points de repère. Au loin, toutes ces pointes noires sur le fond lumineux sont des cornes peut-être, et bientôt le corps même — parce qu'il est rapproché et que notre œil, inadapté, le croit lointain encore — prend des proportions fantastiques qui nous donnent, un moment, l'illusion d'un troupeau de bœufs. Puis soudainement la vérité se découvre. Vous avez devant vous quelques centaines de lièvres qui seront tout à l'heure à portée de fusil. Mais l'animal agile a découvert le danger, et, en moins de temps qu'il n'en faut pour le dire, la troupe, qui arrivait massée sur la ligne de feu, se disperse en coulée fluide à tous les coins de l'horizon, tandis que les nigauds de l'arrière-garde, lancés à fond de train, seuls continueront, de vitesse acquise, leur chemin jusqu'à vous. Ainsi le carnage qui s'annonçait follement se règle, pour chaque tireur, par dix ou douze coups de fusil plus ou moins heureux. Il n'en peut être d'autre sorte, puisque les fils de fer, destinés à contenir cheval, bœuf ou mouton, ne peuvent faire obstacle au gibier courant. Le jour où l'on voudra faire des destructions de lièvres, ce qui déjà serait vraiment nécessaire, il suffira de grillager trois côtés d'un enclos en poussant la battue sur l'ouverture. Dans l'état actuel, la seule vue de trois ou quatre cents lièvres fonçant sur le chasseur, même quand ils font volte-face en temps opportun, est un amusement recherché de l'Européen.

LA CHASSE A LA CORDE

La chasse à " la corde " a d'autres allures. Les péons à cheval se forment en ligne de rabatteurs à 100 mètres les uns des autres. Seulement, à la différence de nos battues, le rabatteur précède le chasseur, au lieu de marcher sur lui. C'est que chaque péon est relié à son camarade de droite et de gauche par un câble de fils de fer tordus qui balaie le sol, et en chasse toute bête vivante, pour l'agrément du chasseur placé derrière la corde dont il suit le mouvement à l'allure du cheval au pas. A dire vrai, le lièvre n'attend pas la corde pour détaler. Souvent même il part hors de portée. Mais l'abondance est telle qu'on n'a pas le temps de regretter une pièce échappée. L'important, c'est que les péons se tiennent bien en ligne : sinon chasseurs et cavaliers s'exposent à recevoir du plomb. A l'*Eldorado*, chez M. Villanueva, le cas s'est présenté deux ou trois fois dans une seule journée.

Le perdreau, toujours isolé, et la Martinette sont des oiseaux qui ne se lassent pas de piéter. On les voit courir devant soi, sans aucune hâte, avec l'évidente résolution de ne jamais s'envoler. Il n'est pas rare que le chasseur finisse par s'énerver à ce jeu et veuille précipiter l'aventure. Il m'arriva souvent de franchir impétueusement la corde et de courir sus à l'ennemi, qui, sans s'émouvoir, maintient les distances, ne vous donnant pas même la satisfaction de lui voir précipiter le pas. On cherche de tous côtés une pierre, un morceau de bois, une motte de terre qui déterminera l'envolée. Il n'y a dans la pampa ni pierre, ni morceau de bois, ni motte de terre. Pas d'autres ressources que des injures et des violences de gestes que ne suit aucun effet. La Martinette même a une façon de vous regarder de côté où s'exprime clairement son mépris de l'espèce humaine. Tous les cœurs généreux sensibles à l'outrage en ressentent justement un dépit. Précipitation de la course d'autant plus douloureuse qu'on a bientôt devant soi deux ou trois martinettes, et autant de perdreaux, qui se croisent à tout moment et qu'on ne sait plus à qui entendre, ou plutôt à qui faire entendre le coup de fusil : sans compter qu'en dépassant notablement la ligne vous devenez le meilleur point de mire pour tous les fusils chauds qui seront tentés du poil ou de la plume dans votre direction. De cette situation critique je ne connais qu'un moyen de sortir. C'est une bonne casquette lancée d'une main sûre à l'adresse de l'oiseau coureur. Il s'envole enfin et à bonne distance. Ce serait la victoire assurée, si cette course prolongée, sous un soleil, qui serait chaud même pour notre Été, ne vous avait mis hors d'haleine. Viser juste dans une crise d'essoufflement, on n'y réussit pas toujours. Par bonheur, perdreau et martinette ont le vol droit, bas et lourd : ce qui permet de regagner l'estancia sans être déshonoré. Telles sont les péripéties de cette chasse amusante où, sur toute la ligne, le feu est ininterrompu.

La marche se poursuit ainsi sans autre motif d'arrêt que la corde accrochée à quelque touffe d'herbe, ou la rencontre, pas très rare, d'une carcasse de cheval ou de bœuf occupée à rentrer dans le grand tout par la voie d'une décomposition trop lente. On passe, sans même avoir besoin de se boucher le nez, comme j'ai déjà dit, l'air purificateur de la pampa emportant dans l'immensité de ses puissantes vagues tout germe de maléfice, qui ne revient au sol que pour l'œuvre éternelle de fécondité.

Sans autre diversion que d'un *ombu* lointain, d'un bouquet de *paraisos*, d'un rancho ou d'un troupeau mouvant, la ligne meurtrière poursuit son chemin éternellement. Le terrain est bon pour la marche, et l'automobile, qui suit lentement à l'arrière, est toujours prête à recueillir le chasseur fatigué. Avant d'en arriver là, on n'échappe pas à la tentation de se délester peu à peu, sous les rayons du soleil, des pièces d'habillement qui deviennent bientôt superflues. Chemise et pantalon, c'est déjà beaucoup. Malgré tout, il faut prendre un temps de repos, et ce serait mal connaître M. Villanueva de douter qu'un véhicule chargé de provisions et de rafraîchissements ne soit à la disposition de la compagnie. Ces haltes ne sont pas sans charme à l'ombre — précieuse — de l'automobile, quand on a pris la sage précaution de se couvrir. Tous commentaires épuisés sur les incidents du jour, la poursuite est reprise ; mais, si vous êtes décidément à bout de forces, n'allez pas croire pour cela que le plaisir de la chasse soit nécessairement interrompu. L'automobile va prendre votre place derrière la corde des péons, et, sauf l'amusement de la course à la martinette, rien ne sera changé. Car la prairie sans fin est si bien en " tapis de billard " que l'occasion rare du cahot peut être aisément évitée, et qu'après les premières défaillances on arrive très vite à jeter le coup de fusil avec une suffisante moyenne de succès. Le lièvre continue d'en pâtir. La martinette et le perdreau se tirent plus aisément d'affaire. Il faut dire que le chauffeur expérimenté mène son train en conséquence. En tout cas la sûreté moindre du tir est pleinement compensée par le rare plaisir d'une *course reposante*, agrémentée d'une fusillade nourrie dans des conditions d'imprévu auxquelles nos chasses d'Europe ne nous ont pas accoutumés.

Mieux encore. Le jour s'éteint lentement. La dislocation va se faire et la chasse n'en continuera pas moins son cours. Dernière halte. Les péons silencieux sont réunis pour le bonsoir. Des saluts muets s'échangent avec de sobres gestes de courtoisie, et l'ordre est de mettre le cap sur l'*Eldorado*. Mais quoi ! La lumière ne fait pas encore défaut. Que pensera le gibier si, quand l'automobile l'oblige à gagner du champ, nous avons l'air de l'ignorer ? Nous voilà donc décrivant de grandes randonnées, compliquées de zigzags et de volteface, suivant que le terrain paraît plus ou moins favorable au gibier. Et c'est un beau massacre, car les lièvres partent de tous côtés. Martinette et perdrix, au plumage sombre, n'ont plus rien à craindre de nous. Dans la lumière atténuée du couchant, le lièvre est encore un très beau point de mire, et le pluvier et le faucon nous offrent encore des diversions supplémentaires. Le petit hibou joyeux seul trouve grâce devant l'instrument meurtrier. Et quand " l'obscure clarté " du poète ne nous laisse plus d'autre ressource que de nous tuer les uns les autres, une pitié, ou peut-être la crainte du dernier supplice, nous arrête enfin. Les bonnes bêtes cornues s'écartent sur notre passage, fixant sur nous des yeux stupidement doux qui n'éveillaient pas même nos remords, et, sous la brise qui fraîchit, dans le vide noir du ciel et de la terre, nous faisons irruption parmi les lumières de l'*Eldorado* hospitalier.

Cette simple histoire d'une chasse dans la pampa n'a que le mérite tout nu d'être strictement conforme à la réalité. Les Argentins pourraient se contenter des plaisirs qui leur sont ainsi offerts, en toute saison, car le garde champêtre est inconnu dans ces régions à mi-chemin du monde civilisé et de la sauvagerie. Mais l'homme ne sait pas se contenter de ce qu'il a sous la main. C'est pourquoi le riche estanciero se fait péniblement expédier, par milliers, des faisans de nos chasses et se donne un mal infini pour les faire reproduire en ses parquets. Dans les régions épargnées de la sauterelle, on les lâchera prochainement au bois, et l'Argentine sera fière d'avoir des chasses semblables à celles de Saint-Germain. En prévision de ce malheur, j'ai consigné le souvenir d'un temps dont, alors, on parlera comme d'un âge disparu.

X

ROSARIO DE SANTA-FÉ ET TUCUMAN

EN cet immense pays d'activité débordante, un voyageur qui ne dispose que de quelques semaines ne peut prétendre à des observations complètes et détaillées. Je ne dis que ce que j'ai vu, mais on a pu s'apercevoir que je ne me fais pas faute d'interpréter ce qui se présente à mon observation, pour essayer d'en induire la valeur sociale. C'est la méthode subjective, pleine de péril assurément, mais profitable par les lumières qu'elle peut semer sur son chemin, lorsqu'il en est fait usage avec prudence. Mon bon ami Jules Huret, qui a entrepris de faire connaître aux Français, en dépit d'eux-mêmes, des pays dont les détourne une criminelle incuriosité, a pu s'attribuer tout le temps nécessaire pour colliger un nombre incalculable d'observations et les soumettre directe-ment à nos regards selon les lois rigoureuses d'une méthode purement objective. On sait avec quel succès il a réalisé son dessein pour l'Amérique du Nord et pour l'Allemagne. Hommes et choses, grâce à lui, ont si bien défilé sous nos yeux qu'il faut craindre, à mon avis, que beaucoup de Français, ennemis des voyages, ne se croient dispensés par le scrupuleux écrivain d'aller chercher sur place le coup de la sensation directe dont rien ne peut remplacer l'effet sur

(169)

les couches profondes de l'intelligence. Huret a publié dans le *Figaro* tout ce qu'il a consigné d'observations au cours d'un voyage d'une année en Argentine. J'y ai appris, j'y apprendrai certainement beaucoup de choses, et je ne puis que recommander à tous la lecture de ces excellentes pages. L'humanité, pourtant, se meut aujourd'hui d'une vitesse accélérée, et ce que l'homme cherche principalement dans le fait du jour, c'est une prévision des voies du lendemain pour l'orientation des activités de toute heure. Le " fait du jour ", qui prend de plus en plus d'importance dans la presse, aux dépens des théories, vaut surtout, cependant, par la révélation qu'il nous apporte d'un aspect des lois générales dont, pour tant de raisons, nous souhaitons d'avoir au moins un aperçu. C'est l'intérêt vivant de nos inductions provisoires, quoi que prononce sur elles l'avenir, puisque nos " vérités " ne sont jamais que des éliminations successives d'erreurs.

Ces remarques, pour expliquer mon état d'esprit quand, à la veille de quitter Buenos-Aires, j'eus à fixer un itinéraire que le temps dont je disposais me forçait à restreindre déplorablement.

On m'avait dit : A Cordoba, vous verrez une ville de moines. Mendoza vous offrira le spectacle charmant des beaux cours d'eau bordés de peupliers, des vignes partout, avec un remarquable outillage de la grande industrie viticole. A Tucuman, des champs de canne à sucre, avec les usines qui les mettent en œuvre, et l'entrée de la grande forêt. Des irrigations, des peupliers, des vignes, même des moines, j'en avais déjà vu. C'est pourquoi, sans hésitation, je mis le cap sur Tucuman, avec un temps d'arrêt indispensable à Rosario, la seconde ville du pays argentin.

LE PORT DE ROSARIO

Par son aspect extérieur, Rosario de Santa-Fé ne se différencie pas sensiblement de Buenos-Aires. Même architecture fleurie, même souci de faire grand, même activité de labeur, en de moindres proportions naturellement. La raison d'être de Rosario, c'est son port, commandant le Parana. La cause du prodigieux accroissement de la ville, c'est la construction des nombreuses lignes de chemins de fer qui ont suscité un immense développement d'agriculture dans les provinces de Santa-Fé, de Cordoba, de Santiago del Estero, dont elles drainent les céréales (la moitié de l'exportation totale de l'Argentine pour les grains), tandis que le Parana offre une voie fluviale de plusieurs milliers de kilomètres au cabotage du haut fleuve et du Paraguay jusqu'à l'embouchure du Rio. On ferait un volume sur les travaux du port exécutés par une compagnie française sous la direction d'un de nos excellents compatriotes, M. Flandrois, originaire de mon village vendéen. Ces sortes de rencontres à l'autre bout du monde sont d'un charme particulier. On a navigué de longs jours et, l'imagination aidant, on se fait des prodiges de l'inconnu. Après des péripéties, la toile se lève et le premier visage qui se présente, la première voix qui se fait entendre évoquent le pays natal. Des noms, des images, des souvenirs, surgissent pour retentir au plus profond de l'âme en émotions inattendues. Fallait-il donc venir si loin pour se retrouver soudainement tout près de la terre dont aucun voyage ne peut détacher ! Jusque dans les montagnes du Brésil n'ai-je pas rencontré une aimable Vendéenne avec ce bel accent de langue d'*oïl* dont s'imprègne le verbe de notre Rabelais ? Quand Sancho, du haut de son *chevillard*, voyait la terre grosse comme un grain de mil, il avait mieux que nous le sens des proportions. Seulement les hommes, au lieu d'être, ainsi qu'il crut voir, " noisettes " sur millet, ne sont vraiment que d'imperceptibles particules contraintes de se heurter, dans un champ si restreint, au moindre mouvement.

Cette vue de philosophie ne m'enleva rien de mon grand plaisir à rencontrer en M. Flandrois un homme, modeste autant qu'aimable, qui fait honneur au nom français. Le port fut visité dans tous ses détails avec le complément obligatoire de la promenade en bateau. Tout ce que j'en puis dire, au cours de ces notes hâtives, c'est que, si les travaux, dont on trouvera l'exposé dans maintes publications techniques, ont rencontré de très grosses difficultés, ils n'en ont pas moins été menés à bien avec une obstination d'énergie et une sûreté de méthode admirables (1). Partout accostés au quai, les grands *cargo-boats* anglais et allemands (parmi lesquels, hélas ! je n'ai compté qu'un seul français) chargent à raison de 800 tonnes de grain à l'heure. Le concours pour la construction du port est de 1902. Il avait été prévu pour un mouvement de 2 500 000 tonnes, et l'on croyait alors que ce chiffre ne serait pas atteint avant une trentaine d'années. Dès 1909, il était dépassé, et des travaux d'agrandissement furent tout aussitôt concédés à l'entreprise française. On s'explique aisément que dans ces conditions une ville de 23 000 habitants en 1869 en compte près de 200 000 en 1910. On comprend aussi la rivalité qui met aux prises la seconde ville de la République avec Santa-Fé, la capitale historique de la Province. Rosario se plaint, avec quelque apparence de raison, que l'énorme part de taxes versées par elle dans les caisses publiques ne lui profite pas dans la proportion à laquelle son chiffre de population lui donnerait droit. La déplorable insuffisance des établissements scolaires de Rosario est surtout un sujet de vives récriminations. Je ne puis croire qu'à ces justes revendications il ne soit pas fait droit prochainement.

Je ne pourrais rien dire de la beauté éventuelle de la ville. Quand je la vis, elle était bouleversée de fond en comble par des travaux de terrassement, grâce auxquels on la verra bientôt dotée, j'aime à le croire, de parcs qui feront l'admiration des voyageurs. Un excellent hôtel, très moderne, m'a paru de bon augure. L'accueil, comme toujours, a dépassé ce que je

---

(1) Il n'est besoin que d'un mot pour donner une idée de l'outillage : 5 kilomètres de quais et 81 kilomètres de voies ferrées pour le service du port. Le grand élévateur est d'une capacité de 3 000 mètres cubes. Il peut recevoir du Parana 50 tonnes et du chemin de fer 500 tonnes par heure.

pouvais souhaiter. En raison même des travaux de la municipalité, je trouvais la ville au plus fort d'une crise de spéculation sur les terrains. Je n'entendais parler que d'histoires
fabuleuses, à ce point que je fus tout près d'acheter pour
quatre sous quelque poignée de terre qui, sans doute, vaudrait
aujourd'hui, ou même plus tard, une centaine ou deux de
millions.

AGRICULTURE ET POLITIQUE

Si l'incroyable accroissement de la production des céréales
a fait la fortune de Rosario, il ne faut pas croire que la province de Santa-Fé néglige l'élevage. Un heureux hasard a
voulu que mon arrivée coïncidât précisément avec l'ouverture du grand concours annuel de bestiaux. Grâce à l'obligeance du président de la Société agricole, qui se trouve être
un des hommes politiques les plus distingués, non seulement
de la Province, mais de la République elle-même, j'ai pu, tout
en m'éclairant sur maintes questions d'ordre général, admirer
des produits qui n'auraient pas déparé les plus belles de nos
expositions européennes. En chevaux et en bêtes à cornes, les
provinces environnantes avaient envoyé quelques-uns de leurs
plus remarquables échantillons. Toujours surabondance des
plus belles races anglaises, ce qui n'empêche pas notre cavalerie normande d'être très bien représentée. Pour tout dire,
étant donné le double caractère de mon aimable guide, non
moins éminent comme homme d'État que comme éleveur, la
politique, au cours de la conversation, ne fut pas sans faire
tort à l'agriculture. Grâce à quoi j'eus bientôt découvert que
mon souriant interlocuteur, M. Lisandro de la Torre, était
le chef d'un parti vigoureusement lancé à l'assaut de la majorité présente, dont la puissance se fonde, affirme-t-il, sur les
mauvaises mœurs administratives que j'ai déjà signalées, par
exemple la tendance à user et à abuser de l'autorité pour
" faire marcher " le corps électoral inhabile à organiser la
défense de l'intérêt général contre les coalitions d'intérêts

particuliers (1). " Mal qui répand la terreur ", c'est le cas de le dire, mais dont Rosario n'a peut-être pas la spécialité. Sur ce thème, l'homme politique, d'esprit clair, de parole concise et d'accent énergique, entreprit de débrider la plaie, sous mes yeux, par quelques incursions rapides en terrain ennemi. Et je me réjouissais pour l'Argentine que des abus qui, dans une proportion plus ou moins grande, se retrouvent aux vieux pays, et dont le plus sûr remède est dans le développement des énergies privées, aient pu susciter en cette société nouvelle des précisions d'intelligence et des déterminations de volonté comme celles dont le spectacle m'était présentement offert. En toute forme de gouvernement, un pays ne vaut que par les hommes, c'est-à-dire par la somme des énergies désintéressées. Un peuple capable de mettre en ligne des développements de pensée et de caractère comme ceux dont parfois la manifestation m'a frappé, au cours de mon voyage, peut aborder en pleine espérance les problèmes de l'avenir.

Comme je tiens à ne rien laisser dans l'ombre, je dois confesser ma surprise lorsque, à Rosario comme à Tucuman plus tard, je recueillis d'étranges propos sur des chances de révolution. " Tel chef militaire était mécontent, et si satisfaction ne lui était pas donnée, on pourrait redouter un mouvement. Des dépêches du gouvernement prescrivaient de veiller sur les dépôts d'armes, etc., etc. " J'eus bientôt acquis la conviction qu'il n'y avait là que les derniers retentissements de l'ancien état d'esprit sans aucune correspondance profonde à la présente réalité.

A Rosario, nous ne sommes pas encore détachés de la vie de Buenos-Aires. Aujourd'hui le trajet de l'une à l'autre

---

(1) Un meneur très connu de la province de Buenos-Aires, me parlant d'une récente élection, me disait : " On m'a reproché d'avoir eu recours à l'argent. J'ai imposé silence à mes adversaires en les sommant de dire quels autres moyens d'action ils m'avaient laissés. " Même en faisant la part d'une exagération naturelle en pareil cas, il n'y a pas moins là une indication à retenir.

ville (300 kilomètres) se fait en cinq heures. Le supplément de parcours qui nous mettra dans la ville de Tucuman, à 1 100 kilomètres de la capitale, nous donnera la sensation d'un changement de contrée.

LA POUSSIÈRE ARGENTINE

Au réveil du matin, par un beau soleil, ma première découverte est que nous voyageons dans un nuage de poussière qui oppose une barrière impénétrable à la vue. Avec une amabilité dont je ne puis trop le remercier, le président de la République, M. Figueroa Alcorta, a bien voulu m'offrir son propre wagon pour la commodité du voyage. J'ai bien dormi dans un excellent lit, fenêtres soigneusement closes et rideaux tirés. Mais la poussière argentine ne connaît pas d'obstacles. C'est pourquoi la parole du Livre, qui nous prédit que nous retournerons à la poussière, me paraît accomplie. Ma belle chambre à coucher, mon luxueux cabinet de toilette, avec sa douche invitante, mes effets, mon bagage et moi-même, nous sommes ensevelis sous un voile épais de fine poussière rouge, sinistre à voir, mais plus fâcheuse encore à respirer. Oui, pendant que je dormais en confiance, d'impalpables particules des choses s'emparent du train, des voyageurs et de tout ce qui peut apparaître du monde extérieur à leurs yeux empoudrés. Les gares, une meule de poussière rouge ; l'homme, une colonne de vermillon en marche ; le cavalier, le véhicule, un tourbillon. Horreur ! au plus profond de ma valise, une belle chemise blanche apparaît rougissante comme une jeune vierge surprise. Je fais ma toilette au savon rouge avec serviettes rouges sur un visage de pur carmin. Ainsi s'explique, sans aucun doute, la coloration de l'Indien.

Tucuman est en vue. Tucuman, patrie de Cacambo, le fidèle serviteur de Candide. On n'a pas oublié que le gouverneur de Buenos-Aires, tendre aux appâts de la belle Cunégonde, était sur le point de faire un mauvais parti à Candide quand notre héros fut tiré d'affaire par les bons soins de Cacambo. Mais ce qui marque bien la différence des temps, c'est que Candide et Cacambo, dans leur fuite, s'arrêtèrent en " une belle prairie entrecoupée de ruisseaux ", où leur arriva la douloureuse aventure des deux grands singes et des Oreillons, tandis que pour nous, prairies, ruisseaux, singes et Oreillons se confondent en un poudroiement universel. J'écarquille les yeux pour découvrir quelque partie de paysage. Une forêt dévastée, achevant d'expirer dans un nuage d'écarlate. Un bétail étique se nourrit d'argile apparemment. D'énormes cactus en arbres. Des troupes de petits oiseaux blancs à bec rose dénommés *Veuves* (*Viudas*) et, de temps à autre, la beauté des vols de perruches caquetantes qui allument au soleil, dans l'air poussiéreux, des éclairs de vive émeraude.

La Marseillaise ! Le drapeau tricolore ! Le gouverneur, la colonie française. C'est la réception de Tucuman. Saluts, poignées de main, souhaits de bienvenue avec un mot de souvenir à la patrie. Excellente automobile officielle, mais désastreuses rues où le meilleur *pneu* trouve tant d'obstacles à boire qu'il en est bien vite enivré, comme l'atteste une titubation continue.

La première sensation de Tucuman, après les cahots de la rue, est de terre coloniale. Les *demi-maisons* partout, d'aspect hâtif, mais charmantes par le *patio* et très confortables par la disposition des appartements à l'ombre des feuillages. En ses métis, l'Indien est roi de Tucuman, " Jardin de la République ", où les femmes, dit-on, sont plus belles que les fleurs. Partout, en effet, ce ne sont que visages bronzés où s'allume, en deux yeux impassibles, la flamme du diamant noir. Un long regard appuyé dit je ne sais quoi qui n'est pas de l'Europe. Simplicité, dignité, rareté des paroles, lenteur du geste : une imposante harmonie de caractère. J'ignore si quelque jour la race dominatrice atténuera, effacera les traits de l'indigène. Jusqu'ici rien ne paraît user l'empreinte indélébile du sang américain. Quelques femmes sont d'une rare beauté.

UNE SUCRERIE FRANÇAISE

La colonie française à Tucuman est plus importante que je n'avais supposé. Je lui rendrai visite au retour de Santa-Ana, où je vais voir le domaine de M. Hilleret. J'admire au passage les grandes avenues bien tracées, la place de l'Indépendance où s'élève la statue du général Belgrano, en souvenir de la bataille de Tucuman (1812), et le nouveau palais du gouvernement, qui a grand air. De 60000 à 80000 habitants. Ville très commerçante. Pays accidenté. Hautes montagnes. Plaines fertiles très favorables à la culture de la canne, du tabac, de l'orange et des plus belles fleurs. Grandes et nobles forêts qu'on dévaste impitoyablement pour alimenter les usines. Culture ininterrompue de cannes jusqu'a Santa-Ana, où M. Hilleret, venu en Argentine dans une équipe d'ouvriers pour la construction des chemins de fer, a fondé une fabrique de sucre (1) qui lui a permis — le régime protectionniste aidant — de laisser à sa mort beaucoup de millions. Nous sommes reçus en magnificence dans une hospitalière maison où se révèle le goût d'un architecte parisien (2). Parc, jardins artistement plantés où les sauterelles ont laissé trop de traces de leur passage. J'admire particulièrement les belles touffes de bambous et les faux cotonniers avec leurs grosses boules de duvet blanc au bout des branches, où le roucoulement d'une minuscule colombe grise donne l'illusion d'une douce plainte d'enfant.

Que dirais-je de l'usine qui ne fût déjà connu de tout le monde ? Elle est admirablement tenue. La canne mécaniquement déchargée s'engage sur des glissières qui la jettent sous les rouleaux broyeurs. 2 000 ouvriers sont au travail. Métis

(1) L'industrie sucrière en Argentine ne remonte pas à plus d'un demi-siècle. La superficie plantée en cannes s'élève à 70000 hectares environ, travaillés par trente et une usine dont la majorité est établie dans la province de Tucuman. La production totale est évaluée à 130000 tonnes.

(2) N'est-ce pas une surprise de trouver dans le hall d'une habitation de Tucuman le moulage des plus beaux bustes du Louvre et de la Comédie-Française ?

(177)

2

pour la plupart. Quelques Indiens pur sang. Un petit nombre de contremaîtres français. Spectacle pittoresque des troupes de femmes, jeunes et vieilles, suivies d'un cortège d'enfants, venant se pourvoir le matin aux magasins de vivres en des écuelles de terre ou de bois qui se chargent sur la tête, tandis que des haillons colorés, souillés de taches violentes qui sont comme un piment de parure, décorent de plis flottants des visages figés de métal bruni où toute l'expression se trouve concentrée dans le sombre feu du regard.

Les agglomérations des demeures ouvrières sont indescriptibles. Des deux côtés d'une large avenue s'alignent de petites maisons basses d'où toute notion d'hygiène, ou même du confort le plus rudimentaire, paraît impitoyablement bannie. Tanières de refuge plus qu'habitations proprement dites. Des femmes, des vieillards, vautrés dans la poussière, la *bombilla* aux lèvres, sont immobiles dans l'extase du *maté*. Marmites ou chaudrons bouillants parfument la voie publique d'ineffables aromes, cependant qu'au seuil obscur se dresse, sans geste et sans voix, la figure fièrement drapée de la gardienne auguste des mystères du foyer. Selon nos idées d'Europe, ces gens sont misérables. Le climat, pourtant, leur apporte des facilités de vie où ils paraissent trouver des joies. Il nous sera permis de concevoir pour eux un avenir de civilisation supérieure par le moyen d'une part plus rémunératrice dans l'œuvre qu'ils contribuent à édifier de leur labeur. Les lois de protection ouvrière sont inconnues en Argentine : ce qui s'explique par la médiocrité du développement industriel. En dépit de l'universelle commodité de vivre sous un beau ciel, et bien que les chefs d'industrie m'aient paru humainement et même généreusement inclinés, je ne puis croire que de grandes usines, comme celles que j'ai vues, puissent longtemps subsister sans que la question ouvrière soit posée devant les législateurs. Les membres du parlement que j'ai interrogés sur ce point m'ont manifesté à la fois des dispositions favorables et une certaine tendance à escompter la collaboration d'un temps indéterminé.

La locomotive nous permet de faire sans fatigue la visite des champs de cannes. Nous croisons des attelages de six et neuf mules — poussière jusqu'aux genoux — emportant à l'usine les charges trop éloignées de la voie ferrée. Les conducteurs, en postillons, lèvent le fouet avec un cri guttural qui dispense d'achever le geste menaçant. Mais qui aurait jamais cru que, pour faire un simple morceau de sucre, il fallût tant de poussière ! Dans les champs, les péons, armés de grands couteaux qu'ils portent habituellement derrière le dos, fichés dans leur ceinture, abattent et taillent dextrement, en deux coups nerveux du tranchant, le bâton attendu du pressoir, tandis que feuilles et parties de tige restantes s'alignent sur le sol pour l'alimentation du bétail.

A l'arrêt, nous avons devant nous cinq ou six cases délabrées où prospère l'abondante progéniture de quelques coupeurs de cannes. L'aspect désordonné d'un campement de fortune, et, vraiment, ce n'est pas autre chose. Ces huttes, construites de débris rencontrés au hasard, ont pour unique règle d'architecture de ménager, pour la circulation de l'air, un intervalle de 30 à 40 centimètres entre le toit et la palissade que je n'ose appeler muraille. Ainsi l'on peut à la rigueur dormir en cet enclos sans éveiller l'envie des créatures à quatre pattes heureuses sous le dais étoilé. Des enfants, des cochons et des ânes en familiarité de toutes parts. Des femmes portant le dernier né apparaissent aux seuils, comme frappées de stupeur à l'aspect d'étrangers. En mon langage qu'elle juge, sans doute, de barbarie, je demande à l'une d'elles l'accès de sa demeure. Elle s'efface devant mon geste et je m'arrête au premier pas. Des planches sur des tréteaux sont tout l'ameublement, avec des chiffons également propres (dans leur malpropreté insigne) aux rôles de vêtements, de matelas ou de couverture. Foyer mouvant de cuisine en plein air, tandis que quatre pieux fichés en terre et surmontés de n'importe quoi figurent, avec des troncs d'arbre pour sièges, un ameublement de salle à manger. Répandus sur le sol, des ustensiles pour l'usage commun de toutes les créatures. Incident. Un petit enfant tout nu qui se délectait d'un bâton de canne à sucre s'est vu ravir sa friandise par un petit goret noir plein de vigueur. Dispute, cris. Bipède et quadrupède sont aux prises, et l'émotion réagit de telle sorte sur les fonctions de la vie végétative que c'est le petit enfant qui trouve moyen de salir le jeune cochon. Protestations de ce dernier. Et, comme il n'y a pas de justice sur la terre, le morceau de la canne reste au voleur, tandis que le petit enfant se voit emporter dans les cris vers les indescriptibles haillons dont l'odorante moiteur réconfortera, la nuit venue, son sommeil.

M. Edmond Hilleret, le fils aîné du fondateur de l'usine Santa-Ana, nous avait promis le régal d'une chasse au tapir. Trois jours de campement en forêt n'étaient pas pour nous effrayer. Mais un membre de la Société protectrice des animaux m'avait vivement représenté la honte de lâcher des chiens sur une bête inoffensive, et la Providence, en des vues identiques apparemment, ayant affligé le chasseur en chef d'un accès d'appendicite, suivi d'opération, notre cynégétique se trouva dirigée plus modestement sur les perroquets. Je parle pour mes compagnons, car, en ce qui me concerne, je déclarai ma ferme résolution d'une visite pacifique aux oiseaux de la forêt.

LA FORÊT VIERGE ET LES PERROQUETS

Péons à cheval et voitures légères s'élancent dans un océan de poussière. Il ne s'agit que d'être en tête du cortège pour laisser aux camarades le soin de se saupoudrer les poumons. Des amis exempts d'altruisme m'ayant imposé cette expérience au départ, je ne manquai pas de les soumettre à la même épreuve dans la course du retour. La forêt, qui n'est qu'une dépendance de l'usine, est communément dénommée " forêt vierge ", pour la pompe du discours. Mais mon souci de la vérité m'oblige à reconnaître qu'elle n'est pas même demi-vierge, puisque troupeaux en paturage dans les clairières, péons surveillants, bûcherons et colons ne cessent d'arracher ses voiles à toute heure pour la satisfaction d'une brutalité qui n'est jamais assouvie. Telle qu'elle est pourtant, avec son inextricable fouillis où la hache seule permettrait de se faire un chemin, avec ses grands bouquets fleuris, avec ses vieux arbres envahis d'une folle végétation de parasites tantôt retombant pour chercher la terre, tantôt dardant vers le ciel d'éclatantes fusées de couleurs, elle se présente encore en merveilleuse beauté.

L'étonnement est de cette nuée de parasites, si divers de formes, de couleurs, de mouvements, de volontés de vivre à travers tout, qui, du tronc aux plus fines ramures, envahissent l'arbre géant d'un monstrueux grouillement de végétations nouvelles. La branche morte que nous foulons aux pieds a gardé jusque dans la décomposition finale le frêle et résistant parasite fleuri qui la décorait au plus haut des cimes. L'arbre n'est plus un arbre, c'est un Laocoon tordu, dans une tourmente de fureur, sous l'assaut implacable d'un océan de vies profondes dont le flot souverain ne connaît point de digue. Et quand, de quelque côté que vous portiez les yeux, partout ces grands monstres velus s'efforcent désespérément en gestes de gigantesque énergie, s'affrontant, se heurtant dans un drame de silencieuse violence, la plus puissante sensation vous vient de l'immense, de l'éternelle bataille pour l'existence, du plus haut des sommets de verdure jusqu'aux souterrains couloirs d'où s'élance toute volonté d'être. Et voilà que, pour épisodes de l'universelle tragédie, de beaux oiseaux égaient de brillantes couleurs le sombre enchantement de ce muet tumulte de vies angoissées par l'effort d'une victoire qui ne peut s'achever que dans la mort. Faute d'avoir appris à se garder des traîtrises de l'homme, les pies royales du Paraguay, tout en vives couleurs, s'arrêtent aux branches du chemin pour s'ébahir de nous comme nous nous étonnons d'elles. Déjà, dans la grande clairière, des coups de feu ont retenti ; c'est le salut de notre équipe aux hôtes de la forêt.

Perroquets, mes amis, gagnez du champ à tire-d'aile, loin de la horde ennemie.

Mais le perroquet précisément se plaît aux clairières parce qu'il est ravageur, à l'exemple de la créature humaine, pour la satisfaction de son appétit. Quand la troupe s'abat sur un verger, adieu la récolte de fruits. Notre clairière est vaste, habitée par une petite colonie de cultivateurs dont les baraques sont installées près d'un ruisseau sur le talus d'une prairie. Champs de maïs jonchés de tiges mortes. Bétail errant au gré de son humeur. Dans un verger, deux orangers — les plus hauts que j'aie vus — constellés d'innombrables boules d'or. Près d'un puits, sur une barre de bois, un perroquet vert à tête rouge, hérissé, malheureux, exultant de mépris pour l'espèce humaine.

Attirées par le bruit, deux femmes étonnées surgissent d'un taudis noir. L'une d'elles retient les yeux tant par la beauté de ses lignes que par la noblesse de ses attitudes et la chaude coloration cuivrée de son visage. C'est une métisse à égale distance des deux races, pourrait-on croire. Les cheveux drus, d'un noir violent, descendent en tresse sur ses épaules. Un ruban rose, qui entoura peut-être quelque paquet de biscuits, est venu jusquà' elle, et, d'instinct, elle a su le disposer en bandelette, rayant d'une strie de lumière la sombre chevelure. Toute droite dans sa simplicité de demi-sauvage, sans une parole, sans même un geste de salut, sans rien qui trahisse l'embarras ou la pose, elle se présente à nous pour voir et ne paraît désirer rien de plus. Ses traits sont réguliers et fins selon les lois de l'esthétique européenne. Deux ou trois grains de petite vérole où s'est amassé le pigment lui font une mouche violente où s'avive la rougeur lumineuse d'un beau fruit mûr. De la race autochtone toute l'âme transparaît dans ses yeux d'obscurité flambante chargés des sensations d'âges trop primitifs pour notre compréhension vieillie. L'étonnement du ruban rose et le malaise causé par ce regard de domination ingénue sont peut-être tout ce qui fait son charme. Mais, quelle qu'en soit la cause, l'effet ne se discute pas. Jeune fille ou femme, on ne saurait dire. Ce moment incertain marque souvent d'un trait de force l'éclat de la puissance féminine. En ferai-je l'aveu ? Des bottines à élastiques, qui furent neuves peut-être il n'y a pas plus de deux années, m'inspirèrent des craintes sur la rigidité des principes de la belle inconnue. Dans un pays où j'ai dû confesser mes doutes sur la virginité des forêts, qui sait pour ce ruban et pour ces élastiques ce qu'une vierge aura donné ?

Je m'arrache à ces mauvaises pensées pour m'enfoncer dans la forêt où m'appelle le caquetage des perroquets, non sans m'être pourvu, pour viatique, d'une orange cueillie au passage qui, fraîche et parfumée, me laissa un souvenir dont les délices ne sont pas inférieures au charme ardent de la jeune beauté. Je revenais lentement sous le lourd soleil de la clairière, tout à l'admiration des grands vols de perruches aux éclatantes couleurs, quand de malencontreux coups de fusil soudainement me rappelèrent aux funestes réalités de notre race mauvaise. Un de nos compagnons, armé de pied en cap, s'était glissé sous les broussailles jusqu'au pied d'un arbre où des perroquets tenaient parlement. C'est là qu'on vit bien le danger de cette institution redoutable, puisque cinq perroquets tombèrent sous le plomb meurtrier. Je tiens bon pour le parlement, en dépit d'une organisation défectueuse, et pour les perroquets qui s'assemblent aux branches afin de parlementer. J'ignore ce qu'ils ont à se dire, mais, si j'en juge par le bruit, comme chez nous, cela doit être d'importance. Lorsque nous les amenons à parler notre langue, je reconnais qu'ils prononcent des mots sans les comprendre. J'ai rencontré des humains dans ce cas, qui avaient moins d'excuses que l'oiseau de la forêt. Enfin un trait remarquable de caractère, c'est que le perroquet est altruiste au plus haut point, puisqu'il affronte hardiment le péril pour apporter à son semblable en détresse l'aide du geste et de la voix. Un perroquet blessé, la troupe, qui s'est envolée au coup de feu, revient en grand tapage au lieu du crime, injuriant le chasseur et invoquant la justice des dieux sourds. Que de nouveaux coups de fusil fassent un supplément de victimes, la bande n'abandonne pas son œuvre de secours, source de nouveaux attentats.

C'est ce qui vous explique comment, revenu à mon point de départ, je vis à terre un beau perroquet vert à tête rouge dans la paix de la mort, et deux ou trois de ses camarades traînant de l'aile et sautillant avec des onomatopées de malédiction à l'adresse de l'espèce humaine. Je crains qu'ils n'aient figuré au souper de la colonie. La jeune femme au ruban rose, pour qui ce spectacle peut-être n'était pas nouveau, nous considérait, nous, comme la curiosité du jour. A côté d'elle, un des oiseaux blessés avait grimpé sur une souche et s'était mis, sans transition, dans la familiarité d'un enfant. Elle n'y prenait pas garde. Son regard d'inter-rogation semblait chercher des formes de pensée pour lesquelles sa langue ne lui fournissait pas d'expression. Moi aussi, j'aurai voulu lui parler, connaître quelque chose de son histoire, de ses sensations du monde, des idées qui la pouvaient mouvoir. Pas de mots pour poser ces questions, puisque je ne sais ni l'espagnol ni le *guarani* (1). D'un mouvement rythmé elle se dirigea vers sa hutte et revint tout aussitôt prendre place dans notre cercle, ayant sur l'épaule une minuscule perruche grise, placée là, semblait-il, pour une amorce de conversation. Sur ses doigts fins qu'ont eût dits teints de henné, l'oiseau provocateur vint se poser en battant des ailes, et je me risquai à lui chercher noise sans que le plus léger pli de sourire eût mis sur la face impassible un accent d'émotivité. La longue main rouge s'avança lentement pour conserver le contact de l'oiseau et, l'heure de retour sonnant, nous nous quittâmes pour toujours dans l'embarras de questions informulées.

Le lendemain, promenade au Salto, une autre clairière

(1) Nom d'une peuplade indienne, par lequel on désigne ce qui subsiste de la langue des indigènes.

de la forêt égayée d'un torrent où la pêche à la dynamite nous procura un excellent déjeuner. Quelques coups de fusil sur des éperviers qui furent dénommés aigles pour la circonstance. De grands oiseaux bleus passèrent se moquant de nos chasseurs qui, en désespoir de cause, finirent par tirer sur des poissons imaginaires. De marcher en forêt l'idée parut à quelques-uns saugrenue, et tandis que je m'aventurais avec deux compagnons, quelle occupation plus naturelle, quand on vient du bout du monde pour visiter une forêt presque vierge, qu'une bonne partie de *poker* ! O joies du voyage moderne inconnues des premiers explorateurs !

Cependant j'allais au hasard, devant moi, au risque de perdre l'orientation. Un moment, je fus sur le point de connaître la joie, qui n'est pas sans mélanges, d'avoir perdu mon chemin. Je me voyais déjà réduit à chercher anxieusement dans les branches le nid de l'ornero dont l'ouverture se trouve toujours au nord, lorsqu'un de nos compagnons me montra sur tous les troncs une petite traînée de lichens, d'un gris bleuâtre, indiquant, sans le secours de l'oiseau, la direction du vent chaud qui vient nécessairement du nord. Enfin pour compléter mon éducation, il voulut bien supposer que j'avais soif et, me conduisant à une grande broméliacée, parasitairement installée à hauteur d'homme sur une grosse branche, il enfonça dextrement son couteau à l'aisselle des feuilles, d'où jaillit un jet d'eau fraîche légèrement aromatisée comme d'un fin jus d'herbe. Le sorbet du voyageur ! Quelques instants après nous faisions la rencontre d'un péon sur sa mule qui, plus sûrement encore que lichen et oiseau, nous mettait dans le droit chemin.

A Lulès fut installée la première sucrerie fondée par M. Hilleret. Nous y trouvâmes une belle forêt, plus sauvage que celle de Santa-Ana, avec la merveille de grands arbres fleuris en bouquets tantôt blancs, tantôt d'un violet clair, ou roses. Jardins et parc où, sous la direction d'un jardinier français, tous les arbres fruitiers de la zone tropicale se rencontrent, depuis la banane et le café jusqu'à la mangue, la *chirimoya* et mille autres végétations bizarrement dénommées, plus propres à surprendre les yeux qu'à charmer le palais. Danses nationales, le soir, dans le jardin. Les gestes conventionnels de la danse sont à peu près les mêmes en tous pays, condamnés que nous sommes à mouvoir bras et jambes d'identiques façons. Le cercle des danseurs au repos est ce qu'il y a de plus remarquable. Dans nos contrées, toute cette jeunesse groupée pour le plaisir échangerait des propos de gaieté non sans éclats d'exubérance. Ici la gravité de l'indigène ne se prête point à ce jeu. Jeunes hommes, jeunes femmes, laissent tomber *parfois* quelques paroles à voix basse dans une attitude composée. A l'appel du danseur, la danseuse se lève du même mouvement que pour se rendre à l'œuvre du ménage et accomplit tous les rites de la gymnastique rythmée sans un accent de joie sur un visage auquel l'éclair du rire est étranger. Ce n'est pas faute d'amusement, puisqu'on recherche toute occasion de danser et que le bal se prolonge indéfiniment. Voyez là simplement une conception de la dignité, une habitude d'être qui ne s'accorde pas avec la nôtre.

LA COLONIE FRANÇAISE DE TUCUMAN

Au retour à Tucuman, c'est la très belle réception de la colonie française. Je vais rendre visite, comme il convient, à la *maison de l'Indépendance*, plus modeste, mais de non moindre gloire que celle dont s'honore Philadelphie. C'est là que se réunit le premier congrès national, c'est là que fut prêté le *serment de l'indépendance* (9 Juillet 1816). Pour conserver l'humble demeure, devenue l'objet de la vénération publique, on l'a enveloppée d'un grand édifice qui la met à l'abri de toute injure. Aucune décoration. Des plaques commémoratives. C'est tout et c'est assez. Il n'est besoin que d'un rappel discret quand les cœurs sont à la hauteur du devoir.

Dans une belle salle de théâtre qui est leur propriété, les

Français de Tucuman font à leur compatriote l'honneur d'un cordial accueil. Une surprise m'est réservée. Je vais poser la première pierre de la nouvelle école française de Tucuman, et, si j'en crois l'inscription sur la truelle d'argent dont je suis resté possesseur après avoir cimenté la pierre d'assise, l'école même porterait le nom de celui qui en fut le premier maçon. Excès d'honneur immérité, qui proclame seulement le besoin de se rattacher en toute forme à la patrie. Pas une parole n'est prononcée qui ne soit une invocation à la France, à ses luttes pour vaincre l'ignorance, source des misères humaines. Nombreuse et belle compagnie qui témoigne, par ses grands chapeaux emplumés, que Tucuman, en somme, n'est pas très loin de Paris. La cérémonie s'achève par un joli défilé de petits garçons et de petites filles portant des drapeaux argentins et français, chantant l'hymne national et *la Marseillaise.* Tout ce petit monde pousse la voix d'entrain. Une petite fille tout enrubannée, qui a bien deux pieds de haut, veut absolument vaincre "la tyrannie". Comment ne pas l'en féliciter ! En disant mon plaisir, j'observe que toutes ces petites bouches argentinisent d'un léger accent l'hymne des Marseillais.

" Ce n'est pas étonnant, triomphe le professeur, ils ne savent pas un mot de français ! "

Alors cette haine de la tyrannie vociférée par le bébé charmant ?... Il est vrai que la pensée est dans la musique plus que dans des formules vieilles de plus de cent ans. Que savent nos belles dames du latin de leur livre de messe ? Enfants, commencez toujours par apprendre le français et n'attendez pas, pour prendre contact avec sa littérature, que s'élève l'école où je viens de mettre la première truelle de mortier. Le reste vous sera donné par surcroît.

XI

L'URUGUAY

MA première impression de Montevideo avait été trop favo-rable pour que je ne fusse pas en disposition d'accroître toutes les chances d'une étude plus approfondie. Mais j'avais commencé par l'Argentine, et dans un tel pays, plus on a vu, plus on veut voir encore. Je ne m'en détachai qu'avec le regret d'une insuffisante observation. Le temps avait marché. Je ne pouvais pas donner plus de trois semaines au Brésil, qui voudrait de longs mois. La République de l'Uruguay, si petite qu'elle soit, est, à beaucoup de titres, l'une des plus intéressantes de l'Amérique du Sud. Qu'en pouvais-je voir en quelques jours·! Le pays lui-même ne se différencie pas sensiblement de la pampa argentine. Mêmes alluvions, même climat, mêmes estancias, mêmes procédés de culture et d'éle-vage. L'intérêt se concentrait pour moi dans l'étude du carac-tère uruguayen. Trois visites d'une journée, me fournissant principalement une occasion d'entretien avec les hommes poli-tiques les plus distingués, autorisent-elles des jugements sur un peuple d'une activité surabondante dans les différents domaines de la pensée aussi bien que de l'universel labeur devenu la condition première de toute civilisation ? Je ne le prétends point. Cependant il me semble qu'un très bref examen, si l'on ne recherche rien que des notions de vérité, peut et doit fournir des éléments d'information qui ne sont point négligeables. Peut-être encore voudra-t-on excuser des affirmations que tout contradicteur pourra dire hâtives, en faveur du plaisir que je trouve à mettre en lumière les belles qualités d'hommes vaillants et modestes, attachés à une œuvre de construction sociale digne d'admiration.

Placé entre l'Argentine et le Brésil, l'Uruguay, qui fut la *bande orientale* de l'ancienne vice-royauté de Buenos-Aires, est un État-tampon grâce auquel si, ce qu'aux dieux ne plaise ! la guerre devait éclater quelque jour entre Rio de Janeiro et Buenos-Aires, les deux armées ennemies auraient quelque peine à se joindre. Ne fût-ce que pour ce motif, la constitution d'un État indépendant entre le fleuve Uruguay et la mer me paraît heureuse. Je sais très bien que, selon la formule courante, la paix entre l'Argentine, le Brésil et le Chili, doit être l'A. B. C. de la politique extérieure sud-américaine, l'hégémonie à trois offrant une assez solide garantie contre l'usurpation d'un seul. Malgré son infime étendue en comparaison de ses gigantesques voisins, l'Uruguay, par le développement de l'esprit national aussi bien que par l'énergie du caractère qui distingue sa population, paraît bien remplir, au point de vue moral, toutes les conditions d'un État indépendant. Le Brésil a dépensé des sommes énormes pour l'achat de *Dreadnoughts*, qui n'ont pas toujours donné le bon exemple dans ces derniers temps, et l'Argentine n'a cru pouvoir moins faire que de s'embarrasser, à son tour, de quelques monstres de la mer. Contre qui Argentine et Brésil ont-ils la pensée d'armer ? Ils seraient l'un et l'autre fort embarrassés de le dire, ayant assez d'occupation chez eux pour ne point se résoudre, sans une nécessité absolue, à diriger selon la mode de l'Europe, leurs énergies, aujourd'hui créatrices, vers des œuvres de destruction. Qu'il me soit permis de le leur dire amicalement, c'est d'abord une vanité de " panache " qui les a poussés sur la pente dangereuse de ces armements. Où s'arrêter ? Quand vous aurez une population propor-

tionnée à celle de l'Amérique du Nord, il sera temps, hélas !
de réclamer votre part dans le grand concert international
d'exterminations ! Commencez par vivre, heureuses gens à qui
l'on n'a rien pris et qui n'avez rien à demander.

LE PORT ET LA VILLE DE MONTEVIDEO

J'ai déjà dit l'aspect de Montevideo. Grande baie commandant l'entrée du Rio de la Plata, magnifique situation
pour un port de commerce. Le gouvernement en a su tirer
parti. C'est en 1901 qu'un syndicat français a obtenu, au
concours, l'entreprise des travaux. Plus favorisé que l'Argentine à cet égard, l'Uruguay de tous côtés possède de belles
carrières, et l'entrepreneur a trouvé auprès de ses chantiers
toute la pierre dont il avait besoin. Les travaux, après un
colossal effort, sont à peu près terminés. En 1909, deux de
nos croiseurs cuirassés, la *Gloire* et la *Marseillaise*, ont rendu
visite au port de Montevideo. Les confortables bateaux de
la compagnie Milanowitch, qui font le service quotidien de
Buenos-Aires à Montevideo, accostent le quai. Pourquoi les
grands transports qui viennent d'Europe restent-ils en rade,
c'est ce qu'on ne peut expliquer que par des difficultés d'ordre
administratif. J'engage le gouvernement uruguayen à les
faire promptement cesser. Sinon la construction d'un port
apparaîtra comme un raffinement supérieur d'extrême chinoi-
serie. D'autant que la singularité de ce beau port, c'est de
ne point arrêter les navires par la multiplicité des droits (1).

M. Sillard, qui ne compte que des succès dans sa direction des travaux, nous fait visiter les principaux points de la
baie. Son automobile nous monte même à mi-chemin du
fameux Cerro pour nous laisser le plaisir d'un temps de
marche sur les aspérités d'une route en devenir, gâtée par
l'odeur déplaisante des *saladeros* (2). Sans désobliger nos

(1) Le port a été construit par l'État sans emprunt En 1906, le mouvement du port était de 14 000 000 de tonnes.
(2) La préparation de la viande salée et séchée est la principale indus-

amis, je crois pouvoir dire que le fort du Cerro n'est pas imprenable. Si l'on veut bien le remplacer par quelque hôtel ou casino, les Montévidéens auront là un joli but de promenade, car on découvre de là-haut, avec toute la ville, l'entrée de l'estuaire, de l'Océan au fleuve Uruguay.

M. l'intendant municipal de Montevideo, — un pur Européen d'Amérique, qui compte cinq années de vie diplomatique à Rome, — s'est fort aimablement offert pour nous faire les honneurs de sa ville. Avec une parfaite bonne grâce, M. Daniel Munoz (1), dont la renommée n'est pas moindre à Buenos-Aires qu'à Montevideo, nous a promenés dans toutes les parties de son domaine, des quartiers commerçants aux somptueuses villas des faubourgs, aux belles places bien plantées, aux grands parcs qui sont en voie d'extension, sans oublier une admirable promenade au bord de la mer.

Un temps d'arrêt à la demeure privée de l'excellent préfet nous permit d'apprécier le luxueux confort des grandes demeures montévidéennes. Quant à la ville elle-même, je l'ai suffisamment caractérisée lorsque j'ai dit le contraste des grandes et belles constructions modernes avec la bizarrerie des petites " maisons coloniales ", fort en faveur à Montevideo, que quelque diable semble avoir coupées à mi-hauteur du premier étage pour le simple plaisir de l'escamotage. La ville de Montevideo possédant et devant garder tous les caractères d'une vraie capitale, toutes ces *demi-maisons* (2) surabondamment décorées, avec les bouquets de

trie du pays. Dans le *saladero*, la bête est abattue, dépecée, la viande salée et séchée par un procédé qui est analogue à celui qu'on emploie pour la morue. L'Uruguay, qui possède une trentaine de *saladeros* (sur moins de cinquante en Argentine et au Brésil), a pour marchés le Brésil et Cuba, qui s'accommodent très bien de cette nourriture, jadis aliment principal des esclaves, aujourd'hui demeuré en faveur dans l'alimentation populaire. Pour être complet, je dois mentionner les grands établissements Liebig, à Fray Bentos.

(1) M. Daniel Munoz est aujourd'hui ministre de l'Uruguay à Buenos-Aires.

(2) On en compte, paraît-il, plus de trente mille, contre quatre mille constructions à plusieurs étages.

verdure partout répandus, lui donnent un charme de jeunesse auquel je lui souhaite de n'être pas trop prompte à renoncer. Ces habitations sont, en effet, charmantes pour qui ne se promène pas le nez en l'air, — attitude peu recommandable. Outre qu'elles constituent une façade très suffisante pour l'impression d'ensemble, la disposition de leur *patio* répond si bien aux nécessités de climat que je ne voudrais point d'autre demeure si je devais me fixer à Montevideo. Enfin elles ont le mérite d'exprimer la vérité des faits, à savoir la nécessité d'une première installation hâtive avant l'enracinement profond des demeures d'avenir. Que la municipalité exige dans certaines avenues la construction de maisons à plusieurs étages, cette mesure peut avoir sa raison d'être au point de vue de l'esthétique aussi bien que de l'utilité. Mais, avant de songer, pour leurs demeures, à la pose devant l'appareil photographique, j'aime à croire que les Montévidéens voudront se donner d'abord la joie de prendre leurs aises. Que la ville s'étende librement, puisqu'elle peut se donner de l'espace ! Le malheur de toutes nos grandes cités d'Europe n'est-il pas de se trouver trop resserrées ? New-York, entre deux bras de mer, peut être réduite à l'édification de ses affreux *gratte-ciel*. Pour trouver l'air et la lumière indispensables à la vie, invitez les familles à se répandre plutôt qu'à s'entasser. La population de Montevideo dispose de belles plages. Une luxuriante végétation la pénètre de toutes parts. Qu'une puérile vanité ne l'incite pas trop tôt à faire figure d'Europe ! C'est le vœu d'un ami.

LE MONDE GOUVERNEMENTAL
ET PARLEMENTAIRE URUGUAYEN

Je n'ai rien dit des édifices publics parce qu'ils sont partout les mêmes, sauf dans les pays d'Europe où les peuples se sont installés dans les palais de leurs anciens maîtres. Ce qui m'intéressait en eux, c'était moins les murailles que les habitants, c'est-à-dire le monde du gouvernement. Les trois présidents de la République qui m'ont fait l'honneur de me recevoir au cours de mon voyage ont tous trois normalement cédé la place à leur successeur. M. Williman, qui vient de quitter le fauteuil présidentiel le 1er mars dernier, est de ces hommes qui ont au plus haut point le sentiment de leur responsabilité devant le pays. Ce bon fils d'Alsacien, américanisé, semble apporter dans l'exercice du gouvernement l'heureuse qualité d'idéalisme pondéré qui a fait de sa race un des précieux éléments constitutifs de la nationalité française. N'oubliez pas qu'un président américain est un homme d'action par excellence, à l'inverse d'un chef d'État dans nos démocraties européennes. M. Williman donne l'impression d'un homme plutôt contenu. La simplicité vraiment démocratique de son accueil, comme la lente gravité de son propos, disent tout l'homme de conviction droite autant que profonde. Nous parlâmes des questions politiques qui agitent l'Europe, et j'eus le plaisir de trouver un esprit depuis longtemps familiarisé avec toutes les redoutables questions qui nous meuvent.

J'éprouve plus d'embarras à donner une appréciation personnelle du monde parlementaire. Une amicale réception fut organisée au Sénat, où s'échangèrent des toasts de cordialité. Mais que peut un Français qui ne parle pas espagnol, si ses interlocuteurs de langue espagnole ne peuvent parler français ! Avec deux ou trois membres du Sénat ou de la Chambre, il me fut seulement donné d'entrer en conversation. Sourires et gestes de bienveillante amitié en choquant les coupes de champagne. Dans les yeux beaucoup d'interrogations qui recevaient d'imparfaites réponses. Parmi de graves personnages, une jeunesse ardente aux réformes nouvelles. Un " jeune ", — dans ces heureux pays les sénateurs eux-mêmes sont à peine sortis de l'adolescence, — me déclara avec une ironie doucement appuyée que, dans les directions de la Révolution française, l'Uruguay avait devancé notre République présente. " La peine de mort est abolie dans l'Uruguay. Elle est maintenue dans l'Argentine et...

« — ... et en France, je le reconnais. Nous sommes même témoins d'une notable poussée régressive en faveur du droit social de tuer.

— Nous avons le divorce par consentement mutuel. L'Argentine en est bien loin. La question du divorce y a été posée. Les influences cléricales en ont même empêché la discussion. Quant à la République française...

— Elle en est au divorce simple, je l'avoue.

— Enfin notre code accorde à l'enfant naturel reconnu les mêmes droits, en matière d'héritage, qu'aux enfants légitimes : ce qui est une solution d'équité.

— Je ne le contesterai pas. Je dirai même que certains partis pris de l'opinion publique sur les questions de cet ordre paraissent si profondément ancrés chez nous que nous n'arriverons peut-être pas, sans de vives résistances, aux solutions dont s'accommode votre démocratie. »

Que l'entretien ait aisément glissé jusqu'aux révolutions uruguayennes, il n'y a pas lieu de s'en étonner. Le dé de la conversation fut repris à ce point par le jeune directeur du journal *el Dia*, M. Manini e Rios, député de Montevideo, généralement considéré comme un homme de grand avenir. En termes spirituellement colorés, mon aimable interlocuteur m'expliqua, comme aurait fait un Parisien du boulevard, que les révolutions de l'Uruguay n'avaient pas plus d'importance qu'une simple crise de nerfs. On est *rouge*. On est *blanc*. On se distingue par la cravate ou par un simple morceau d'étoffe au chapeau (1). On a trouvé l'étoffe au berceau : on s'en est paré, on s'en fait un titre d'honneur. Survienne un incident qui, pour quelque raison que ce soit, amène une exaltation des propos, et, par là, ce frémissement général des esprits qui précède les mouvements populaires, on ne se souvient plus que d'une chose, c'est qu'on est *rouge* et qu'il faut en finir avec les *blancs*, ou *vice versa*, selon le camp dans

(1) Le *rouge* est le parti dit " avancé " ; le *blanc*, plutôt conservateur. C'est du parti avancé que Garibaldi, à son retour de Montevideo, emprunta sa fameuse chemise rouge.

lequel on se trouve. Il faut alors que les nerfs se détendent....

Et comme je faisais observer que, lorsque les nerfs uruguayens avaient besoin de se détendre, la vie d'un homme comptait, sans doute, pour peu de chose, des signes d'assentiment m'avertirent qu'il n'y avait pas de discussion là-dessus.

" Mais je croyais que la peine de mort était abolie.

— Elle est abolie légalement, mais illégalement...

— Oui. Loi moderne, homme ancien, très ancien. "

On a pu remarquer la tendance générale aux comparaisons — je devrais dire aux rivalités — de progrès entre l'Argentine et l'Uruguay. A Buenos-Aires on parle de la " bande orientale " avec une affectueuse bienveillance, comme d'un membre de la famille qui serait en bouderie. Vous ne louerez rien de l'Uruguay sans rencontrer une approbation aiguisée d'un sourire discret où se lit cette pensée : " Oui, les *Orientaux* sont dignes d'être Argentins. " A Montevideo plus volontiers la question vous sera posée de savoir lequel des deux pays vous mettriez au premier rang. Et si vous faites candidement observer qu'il vous est impossible de vous établir juge d'un tel concours, chacun ne manquera pas d'interpréter toute parole de courtoisie dans le sens de ses ambitions. C'est ce qui m'est arrivé, à mon grand déplaisir. Tous les peuples offrent aux jugements des traits de force et de faiblesse qu'il appartient à chacun d'apprécier dans la diversité des circonstances. Je ne suis point allé demander aux Américains d'établir entre les nations de l'Europe une gradation. Pourquoi serais-je tenu d'improviser à leur usage une échelle de progrès ? L'Argentine, l'Uruguay, le Brésil, sont, à divers titres, de belles formations civilisées, avec des parties d'ombre comme tous nos pays d'Europe. Je dis ce que je vois, sous le libre contrôle de tous ceux qui demeurent libres de répondre que j'ai mal vu. C'est assez. La meilleure manière pour un peuple de prendre l'avance sur ses concurrents, c'est d'être capable de se juger soi-même et de se réformer.

LA FRANCE A MONTEVIDEO

Parmi tant d'aimables hôtes, il me sera permis de distinguer M. L. Supervielle, fils de Français, directeur d'une très importante maison de banque, que je dois remercier d'une attentive courtoisie, et le jeune ministre des Affaires Étrangères, M. Emilio Barbaroux, qu'un parisianisme achevé condamnait au rôle fâcheux de cible pour tous les points d'interrogation de mon ignorance. Avec une inlassable bonne grâce, l'aimable homme d'État, pour qui les façons de voir françaises n'ont pas de mystère, sut s'accommoder excellemment à mon optique particulière et me faciliter, par la clarté de ses informations, une trop superficielle enquête.

Au club Uruguay, où un confort bien entendu n'exclut pas les développements d'un luxe franco-américain, un dîner, *très français*, me fut offert où je pus apprécier, tout à mon aise, le pur latinisme des hommes politiques de l'Uruguay. Si j'avais prévu ces *Notes de voyage*, je n'aurais pas manqué de consigner sur le papier les excellents discours où il fut si noblement parlé de la pensée française, au cours de mon trop rapide passage en des pays d'un si puissant intérêt d'avenir. Il a fallu le recul du retour pour m'inspirer le regret de cette omission. Je ne puis dire qu'un mot : c'est que j'ai retrouvé la France au club Uruguay, aussi bien que dans la charmante demeure dont Mme Sillard faisait gracieusement les honneurs (1) ou dans les salons mêmes du ministre de la République française à Montevideo (2).

Il y avait aussi de la France dans les bureaux du journal *la Razon* et du journal *el Dia*, car on pense bien qu'un vieux journaliste ne pouvait manquer de se rendre à l'attrait d'une

(1) J'ai eu le plaisir de rencontrer à la table de Mme Sillard un de nos ingénieurs français, M. Guérard, venu en mission pour des travaux d'hydraulique et d'assainissement.

(2) J'aurais voulu exprimer à M. et Mme Carteron tous mes remerciements de leur parfaite amabilité. Hélas ! Mme Carteron vient d'être enlevée aux siens !

salle de rédaction (1). Seulement, j'allais là pour écouter, pour *interviewer* à ma manière, et c'est moi qui me trouvais assailli de questions, — moyennant quoi une savante interprétation des *oh !* et des *ah !*, avec gestes appropriés, permit pour le lendemain la publication de l'*interview* même qu'il s'agissait d'éviter. Le plus clair de mon rapport sur le journalisme uruguayen sera donc que nos bons confrères de Montevideo excellent dans l'art, inauguré par l'abbé de l'Épée, de faire parler les muets. Je les prie de ne voir là qu'un éloge suprême. D'autant que toutes les parties de conversation qu'il me fut donné de recueillir à mon tour m'ont laissé d'eux le plus agréable souvenir. Ils sont Latins, ceux-là, aussi, j'en puis hautement témoigner. Latins par la vivacité de leurs propos, par l'ardeur du tempérament, par l'élan des intelligences vers les formules générales, par toutes les manifestations de leur goût pour les luttes d'idées. A cet égard je ne puis que les dire jeunes et charmants. Un jour, le bon Renan, qui pourtant était tout indulgence, m'a doucement reproché de ne point " faire oraison ". Hélas ! Les années, mères d'expérience, finissent par amener en nous des facultés d'oraison, au sens où l'entendait le philosophe qui ne s'accommoda du sacrifice de ses premières idées qu'à la condition d'en conserver la terminologie. Pourtant ce n'en est pas moins une grave question de savoir non pas seulement qui vaut le mieux, mais qui a le plus fait, dans le monde, d'une jeunesse présomptueusement active ou d'une sagesse fatiguée.

COMPARAISONS

Toutes ces impressions, fidèlement rapportées, mais nécessairement éparses au hasard des rencontres, permettent-elles de formuler des vues sur les traits particuliers du peuple uru-

(1) Ce sont des enfants à cheval qui distribuent les journaux dans les rues de Montevideo. Un habile coup de main lance la feuille imprimée dans l'ouverture de la porte. Souvent même le journal reste au seuil, respecté de tous les passants.

guayen ? Si je n'arrivais de la République Argentine, la matière ne me ferait point défaut ; mais songez, je vous prie, qu'avec quelques réductions d'épithètes, à cause des moindres proportions, tout ce que je pourrais dire de l'aspect de la ville ou du pays, comme de l'esprit ou du caractère des habitants, paraîtrait, à quelques nuances près, une répétition (1). Alors, me direz-vous, Argentine et Uruguay, c'est tout un ? Je ne puis dire cela. Autant assimiler Marseillais et Brestois, qui pourtant sont de la même patrie. Plutôt que de prononcer une parole capable d'aviver des rivalités, toujours promptes à s'éveiller entre les deux nations hispano-américaines de la Plata, j'aimerais mieux me taire. Mais comme le bon sens des gouvernements et des peuples eux-mêmes a toujours su faire justice de toutes les excitations mauvaises, comme le sentiment qui domine dans les deux pays est celui d'une solidarité commune, je n'ai point à craindre qu'on puisse se méprendre à des jugements inspirés par un égal respect des deux parties.

Aussi bien qu'ai-je à dire ? Un pays de 1 400 000 habitants. Une ville de 400 000 âmes, tel est l'Uruguay. Si Buenos-Aires est la seconde ville latine du monde, Montevideo la suit à notable distance, mais encore en bon rang sans contestation. Le sol n'est pas moins bien cultivé ; l'élevage n'y obtient pas de moindres succès ; les *saladeros* et les grands établissements, comme ceux de la compagnie Liebig, offrent un débouché analogue à ceux des frigorifiques de Buenos-Aires. Les institutions politiques et sociales sont équivalentes, inspirées d'un même souci du droit égalitaire proclamé par la Révolution

(1) Il est un point sur lequel la redite est de rigoureuse justice, c'est que les Uruguayennes sont fort belles. Plus ou moins belles que les Argentines ? Au moment du congrès panaméricain, les dames de Buenos-Aires, par suprême chevalerie d'hospitalité, s'accordaient à décerner le prix à une célèbre beauté de Montevideo. Je n'aurais pas le mauvais goût de prononcer là-dessus. Les deux rives de la Plata me paraissent également propices à la perfection de l'esthétique féminine, et, pour l'étranger, qui n'a que des préoccupations d'art, le plus beau modèle est toujours celui qu'il a devant les yeux.

française, imprégnées de nos formules de justice et de liberté. Et si l'Uruguay n'a pas craint de nous devancer parfois dans les solutions rigoureuses de la pure doctrine, c'est peut-être que la démocratie du continent américain a éprouvé moins de résistance de la part des traditions ataviques que dans les vieux pays où leur développement historique a si puissamment façonné les âmes. La critique est facile, comme toujours, à n'envisager que tel ou tel aspect particulier de ces jeunes formations sociales. Nous faisons grand état de leurs révolutions. Pourtant je ne peux pas nier qu'il n'y ait quelque vérité dans la réponse des Uruguayens lorsqu'ils nous opposent les flots de sang de nos guerres civiles jusque dans notre récente histoire. Que celui-là jette la première pierre à son voisin....

Le nationalisme ardent de l'Uruguay n'a garde d'être en retard sur le nationalisme argentin. Avantages et dangers d'apporter en toutes matières l'extrême sensibilité du point d'honneur. Pour contribution à l'exposition internationale du centenaire argentin, le gouvernement de l'Uruguay a publié un très beau volume où se trouve soigneusement consigné par l'image et par les chiffres, accompagné d'un texte espagnol et français, tout l'historique du développement national. Titre : *l'Uruguay à travers un siècle.* Tous les progrès de la *République Orientale* s'y étalent au grand jour. Le seul défaut de ces sortes d'ouvrages, c'est que les parties d'ombre y sont trop aisément négligées et que, sans avoir rien caché cependant, on risque de faire succéder quelque déconvenue à l'éblouissement d'une aveuglante lumière.

Il n'en reste pas moins que le développement économique de l'Uruguay n'est point inférieur à celui de l'Argentine en ces dernières années, et que les promesses justifient, de part et d'autre, toutes les espérances. Il se peut que, sur les deux rives de l'estuaire, l'ardent verbalisme politique et social ne réponde pas toujours aux froides réalités. Cette critique est de tous les pays. Je ne serais pas embarrassé d'en faire l'application à ceux qui me sont le plus familiers.

LATINISME SURABONDANT

Tous défauts et qualités compensés, l'Uruguayen me parait se distinguer de l'Argentin par un surcroit d'impulsion idéaliste. Moins apaisé, plus empressé peut-être aux formules nouvelles, plus enclin aux discussions de doctrine : voilà comment il m'apparut d'abord. Il se peut que la langue française soit moins répandue à Montevideo qu'à Buenos-Aires, et pourtant il m'a semblé que l'entraînement vers la pensée française y était, sinon plus profond, du moins plus prompt à se manifester au grand jour. Les mélanges de toutes races européennes y sont probablement les mêmes. Comment se fait-il que l'impression première soit d'un latinisme surabondant ? Latinisme de sentiments qui fait le charme des relations sociales. Latinisme de pensée et d'action, avec tous ses avantages de primesaut, avec tous ses défauts de méthode, ses alternatives d'élans et de défaillances dans la conduite des desseins. Le Latin a conçu, pensé la civilisation moderne, que l'homme du Nord a rejointe par ses fortes constructions d'empirisme, — fécondes seulement au contact de l'idée où le descendant de la conquête romaine se consolait trop aisément d'une pratique trop peu coordonnée.

Le latinisme sud-américain s'est laissé devancer par la grande République anglo-saxonne du Nord, comme le latinisme européen a pu fléchir, à certaines heures, sous l'assaut furieux des peuples qui, pour le Romain de l'antiquité, furent " le monde barbare ". Cependant quelle nuit se ferait si les lumières de latinité, subsistantes jusqu'au plus profond des âmes ennemies, venaient à s'éteindre soudainement ! Si l'homme pouvait mesurer l'obstacle, l'élan parfois lui ferait peut-être défaut. L'impulsion du Latin a lancé l'humanité moderne à l'assaut des antiques forteresses d'oppression, que la tâche de la méthode expérimentale sera de convertir, à force de patience et d'obstination, en asiles de liberté, — étant entendu qu'il ne faudra rien de moins pour accomplir ce miracle que la rénovation de l'homme par la maîtrise de soi et le respect primordial de la liberté d'autrui. Après tous les prodiges qu'ont accomplis nos Latins, je ne vois plus devant eux que cette dernière merveille pour achever l'étonnement de l'histoire.

Le premier signe en Uruguay de ces dispositions nouvelles, c'est que le mot de révolution sera pour jamais rayé de l'ordre du jour. Pour en arriver là, aussi bien dans l'Uruguay que de l'autre côté de l'Océan, le jeu des réflexes, bien plus que de la conscience raisonnante, doit subir de profonds changements. Travail d'éducation qui laisse un vaste champ aux laborieux efforts des temps prochains.

Le gouvernement de l'Uruguay, qui n'ignore pas que la grande difficulté du gouvernement des peuples par eux-mêmes est d'établir une corrélation de plus en plus étroite entre l'idée du droit et l'acte par lequel chacun de nous, à toute heure, tend à la manifester, n'en persiste pas moins, selon la donnée latine, à aborder le problème en essayant de graver, au plus vif des jeunes âmes, les grandes lignes d'une doctrine générale de l'homme dans les conditions de vie privée et publique qui lui sont imposées par la nature des choses. Le temps m'a fait défaut pour visiter les écoles, thermomètre suprême de tout état social. Mais un simple coup d'œil sur le catalogue présenté par la direction de l'instruction primaire au troisième congrès d'hygiène scolaire tenu à Paris du 2 au 7 août 1910 peut suffire à nous édifier.

LES ÉCOLES

Ce n'est point ici le lieu d'exposer l'excellente organisation de l'enseignement primaire *obligatoire* en Uruguay ni le remarquable développement des écoles primaires sous la présidence de M. Williman (1). Le programme, pour une

(1) " Sur l'initiative du président actuel de la République, trois cent soixante écoles rurales ont été créées en Uruguay, de sorte que le nombre des écoles publiques primaires soutenues par l'État s'élevait vers la fin de 1910 à un millier, ce qui équivaut à établir la proportion d'une école publique pour 1 095 habitants ". (*Loc. cit.*)

période scolaire qui va de six à quatorze ans, est ce qui me paraît le plus digne d'attention. Dans toutes ces écoles, qui se divisent en écoles du premier, du second et du troisième degré et en écoles rurales, la caractéristique du programme est de susciter l'étude du monde extérieur encore trop sacrifiée dans nos écoles d'Europe à l'enseignement subjectif des anciens jours. Dès la première année je note, parmi les matières que le programme des années suivantes ne fera que développer : " Géométrie, idées de lieu, corps humain, animaux, plantes, minéraux, poids et couleur, leçons de choses, etc. " Je conviens que les premières notions en de telles matières, pour se trouver à la portée d'un esprit de six ans, sont nécessairement très rudimentaires. Mais n'est-ce pas dès cet âge même qu'il importe de déterminer, de fixer, s'il est possible, l'orientation des intelligences ? Dans les cours qui suivront, les premières ébauches d'observation, d'expérimentation même, prendront forme, et progressivement l'esprit se disposera, pour le contact du monde auquel il doit s'accommoder, tout autrement que par la vaine absorption des formules verbales qui constituaient, il n'y a pas longtemps encore, le plus clair de ce qu'on appelait l'instruction.

Par le seul fait qu'ils ont eu cette conception de l'enseignement primordial de la créature humaine et qu'ils ont entrepris de la réaliser, les Latins de l'Uruguay sont entrés dans la voie qui doit les mener au succès. Car, s'ils prétendent donner à toute formation de l'intelligence le fondement solide de l'observation et de l'expérience, c'est-à-dire des sensations que nous recevons des phénomènes et de l'interprétation que nous en pouvons fournir, ce n'est pas pour reculer devant les hautes généralisations qui sont le fruit légitime des études scientifiques et leur naturel couronnement. Aussi, trouvé-je dans le catalogue des bibliothèques scolaires à l'usage des élèves et des maîtres, des ouvrages français tels que ceux-ci : Le Bon : *Psychologie de l'éducation ; l'Évolution de la matière ;* Le Dantec : *les Influences ancestrales ; De l'homme à la science ;* Henri Poincaré : *la Valeur de la science ; la*

Science et l'Hypothèse. Si nous n'y prenons garde, ces "sauvages " depasseront bientôt les " civilisés ". Je me garde toutefois des prévisions trop hardies. Il y a, comme je le disais tout à l'heure, une si grande marge entre la compréhension et l'action qui doit s'ensuivre que le magnifique progrès des mots dépasse vraiment de trop loin la lente évolution des actes. A nos amis de l'Uruguay, comme à leurs juges d'Europe, d'étonner le monde par une nouvelle histoire des sociétés humaines.

Quelle que soit cette histoire, on m'accordera, je veux croire, que nos Républiques latines de l'Amérique du Sud — Uruguay des premières — nous offrent le spectacle d'un assez noble effort vers des réalisations supérieures. Je ne dissimule point que j'ai très grand plaisir à le constater. D'abord parce que le spectacle de l'homme en travail sur lui-même est le plus suggestif, et puis parce qu'il n'y a pas pour l'esprit critique de meilleur complément que le besoin de l'espérance.

XII

PREMIÈRES IMPRESSIONS DU BRÉSIL : LA RIVIÈRE DE SANTOS :
La fièvre jaune. — Premiers contacts ‖ LA BAIE DE RIO DE JANEIRO :
Accueil fraternel. — La lutte pour la vie. — La végétation exaspérée ‖ VISITES
ET RÉCEPTIONS OFFICIELLES : Sympathie ou admiration. — France et
démocratie ‖ LE PEUPLE BRÉSILIEN : Les métis. — Le champ du néant. —
A la recherche de l'idéal ‖ L'AUTONOMIE DES ÉTATS : Les écoles ‖
COMMENT LA FIÈVRE JAUNE A ÉTÉ VAINCUE : La fièvre jaune. —
Chantier naval ‖ L'ÎLE VIANA : Un problème.

PREMIÈRES IMPRESSIONS DU BRÉSIL :
LA RIVIÈRE DE SANTOS

L'*ORISSA* est un vieux bateau de la ligne *Pacific* qui fait le
service de la côte orientale de l'Amérique du Sud depuis
le Callao et remonte, par le détroit de Magellan, jusqu'à
Montevideo, d'où il gagne Santos et Rio de Janeiro pour
rejoindre Liverpool, son port d'attache, avec escale à la
Pallice. L'*Orissa* n'est pas un grand marcheur, mais il tient
bien la mer, et, quoique le confort y soit plutôt rudimentaire,
vu l'ancienneté des installations, je trouvai dans la conversation de l'aimable capitaine, familier avec les choses de l'Inde,
un des principaux agréments du voyage. Une assez grosse mer,
avec vent debout, nous retarda d'une journée, ce qui est assez
notable pour une traversée dont la durée normale est de trois
jours. Durement ballottés, les passagers font à la mer des
concessions fâcheuses, tandis que Camille Cerf, mon bon compagnon de voyage qui aborda la forêt vierge dans l'unique
dessein d'y faire une partie de *poker*, se montre intrépide
marin. Le principal ennui du bord est dans l'orchestre de la
salle à manger, où, sans aucune provocation, s'essaient, obsti-
nément, trois ou quatre navigateurs d'aspect très pacifique,
comme le veut le nom de leur ligne, mais enragés de sons aigus

qui mettent l'harmonie de l'organisme humain à la plus dure épreuve. L'un souffle éperdument dans le petit trou d'un bâton métallique qui se plaît à crier son malheur ; l'autre, sous ses coups de brosse, fait grincer des cordes furieuses, cependant qu'un piano du temps de Christophe Colomb essaie vainement de mettre tout le monde d'accord. On n'imagine pas ce qu'il faut de gingembre et de *Worcester sauce* pour rétablir un peu d'ordre dans le tumulte choréique des substances précipitamment ingurgitées. On sait que dans l'antiquité la plus reculée les éléments s'apaisaient sous la divine harmonie. Je me suis demandé si le fifre de l'*Orissa* n'était pas pour quelque chose dans la sarabande des vagues échevelées. Je livre mes doutes à la haute direction de la compagnie.

Ce qu'il y a de certain, c'est qu'au petit jour, sans aucune musique et par une mer calmée (remarquable coïncidence), nous entrions dans la rivière de Santos. Un long bras de mer entre des rives à fleur d'eau pour aboutir à une vaste baie encadrée de montagnes. Plaines marécageuses embroussaillées de palétuviers, ou collines des premiers contreforts, tout ce qui apparaît de la terre lance vers le ciel bleu de hautes fusées de verdure où s'atteste l'élan des sèves tropicales vers l'astre générateur. De toutes parts, sous le doux balancement des grands feuillages dentelés, surgissent des cases peintes de couleurs vives qui piquent le moutonnement vert d'un relief de taches fleuries (1). Des pirogues creusées dans un tronc d'arbre promènent sur l'eau transparente tous les reflets criards aimés de la sauvagerie. Rien qui rappelle l'Europe. C'est ici que vraiment le rideau se lève sur le nouveau monde. Devant ces petites cases aux colorations violentes, des silhouettes passent, bizarrement drapées, pour s'engouffrer dans le mystère lumineux des feuillages. Les

---

(1) Au Brésil, point de *demi-maisons* à la mode de l'Argentine et de l'Uruguay. En revanche, l'œil brésilien se plaît aux éclats de chaudes couleurs. Les maisons sont donc consciencieusement badigeonnées de bleu, de jaune et de rouge, qui s'harmonisent au petit bonheur sur le fond de riche verdure.

relations, les proportions des choses sont nouvelles. La nature, brisant le cadre restreint de nos pays, croît démesurément et l'homme s'en trouve d'autant diminué, — trop petit dans un monde trop grand. Mais déjà il est tout à l'œuvre de revanche, comme l'atteste la disparition de la fièvre jaune des marécages de Santos. On sait que nulle autre ville ne fut plus cruellement éprouvée. La construction du port, par le simple fait d'amener le desséchement des marais, a produit la destruction du fléau. Les rives basses de la baie de Santos sont encore à l'état de marais d'eau salée, où l'on voit des crabes rouges circuler parmi les palétuviers ; mais toute trace d'eau douce stagnante a disparu, et l'on sait qu'il faut le marais d'eau douce pour la reproduction du moustique exterminateur.

L'*Orissa* aborde à quai parmi les grands navires de charge où, par le trou béant des cales, des files de porteurs entassent les sacs de café. L'homme s'avance d'un pas alerte sur la planche montante et, dès que le camarade qui le précède s'est débarrassé de son fardeau, la même manœuvre, tout aussitôt répétée derrière lui, montre une cascade ininterrompue de sacs jaunes (1), depuis les docks où s'entassent des montagnes de café, jusqu'aux vastes flancs du transport. Vous qui avez entendu maintes fois, comme moi-même, narguer l'indolence créole, apprenez que le Brésilien " paresseux " n'interrompt ce dur labeur que pour le temps strict du repas et qu'au plus fort de l'été, sous le soleil le plus ardent, il ne fait pas même la sieste. La sieste est inconnue au Brésil. Je ne mentionne point le cas pour en faire reproche aux Européens. Mon unique dessein est que justice soit rendue aux rudes travailleurs qu'ignorance et sottise se plaisent à déprécier.

Nous reviendrons à Santos. Ce qui nous jette au quai, d'abord, c'est une folle envie de pénétrer au cœur du merveilleux paysage, et nous avons à peine pris le temps de serrer des mains françaises que, déjà, nous roulons vers la

(1) Le sac est de 60 kilogrammes.

plage de Saint-Vincent. O surprise ! Un hôtel français, tout blanc, très *plage-moderne*, où nous attend une table garnie d'orchidées. Mais un tramway passe qui va jusqu'à l'extrémité de la plage. Le tramway, en ces pays, c'est du plein air. Nous suivons le grand arc de sable blanc bordé de villas dont les jardins nous enchantent de fleurs et de feuillages imprévus, tandis que sur les rochers de petites îles boisées, à quelques encablures du rivage, de hautes vagues bouillonnantes viennent se briser avec fracas pour mourir en douceur à nos pieds. Première impression d'une végétation exubérante. Nous faisons une halte à Saint-Vincent pour revenir sur nos pas.

C'est dans la petite baie de Saint-Vincent que Cabral aborda, selon la légende, avec ses guerriers et ses moines, découvrant ainsi le Brésil qu'il ne s'agissait plus que de conquérir et de convertir (1). Il va de soi que la pierre et le bronze sont là pour commémorer l'événement. Mais Cabral lui-même nous rappelle que l'on ne débarque à point que si l'on a commencé par ne pas manquer le bateau. Un déjeuner hâtif, et nous sommes à bord de l'*Orissa*, qui, demain matin au lever du soleil, fera son entrée dans la baie enchanteresse de Rio.

LA BAIE DE RIO DE JANEIRO

Une entrée triomphale dans cette mer intérieure cerclée de hautes montagnes, hérissée de rochers en bataille, égayée de plages riantes, fleurie d'îles mystérieuses, mêlant à l'ombre claire des hautes frondaisons tous les éblouissements du ciel et de la mer dans les voluptés du soleil. A quatre heures, je suis sur le pont. Brouillard, petite pluie fine, nous ne verrons rien du tout. Des pointes de rochers émergent tout à coup

(1) La vérité est qu'on ne sait pas bien où Cabral aborda. On croit généralement qu'il toucha terre à *Porto Siguro*, sur la côte de l'État actuel de Bahia. Pour contenter tout le monde, c'est à Saint-Vincent qu'un monument fut élevé.

des vapeurs qui, brusquement, les dérobent à nos yeux. Nous naviguons dans un nuage. Deux forts, Sao Joao et Santa Cruz, gardent l'entrée pour la bonne théorie. Dans une des dernières révolutions, ils échangèrent des coups de canon pendant tout un mois avec le fort voisin de Villegagnon, sous les yeux des habitants de Rio qui venaient se ranger aux quais pour juger les coups. Ils sont en crise de paix à cette heure. Plus loin, on nous signale la blanche silhouette du *Minas Geraës*, le formidable *Dreadnought* qui depuis... mais n'anticipons pas. Puis ce sont les affreux clochetons de pâtisserie gothique dont l'empereur dom Pedro II crut devoir surmonter le plus ridicule palais dont jamais petite île fût déshonorée.

Nous stoppons, car l'insuffisance des quais ne nous permet pas d'aborder. La ville se révèle en vives couleurs sur le fond brumeux des mamelons verts. Nous sommes à Rio de Janeiro, la *Rivière de Janvier*, ainsi dénommée par les premiers arrivants portugais qui prirent la baie pour un fleuve, comme les Espagnols avaient fait à l'estuaire de la Plata. Peut-être au mois de janvier, c'est-à-dire en plein été, ces navigateurs eurent-ils, comme nous-mêmes, l'excuse du brouillard, car la végétation tropicale n'est possible qu'avec des alternatives de pluie et de soleil que le climat de Rio réalise à souhait. C'est un rare phénomène que l'horizon soit complètement éclairci. Toujours les plans lointains sont entourés d'une légère buée qui amortit doucement les violences de la couleur. Après les ardeurs du soleil, le doux rafraîchissement de la pluie. Après l'averse, toutes les joies de la chaude lumière. Pour le moment, nous en sommes aux plaisirs du brouillard.

Une barque accoste, battant le pavillon national. C'est une délégation du Sénat, ayant à sa tête le président de la haute assemblée, qui vient fraternellement saluer un collègue français. Le frère du président de la République, qui est son chef de cabinet, arrive à son tour avec l'officier d'ordonnance du ministre de la marine. On m'adresse les paroles trop flatteuses qui sont inévitables en pareille circonstance, et d'aimables confrères en journalisme se présentent, parmi lesquels je dois citer M. Guanabara, l'éminent directeur de l'*Imprensa*. Ce qui me touche le plus, c'est qu'on me parle excellemment de mon pays et de son rôle de haute civilisation dans le monde. Le président du Sénat, M. Bocayuva, est un républicain de la vieille époque, unanimement respecté de tous les partis. A l'émotion de sa parole quand il évoque l'autorité morale de la France on le sent étroitement lié à la tradition de la Révolution française. Ainsi nous sommes en pleine communion d'esprit et de cœur dans le grand courant de pensées et de sentiments qui emporte les peuples aux formes supérieures de justice et de liberté. C'est de la France encore que je vais retrouver au Brésil, ainsi que je peux m'en convaincre au cours de la conversation avec M. Bocayuva, dans le trajet du quai Pharoux à la belle résidence que le gouvernement me fait l'honneur de mettre à ma disposition.

Le soleil a dissipé les brumes prochaines, et l'automobile courant dans l'*Avenida Central*, magnifique voie qui serait l'ornement de toute capitale (1), ou suivant la merveilleuse promenade des quais, entre la baie dont les lignes enfin se découvrent et les riantes villas encadrées de somptueux feuillages, nous montre une ville d'un charme très puissant, doucement caressée d'une mer lumineuse, aux horizons changeants, envahie par l'incessante poussée de la forêt tropicale en lutte contre le bâtisseur que cerne de toutes parts l'ardeur exubérante des parcs, des jardins, de tout arbre jaillissant du sol au hasard pour attester la force irrésistible de vie partout répandue. On a décrit la ville quand on a dit qu'elle surgit en taches de couleur au point de rencontre de la mer et de la montagne couronnée de la forêt. Depuis le jour où la mer apporta l'homme, la lutte a commencé pour l'existence entre le campement citadin et l'impénétrable futaie en révolte contre l'envahisseur. Aux croupes, aux terrasses, où s'étalent les

(1) Comme *Florida*, à Buenos-Aires, *Ouvidor*, du vieux Rio, est restée, en dépit de son insuffisante largeur, la rue du grand commerce et des plus beaux étalages.

mamelons de verdure, la maison peinte s'accroche, face à la baie, se taillant à coups de hache des accès de lumière. En bas la ville, répandue sur la plage, apparaît découpée par les derniers contreforts de la montagne, et, tant qu'on ne les aura pas percés, le *Fluminense* (1) devra faire parfois de longs détours pour atteindre un point rapproché.

A quoi bon s'attarder en ville, où il suffit de mentionner au passage le théâtre municipal, qui rappelle notre Opéra aussi bien par la silhouette que par l'exagération de la dépense, et l'aimable palais Monroe, ancien pavillon du Brésil à l'exposition de Saint-Louis, reconstruit ici et mis à la disposition du congrès panaméricain ? Les parcs eux-mêmes, dont la prodigieuse végétation nous arrache des cris de surprise à tout moment, ne peuvent pas nous arrêter, puisque la forêt doit les mettre au second plan. Ce dont nous ne nous lasserons pas, c'est la merveilleuse promenade des quais, d'une longueur de sept kilomètres, qui sera doublée plus tard (2). Suivant, parmi les fleurs, les gracieux contours du front de mer d'où le point de vue de la baie change à tout moment, les yeux s'emplissent, à ne pouvoir s'assouvir, d'une ineffable lumière, dont la douce caresse fait palpiter la mer et bondir la montagne d'un même élan de volupté. Au loin la blanche ligne de Nichteroi, la capitale de l'État de Rio (40 000 habitants), à l'entrée de la baie le grand cône de granit dénommé *pain de sucre* , puis les îles verdoyantes, les rochers, les montagnes perdues dans les gazes bleues de l'horizon et, si vous vous retournez, le grand *Corcovado*, penché sur sa ville, du haut duquel l'ensemble du décor nous sera révélé : l'infinie diversité de la baie de Rio (140 kilomètres de tour), avec tous ses replis cachés où se dérobent tant de plages enfouies sous

(1) Le *Fluminense* est l'habitant de Rio. Ceux qui, sachant très bien qu'il n'y avait pas de *fleuve* à Rio, ont choisi de se dénommer d'après un cours d'eau (*flumen*) inexistant, n'ont vraiment aucune excuse à faire valoir.

(2) Le port de Rio, construit par les Anglais, exploité par une compagnie française, a eu, en 1907, un mouvement d'environ 8 000 000 de tonnes.

les grandes broussailles qui préparent la forêt, n'en permet pas la description. Il faut voir.

VISITES ET RÉCEPTIONS OFFICIELLES

Ma première visite était due au président de la République, qui devait bientôt céder la place au maréchal Hermès da Fonseca, dont la visite à Lisbonne, alors imminente, allait coïncider avec la Révolution portugaise. M. Nilo Peçanha me fait les honneurs du beau parc de sa résidence où les grands palmiers royaux, qui sont une des gloires de Rio de Janeiro, forment jusqu'à la baie une somptueuse avenue. Le baron de Rio Branco (noblesse de l'Empire) (1), qui est ministre des Affaires Étrangères depuis 1902, a exercé les fonctions de consul général à Paris. Il a connu beaucoup de nos hommes politiques et me reçoit avec la cordiale simplicité d'un ami. *Le baron* — c'est ainsi qu'on le désigne communément — jouit d'une autorité souveraine en matière de politique extérieure. Amis et adversaires lui laissent le champ libre à cet égard, et tout le monde paraît d'accord pour vanter ses qualités supérieures de diplomatie avisée. Il ne cache pas que ses sympathies vont à la France, mais il réserve son admiration pour l'Allemagne. C'est à lui que revient l'idée, qui n'a pas abouti, d'une mission militaire allemande au Brésil. Quelqu'un qui le touche de très près m'a confié qu'il considérait l'éducateur germanique comme particulièrement propre à inculquer aux soldats brésiliens le sentiment du devoir militaire. Trop d'actes d'insubordination — quelques-uns fort graves — ont, en effet, montré l'urgence d'un tel enseignement. Mais comment M. de Rio Branco peut-il croire que la doctrine absolutiste de Guil-

(1) Le père du baron de Rio Branco, ministre de l'empereur dom Pedro II, est l'auteur de la loi dite du *ventre libre*, qui affranchissait tous les fils d'esclaves à naître. En souvenir de cet acte qui précéda de très près l'abolition de l'esclavage, on lui a élevé une statue dans un parc de Rio.

laume II sur le devoir militaire, telle qu'elle s'est exprimée en maints discours bruyants, puisse jamais s'installer dans l'âme et dans les mœurs d'une démocratie ? Si l'on n'avait absurdement exploité une prétendue rivalité entre l'État de Saint-Paul et Rio de Janeiro, je ne puis douter que la baron de Rio Branco ne se fût rendu, comme tout le monde, aux mérites de notre mission militaire française à Saint-Paul, dont j'aurai occasion de mentionner les beaux résultats. Enfin, s'il faut dire toute ma pensée, je ne crois pas qu'il soit de bonne diplomatie, pour la France, de laisser pendant plus d'un an le poste important de Rio aux mains, si expertes qu'elles soient, d'un simple chargé d'affaires.

Quoi qu'il arrive, deux traits de l'âme brésilienne resteront, à mon avis, prédominants : l'idéalisme démocratique, et, par cela même, le goût inné de la culture française. Je pus m'en convaincre aisément lors de la réception officielle dont je fus honoré par le Sénat. Cette imposante manifestation fut décidée à l'unanimité des voix moins une (1). En séance publique, le président, désigné pour l'occasion, me fit asseoir à sa droite et m'adressa, *en français*, une noble harangue où les paroles d'aimable courtoisie que voulait la circonstance l'amenèrent à réclamer hautement pour son pays la grande tradition de la Révolution française. Puis un sénateur de l'Amazone, M. Georges de Moraès, demanda la parole et prononça, *toujours en français*, un éloquent discours sur le rôle de la pensée française dans l'évolution générale des sociétés civilisées vers les idées de justice sociale et de liberté. Morceau oratoire fréquemment interrompu par des applaudissements unanimes d'un auditoire prompt à ressentir le trait vif des belles formules d'idéalisme latin. Profondément ému du magnifique hommage rendu à la noble patrie française par les plus hauts représentants de cette grande démocratie brésilienne traditionnellement tendue vers toutes les réalisations du droit humanitaire, je dis ma joie inexprimable

(1) La voix d'un sénateur clérical.

d'entendre parler de mon pays avec le respect et la reconnaissance que mérite la beauté de son action dans le monde. Quel réconfort nous vient d'une si éclatante manifestation de sympathies désintéressées, quelles espérances s'éveillent au contact heureux des peuples en labeur de démocratie pour l'avenir d'une grande paix d'équité, je m'efforçai de le faire apparaître, et les simples paroles d'amicale gratitude qui me montaient aux lèvres éveillèrent sur tous les bancs de la haute assemblée des applaudissements unanimes. Jamais je ne sentis si bien la puissance des grandes idées de noblesse humaine pour élever les cœurs au plus haut des aspirations de fraternité sociale qui ne sont encore, hélas! qu'une espérance. Au moment de lever la séance, le président proposa trois hurrahs pour la France, pour le président Fallières, pour l'hôte du Sénat. Et toute l'assemblée debout, grave d'une émotion contenue, fit retentir trois fois le cri de : *Vive la France!* aux applaudissements des spectateurs.

LE PEUPLE BRÉSILIEN

A mon grand ennui, je ne pourrai parler du Brésil comme j'aurais voulu faire. Je n'y ai passé que trois semaines : assez pour me convaincre de l'intérêt puissant qui s'attache à toutes les manifestations de ce merveilleux pays dans tous les ordres de la pensée et de l'activité humaine, trop peu pour émettre une opinion autorisée sur les hommes de haute valeur que j'y ai rencontrés ou sur les multiples questions que le développement politique et social de cette vive démocratie pose d'une façon plus ou moins pressante à ses gouvernants. Je n'ai pu m'entretenir qu'avec un petit nombre d'hommes politiques. Avide de tout voir, j'ai embrassé trop de choses en peu de temps pour m'assimiler les notions très complexes qui m'auraient permis de me prononcer en pleine connaissance de cause. Je ne puis donc offrir au public que de rapides impressions pour lesquelles je réclame seulement le mérite de la sincérité.

Quand j'ai dit que le bisaïeul de mon excellent ami, M. Arinos de Mello, faisait jouer chez lui les tragédies de Voltaire en 1780, à 1 400 kilomètres de la côte, c'en était assez pour indiquer que ni le haut effort de civilisation générale ni la culture française ne sont choses neuves au Brésil. La République du Brésil est une " vieille " société latine qui peut déjà montrer ses titres de noblesse. Son développement économique, pour n'avoir pas eu une soudaineté d'explosion, comme en Argentine, n'est pas moins remarquable à tous égards et ne doit certainement pas susciter de moindres espérances. Le café, le caoutchouc, le bois, le sucre, le coton, le cacao, le riz, le manioc, les mines, lui offrent des sources de richesses dont l'avenir ne se peut évaluer. D'immenses étendues sont et seront longtemps encore inexplorées. L'esclavage a trop longtemps paralysé l'effort de populations généreuses dont l'incessante activité n'en a pas moins produit d'étonnants résultats.

Pour des raisons nombreuses, au premier rang desquelles il faut inscrire la domination de la théocratie, l'Espagne ni le Portugal n'ont pu jusqu'à présent, dans l'Europe moderne, donner leur mesure. Dans l'Amérique du Sud, les deux peuples se préparent de magnifiques revanches : ce qui ne les empêchera pas, j'espère, de prendre et de garder en Europe la situation à laquelle ils ont droit. Si j'ose en juger sommairement d'après ce qu'il m'a été donné de voir, une rare ouverture d'esprit et, à certaines heures, une puissance irrésistible d'élan qui ne fait jamais tort à des formes d'exquise aménité m'apparaissent comme des traits distinctifs de ce peuple éminemment capable de remplir sa destinée.

J'ai parlé du métissage indien en Argentine où l'élément noir a été résorbé. Il n'en est pas de même au Brésil, où le métis africain, dans la masse populaire, se rencontre à chaque pas. Le Portugais et la négresse font bon ménage (1), ainsi

---

(1) On me dit même que la femme portugaise, quand l'occasion s'en trouve, s'appareille volontiers avec le noir.

que l'atteste une nombreuse lignée de jeunes demi-sang debout dans la sereine nudité du bronze à la porte des cases. Il est assez difficile de préciser les résultats généraux de ce mélange. Le nègre a la réputation d'être paresseux, puéril et bon, quand il ne tombe pas en des crises de fureur. J'ai dit que le péché de paresse n'était point imputable au Brésilien. Il se pourrait que le sang africain fût pour quelque chose dans les démonstrations d'émotivité ou de violences imprévues où se laisse emporter parfois le populaire. Je n'ose trop presser cette explication. Pourtant, à mon avis, la révolte des équipages du *Saint-Paul* et du *Minas-Geraës*, comme des troupes de marine casernées à l'île de Las Cobras, est principalement due à l'impulsivité du sang africain. Les " classes dirigeantes " ne paraissent pas sensiblement touchées par ce flot d'alliage. Mais, pour quelque raison que ce soit, leurs qualités et leurs défauts s'adaptent remarquablement aux dispositions correspondantes de la mentalité populaire. Idéalistes épris d'intellectualité, également prêts aux plus beaux efforts de haute culture et au labeur ingrat sans lequel rien ne peut aboutir, doux et violents tour à tour ou même simultanément, les fils de ce sol, toujours en exaltation de fécondité généreuse, peuvent invoquer, avec un juste orgueil, le témoignage d'une œuvre déjà grandiose qui n'est qu'un commencement.

Dans toutes les régions de l'activité moderne, le Brésil présente sans crainte à la critique européenne des hommes qui peuvent marcher de pair avec nos grands chefs d'entreprises. Même au cours d'une visite brève, on découvre sans peine que ni la qualité intellectuelle ni la méthode ne font défaut. Mais le champ est si vaste qu'il faudrait d'innombrables légions. Considéré en soi, chaque effort peut donc paraître étroitement circonscrit en comparaison de l'œuvre démesurée qui s'offre aux regards. Modestes et persévérants, les bons travailleurs de tout ordre n'en sont pas moins bravement à la tâche, n'épargnant rien d'eux-mêmes et n'attendant de leur développement d'énergie que de nouveaux motifs d'espérer. Est-ce à dire que, dans certains domaines de l'action générale, des défaillances ne se puissent rencontrer ? Trop heureuses les sociétés modernes si cette remarque ne pouvait s'appliquer qu'au Brésil !

En tous pays, les hommes politiques ne sont pas en très bonne réputation auprès des intellectuels. Je ne dirai de mal ni des uns ni des autres. Le mot fameux : " Le néant est un vaste champ, régnez-y ! " se peut appliquer aux hommes les mieux doués lorsqu'ils se contentent de chevaucher la carrière infinie de l'idéal sans s'arrêter aux contingences de la terre. De superbes arrêts de souveraineté géniale, réglant d'un mot tous les problèmes sur lesquels l'humanité s'acharne vainement depuis des siècles, nous sont ainsi venus d'hommes qui ne feraient pas toujours grande figure dans les rôles qui exigent une manifestation de caractère Les hommes politiques, d'autre part, tout insuffisants qu'il leur arrive de se montrer, ont cependant le mérite d'être au pied du mur et d'y faire acte d'ouvriers. Ils sont aux prises avec tous les problèmes, non pas pour rechercher ces " solutions élégantes " où se plaît l'intellectualité, mais pour en faire jaillir des conditions de vie privée et publique qui, selon l'aventure, feront l'heur ou le malheur des sociétés. Peut-être le Brésil est-il trop épris de haute culture pour attacher assez d'importance aux médiocres nécessités de la vie courante. Peut-être est-il trop foncièrement latin pour résister toujours à la tentation de brusquer l'événement. Ces défauts, s'ils ont existé, sont en voie d'amendement. A Saint-Paul ou à Rio de Janeiro, les hommes politiques avec qui il m'a été donné d'échanger des vues peuvent affronter, soit pour la culture, soit pour la volonté d'action méthodique, toutes les comparaisons. Autour de l'empereur, une aristocratie s'était constituée dont il subsiste des vestiges que le grand flot démocratique est en voie de recouvrir. Je ne voudrais nommer personne pour ne pas donner à mes appréciations rapides l'apparence d'une distribution de prix. Qu'il me suffise de mentionner seulement le cas, rare aux contrées latines, d'un *leader* universellement obéi. Je ne doute pas que M. Pinhero Machado ne possède toutes les qualités d'un manieur d'hommes, mais je suis moins étonné de les rencontrer en lui que de constater l'abnégation qui discipline sous ses mains tant d'hommes politiques de mentalité latine.

L'AUTONOMIE DES ÉTATS

Les questions politiques qui se posent sont d'organisation principalement, les principes ne pouvant donner lieu à des contestations sérieuses depuis qu'ils ont été proclamés et même doctrinalement incorporés dans la constitution républicaine. C'est quand on tente de les pratiquer que les difficultés se présentent. L'Empire était de tendances centralisatrices très accusées (1). La République, fédération d'États, à l'exemple des États-Unis, est fondée sur la pure doctrine de l'autonomie des États. Mais, si l'autonomie des États doit être autre chose qu'un mot, il faut que vingt millions d'habitants inégalement répartis sur un territoire, dix-huit fois grand comme la France, puissent créer dans chaque province une force suffisante d'intelligences et de volontés pour former non seulement l'élite constitutive d'un gouvernement, mais, dans les masses populaires, une puissance morale capable de s'exprimer en cette élite : sans quoi la démocratie n'est qu'un déguisement de tyrannie. Dans certains États, comme celui de Saint-Paul, il y a manifestement surabondance de ces énergies. En d'autres, déficit apparent. Le temps et les efforts communs remédieront sans doute à ce fâcheux état de choses. En attendant, l'équilibre est rompu, et la constitution jouit principalement d'une force de théorie. Qu'il en résulte quelque confusion dans les discussions de la presse (2) et du

(1) L'empereur dom Pedro II n'a pas laissé de mauvais souvenirs. Tout le monde en parle avec une respectueuse sympathie.

(2) La presse de Rio ne paraît pas posséder l'outillage supérieur d'informations qui caractérise les grands quotidiens d'Europe ou d'Amérique, mais elle est littérairement rédigée et tient un très bon rang dans la cor-

parlement à cet égard, cela est inévitable, quoique les luttes soient, de doctrine plus que de fait, entre fédéralistes et unitaires.

Les questions religieuses sont à peu près hors du débat public. La séparation de l'Église et de l'État à la mode brésilienne s'accompagne d'un nonce par qui l'innocence sud-américaine croit s'avantager d'un panache pour l'éblouissement du monde extérieur. Il m'a semblé que quelques hommes publics ne considéraient pas sans inquiétude l'activité de certaines congrégations.

Les lois de protection sociale au profit des ouvriers de l'agriculture et de l'industrie sont encore inconnues. La République brésilienne voudra se mettre le plus tôt possible, en cette matière, à la hauteur des vieux pays civilisés, d'autant que nombre de colons, en des régions où l'action administrative ne se fait pas suffisamment sentir, ont si vivement protesté contre de graves abus que des gouvernements européens ont cru devoir interdire l'émigration au Brésil. Prenez garde qu'en cette matière les États brésiliens invoquent leur droit de souveraineté : ce qui conduit le pouvoir central à se déclarer impuissant. C'est dire qu'un progrès d'ensemble sur ces questions vitales se heurte à l'obstacle dont j'ai dit un mot tout à l'heure : l'insuffisante constitution d'une capacité de *self government* dans certains États.

La même observation s'applique à l'enseignement, comme on peut s'y attendre. A un élan général de volontés pour le développement des études supérieures correspond fatalement, en certains États, comme à Saint-Paul, une magnifique floraison scolaire, tandis qu'en d'autres points on se heurte à de fâcheuses insuffisances (1).

poration. Le plus important tirage est celui du *Jornal do Commercio*. L'*Imprensa*, dont le directeur est M. Alcindo Guanabara, membre de l'Académie brésilienne et député, est, avec *O Païz*, un des plus importants journaux de parti.

(1) Il n'est que juste de reconnaître le bel effort du gouvernement brésilien pour la diffusion de l'enseignement. D'après un article de la

L'État de Saint-Paul doit à des instructeurs français une force armée dont il est justement fier. Je n'aurai garde de critiquer l'armée fédérale, dont les chefs sont animés d'un esprit excellent. Mais tout le monde est d'accord pour reconnaître qu'elle a besoin d'être réorganisée. Il est de l'intérêt national que le gouvernement dispose d'une force militaire capable d'assurer l'exécution des lois. Je me permets de penser que cela était plus urgent que l'acquisition des *Dreadnoughts*, où l'on a englouti tant de millions pour aboutir à la révolte des équipages et à la perte d'autorité morale résultant d'une amnistie imposée par des hommes qui venaient de massacrer leurs chefs. On sait que cette déplorable aventure a été suivie d'une rébellion des troupes de marine cantonnées dans l'île de *Las Cobras* et qui, cette fois, a été sévèrement réprimée. J'avais visité ces troupes, qu'on avait bien voulu faire manœuvrer devant moi. Les jeunes officiers m'avaient fait la meilleure impression, et l'installation des casernes ne laissait certainement rien à désirer. Mais il y avait vraiment beaucoup d'hommes de couleur dans le rang. Qui peut dire l'effet, sur ces âmes impulsives, d'une capitulation des pouvoirs publics devant une rébellion militaire ? Les révoltés ont cruellement expié les fautes d'autrui, en y associant les leurs.

COMMENT LA FIÈVRE JAUNE A ÉTÉ VAINCUE

Dans l'ordre de l'administration municipale, le préfet de la ville, M. Inocencio Serzedello Correa, particulièrement attentif à la surveillance de ses écoles, a rendu de très grands services, qu'il serait trop long d'énumérer. Mais l'homme qu'il

constitution, *les illettrés ne peuvent être électeurs*, mais je n'oserais garantir que ce texte soit rigoureusement appliqué. Dans chaque État, l'enseignement primaire est à la charge des municipalités et des États eux-mêmes, à qui revient également la charge des écoles normales. L'appel d'un pays neuf à toutes les activités de l'adolescence est trop puissant pour que l'enseignement doctrinal du second degré obtienne beaucoup de faveur. En revanche, j'ai plaisir à signaler le bel élan des intelligences vers tous les établissements d'enseignement supérieur.

faut tirer hors de pair aussi bien pour l'assainissement de la capitale que pour l'établissement d'une police sanitaire sur tous les points contaminés du pays, c'est le docteur Oswaldo Cruz, qui, au prix d'un labeur que rien n'a pu décourager, a débarrassé Rio de la fièvre jaune. Le gouvernement ne lui a pas marchandé son concours pécuniaire. Mais qu'aurait pu faire l'argent sans l'homme de volonté et de persévérance ?

On sait que la maladie se propage par la piqûre de la femelle d'un moustique, le *Stegomya calopus*, aux approches de la ponte. C'est en 1903 que le docteur Oswaldo Cruz, ayant obtenu du congrès les pouvoirs nécessaires, inaugura sa lutte contre le redoutable fléau. Une police sanitaire, organisée par lui, eut la charge de faire disparaître les eaux stagnantes des rues, des maisons, des cours et jardins, des toits, des gouttières, des égouts, de tous les lieux où pouvaient vivre des larves du *Stegomya*. Il fut aidé puissamment dans sa tâche par les grands travaux d'assainissement général qui se poursuivaient dans la ville : construction de quais (1), terrassement de quartiers marécageux, démolition de maisons infectées, percement de nouveles avenues, etc., etc. Au cours de la première année des travaux d'assainissement, on n'eut pas moins de 550 décès à mettre au compte de la fièvre jaune. Ce chiffre tombait à 48 dès l'année suivante, et, depuis trois ans, pas un seul cas n'a été relevé. Je n'ai pas besoin de dire que la brigade de police sanitaire continue son œuvre et qu'une surveillance permanente est exercée sur tous les points de la ville, habitations comprises, pour faire disparaître toute trace d'eau stagnante. C'est un assujettissement de toute heure. Mais quel résultat d'avoir complètement assaini une ville qui fut un foyer de pestilence et qui est dès aujourd'hui l'un des plus beaux ornements de la planète !

Le docteur Oswaldo Cruz, qui se préparait à partir pour l'Amazone, dont l'état sanitaire est particulièrement mauvais,

(1) J'ai dit qu'à Santos, spécialement infectée, la simple construction des quais, en faisant disparaître tout marécage, supprima définitivement la fièvre jaune.

y avait déjà rempli une première mission l'an dernier. Il va compléter l'entreprise d'assainissement général, déjà commencée, pour laquelle le congrès met à sa disposition tous les fonds nécessaires. C'est peut-être la partie la plus grandiose de sa tâche, car elle doit ouvrir définitivement à toutes les œuvres de l'activité productrice et de la civilisation une immense région d'extravagante fécondité.

Un si formidable labeur suffirait à la gloire d'une vie, mais le docteur Oswaldo Cruz est de ceux qui ne sont jamais au bout de leurs efforts. L'ancien élève de l'Institut Pasteur a voulu doter sa patrie d'un instrument similaire pour les études de thérapeutique et de prophylaxie. Dans une anse pittoresque de la baie de Rio s'élevait une petite construction où un ingénieur de la préfecture dirigeait les travaux d'incinération des ordures. Le docteur Oswaldo Cruz en a fait l'*Institut Manguinhos, Institut de médecine expérimentale,* chargé d'étudier les maladies infectieuses et parasitaires de l'homme et des animaux, ainsi que toutes les questions d'hygiène, et de préparer les différents sérums dont la thérapeutique moderne fait un usage courant. Il n'était peut-être pas nécessaire de recourir aux fioritures du style mauresque pour abriter des travaux qui n'ont pas besoin de fanfare. Pourtant il faut reconnaître que la fantaisie de cette architecture s'harmonise assez heureusemeut avec les naturelles arabesques des feuillages exubérants. L'établissement ne vise à rien de moins qu'à la suprême perfection et, comme on n'a point marchandé les crédits, les résultats sont hors de toute comparaison. Vastes laboratoires, confortables salles de recherches agencées selon les dernières données de l'installation moderne. Salles d'opération pour animaux, avec tables d'opération et l'arsenal complet des instruments chirurgicaux, étuves, appareils à faire le vide. Partout ascenseurs, gaz, électricité, canalisations d'eau et d'air comprimé. Bibliothèque et salle de classement pour tous les périodiques étrangers. Pavillons séparés pour l'étude des principales maladies infectieuses et la préparation du sérum correspondant. Chacune de ces installations comporte une écurie facilement stérilisable, avec *box* où des dispositifs spéciaux permettent de surveiller et de nourrir l'animal sans ouvrir la porte. A chaque pavillon sont annexés une salle de recherches et un laboratoire. Four pour détruire les immondices. Usine électrique, etc., etc.

Sous la direction du docteur Oswaldo Cruz et de deux bactériologistes allemands, une pléiade de jeunes savants brésiliens sont au travail. L'un d'eux, le docteur Chagas, est bien connu du monde scientifique pour ses travaux de bactériologie et de parasitologie. Le champ d'études est infini, tant les maladies tropicales sont encore entourées de mystères, sans compter que la part de l'inconnu n'est pas moindre dans le champ des maladies parasitaires de l'homme et des animaux.

Les *Mémoires de l'Institut de Manguinhos* sont publiés en portugais et en allemand. Je note le grand effort des Allemands pour orienter vers eux le corps médical du Brésil. Des chefs de laboratoire, des assistants, sont venus d'Allemagne, et leurs méthodes scientifiques ont reçu le meilleur accueil. A l'exposition de Berlin, un grand prix fut très justement décerné à l'Institut de Manguinhos. Dans ces dernières années, deux savants français, MM. Marchoux et Salimbeni, de l'Institut Pasteur, furent chargés par le gouvernement brésilien d'une mission d'études sur la fièvre jaune. A l'heure actuelle, deux vétérinaires de notre armée poursuivent à Rio des recherches sur la morve.

Il faut quitter le palais merveilleux du *tueur de moustiques* (1), — c'est le surnom du docteur Oswaldo Cruz. Le soleil monte à l'horizon. Dans la lumière enchantée de la baie se déroulent successivement à nos yeux les molles rives dentelées où toutes les fantaisies de l'ardente végétation se donnent carrière, les masses embrasées des grands rochers nus qui jaillissent de l'eau en fusées de soleil sur le fond vaporeux des montagnes lointaines, les îles où la troupe monstrueuse des

(1) Dans le populaire on donne ironiquement le nom de *tueurs de moustiques* aux brigades sanitaires du docteur Oswaldo Cruz.

grandes masses verdoyantes s'élance vers le ciel comme une offrande de la mer.

L'ILE VIANA

Un mot seulement de l'ile Viana, que je ne pourrais passer sous silence. En l'ile voisine de Viana, M. L..., descendant de Français, a installé ses chantiers de construction navale dont il a bien voulu nous faire les honneurs avec une affabilité où la modestie du propos laissait poindre un légitime sentiment d'orgueil. Je ne décrirai pas des installations connues. L'étonnement de la visite fut de trouver, en ce lieu, aux maîtresses besognes du métal et du bois, une colonie d'ouvriers japonais qui viennent acquérir jusqu'en ces terres éloignées une technicité dont leur patrie réclamera l'usage. Ouvriers ardents au travail, remarquables par la gravité du maintien et l'application soutenue. A côté de chacun d'eux, face à l'outil, un de ces petits gamins aux yeux obliques dont les albums du Nippon nous ont rendu l'image familière. Muet, immobile, concentrant une totale intensité d'attention sur la manœuvre, cet enfant, qui n'a peut-être pas dix ans, est en train de recevoir, sans enseignement verbal, une forte leçon de technique ouvrière dont toute son attitude dit qu'il entend profiter. J'aimerais mieux ces petites créatures dans une partie de ballon. Tels qu'ils s'offrent à nous, je les vois, dès le seuil de la vie, rassemblant de suprêmes puissances d'énergie pour prendre possession de l'avenir. On nous dit qu'ils accomplissent des miracles aux écoles du soir.

La journée de travail finie, M. L... traverse un petit bras de mer et se retrouve dans son île Viana, grand parc qu'il s'est plu à aménager savamment pour la double satisfaction de l'esthétique et du confort. Chaque membre de sa famille a sa maison particulière, — l'habitation, anglaise ou américaine, agencée pour l'utilisation supérieure, avec la meilleure distribution d'air et de lumière par les grandes baies ouvertes aux merveilles de la mer dominées des rampes verdoyantes qui se dérobent dans le ciel. Potagers, champs fleuris, pelouses, bosquets, bois, se succèdent, savamment distribués, avec les grandes trouées de lumière, pour les splendeurs du paysage. Et afin que l'île Viana soit en elle-même tout un monde, voici que les plus beaux oiseaux du Brésil, — où se déploie la suprême magnificence de la gent ailée, — ont été réunis en ce paradis terrestre, attirés vers l'homme par des démonstrations quotidiennes de bienveillance qui ne demandent qu'une rémunération de beauté. A portée de ma main, un grand merle jaune lance une folle chanson de gaieté, cependant que deux toucans, au bec démesuré, humilient d'or et de clair saphir la modestie d'un buisson vert. Je feins de vouloir les saisir, ils se reculent à peine. Mœurs de l'Eden avant la faute ! Je félicite M. L... de ce que, ayant su gagner de l'argent, en industriel avisé, il ait su le dépenser en artiste, — deux qualités d'esprit qui ne voisinent pas toujours.

" C'est très bien, en effet, me répondit-il à demi-voix, mais voyez le résultat. Ma femme préfère Paris, et mes enfants qui trouvaient ici, à vingt minutes de Rio, une occupation digne de les fixer, ont préféré les chances de l'inconnu. Mon fils aîné est à New-York. Ma parole, je crois qu'il vend de l'eau de Seltz ou quelque chose d'approchant. Qu'est-ce que vous dites de ça ? "

Je ne disais rien. Mais je pensais que, même pour les plus favorisés, la vie n'est pas sans apporter quelques mécomptes dans la poursuite du bonheur.

XIII

LA SOCIÉTÉ BRÉSILIENNE : LES ANCIENS ESCLAVES ET LEURS ANCIENS MAITRES

QUELQUES traits de la société brésilienne notés au passage ont pu donner sur ce chapitre un prélude d'informations. La difficulté est de préciser quand le voyageur prétend s'en tenir à sa propre enquête, et que la conscience d'une observation hâtive l'arrête dans la tendance commune à généraliser.

Société très différente de l'Argentine, d'éléments plus distincts, plus complexes, d'orientation non moins européenne sur un même fonds d'américanisme immuable, de culture française peut-être plus affinée, de tendances impulsives plus apparentes et pourtant d'une vaillance au labeur, d'une fermeté de vouloir qui ne peuvent être dépassées. Pour juger l'état social des Brésiliens, il faut se souvenir que l'abolition de l'esclavage ne remonte pas à plus de vingt années. Je ne crois pas que le propriétaire d'esclaves fût cruel par système, mais l'esclavagisme ne repose pas précisément sur l'encouragement à la fraternité. Les constructions que j'ai vues et les explications qui m'ont été données sur leurs usages montrent que les noirs étaient simplement traités comme le bétail qu'on ménage dans la mesure de l'intérêt. Comme il y a presque autant de bonté que de férocité dans l'homme, le maître, sans doute, se montrait doux à ses heures, mais l'institution n'était pas moins démoralisante pour le possesseur que pour les possédés. Les noirs se sont multipliés (1), et si l'abolition de l'esclavage n'a pas causé de secousses violentes, comme aux États-Unis, c'est que l'institution était condamnée dans les esprits avant l'affranchissement.

On a dit que l'esclavage, au Brésil, avait été enterré sous les fleurs. Le fait est qu'il était devenu tout à fait impossible quand on prit le parti de reconnaître qu'il avait disparu. Et comme, par une heureuse chance, il n'y a point de haines de race entre les blancs et noirs, ces deux éléments de la population ont pu continuer paisiblement, dans les conditions nouvelles, une collaboration nécessaire. Ils ont fait plus, puisqu'ils ont mêlé leur sang avec une virtuosité dont j'ai constaté l'entrain. On ne peut que s'en réjouir au point de vue de l'entente sociale en réservant, pour la suite des temps, les chances d'une altération de mentalité.

Tout le monde sait qu'un des traits principaux des sociétés esclavagistes, c'est l'absence des classes moyennes propres à refréner l'arbitraire des oligarchies et à préparer ainsi l'émancipation des opprimés. Quand les " grands blancs " du Brésil eurent proclamé doctrinalement la démocratie, ils n'avaient, pour la faire vivre, qu'une élite intellectuelle d'excellente culture générale et une masse inorganique façonnée, ou défaçonnée, par les mœurs de l'esclavage à laquelle venait se joindre l'apport incohérent des émigrations. Ce fut la situation inévitable au lendemain du décret émancipateur. Lentement, cet état de choses dut se modifier et se modifie. Le substratum du corps social n'en est pas moins tel que je l'ai fait voir. Je sais bien que, dans cet immense territoire, des vastes régions, de sol et de climats différents, nous montrent Indiens et noirs fort inégalement répartis. On compren-

(1) Dans beaucoup de plantations, l'usage était que la négresse qui avait eu six enfants était libérée. Le maître n'avait pas fait une mauvaise affaire.

dra que je ne tienne compte, pour ce résumé, que des masses représentatives. Ici les nègres ont déserté les plantations pour les agglomérations urbaines qui les tentaient par la multiplicité des occupations secondaires, tandis que le colon italien venait se substituer à eux sous le régime d'un contrat de métayage. Ailleurs, les anciens esclaves sont demeurés dans leurs cases pour accomplir, avec plus ou moins d'ardeur, un travail qui leur permet de vivre à leur guise en bonne harmonie avec leurs anciens maîtres.

Pour " l'élite sociale ", il est plus malaisé d'en résumer les traits généraux qu'en Argentine, où les points de comparaison avec l'Europe affluent de tous côtés. Nous sommes contraints toujours d'en revenir à ce point de départ d'une oligarchie féodale, centre de toute culture et de tout raffinement, qui, par un acte de sa propre volonté, est en train de se fondre, sans heurt ni crise de races, dans une masse hétérogène. L'Empire a longtemps maintenu un noyau d'aristocratie dont il ne reste plus que des vestiges. Le danger pourrait être d'un envahissement d'intellectualités inférieures sans la poussée irrésistible de l'esprit brésilien vers la haute culture. C'est dans sa plantation *(Fazenda)*, au centre de son domaine, qu'il faut aller chercher le planteur *(Fazendero)*. Féodal affiné, imbu de la pensée européenne, ouvert à tous les hauts sentiments de générosité sociale qui caractérisa un moment notre aristocratie du XVIIIᵉ siècle, n'ayant pas encore affronté — et destiné à éviter peut-être — les premiers soubresauts des puissances profondes préludant à l'ordre futur en efforts désordonnés, il est infiniment supérieur à la généralité de ses similaires européens issus de la tradition ou surgis des hasards de la démocratie. La vie simple et large du grand propriétaire, en un pays où, pour toutes les nouveautés d'entreprises, la terre sollicite toutes les énergies. Partout des témoignages de ses préoccupations de savoir et de faire. Partout l'éclatante manifestation d'une activité débordante. A Paris, vous passerez à côté de ce dominateur sans y prendre garde, tant il diffère du type de la satire par la modestie de sa parole et la simplicité de sa tenue. Il vaudrait pourtant d'être étudié de près et, quand il vient se pourvoir chez nous de nouvelles forces d'action productive, je voudrais que nos jeunes gens saisissent l'occasion pour aller lui rendre une profitable visite de courtoisie.

Les puissances sociales tendent naturellement à se grouper. Le planteur brésilien, comme les féodaux d'Europe, subit l'assaut de toutes les forces nouvelles du commerce et de l'industrie qui se laissent tenter de maîtrise sociale à leur tour. C'est aujourd'hui le fonds commun de la " société " en tout pays, à Rio ou à Saint-Paul, comme en toute ville du monde. Chez M. le sénateur Azeredo, une très parisienne réception, dont Mme Azeredo fit gracieusement les honneurs, me convainquit une fois de plus combien souvent sont semblables les mondes qui croient dissembler. Sur un coup de télégraphe, les toilettes féminines sont aujourd'hui les mêmes par toute la terre, et si je les ai trouvées moins déraisonnables dans les salons de Mme Azeredo que chez nous quelquefois, Rio ne m'en a pas paru moins empressé que Paris à l'art des ajustements qui font valoir la beauté. Vous dirai-je que les Brésiliennes ont de grands yeux noirs férocement inquisiteurs, le teint généralement pâle, avec, parfois, des reflets de bronze doré, qu'elles ont le propos vif et paraissent trouver plaisir aux chocs de la conversation ? M. Pinhero Machado, M. Guanabara, m'honorèrent d'une invitation qui me permit de voir quelques-uns des hommes politiques de plus près. M. Pinhero Machado a sa demeure dans les palmiers sur une éminence d'où l'on domine toute la baie. J'avoue qu'en ce lieu d'enchantement je me sentais plus disposé à ouvrir les yeux que les oreilles, et cependant, malgré les distractions du paysage, je pus m'initier assez aux mystères de la politique brésilienne, comme j'avais déjà fait chez M. Guanabara, pour comprendre que les causes d'union sont prédominantes dans le monde politique brésilien et le resteront si les questions de personnes sont mises à leur véritable rang.

UN QUADRILLE OFFICIEL

Comment ne pas mentionner le bal commémoratif de l'indépendance du Chili, où j'eus le plaisir de retrouver, parmi les représentants des puissances étrangères, la fleur de la société de Rio ? Je n'en parlerais que pour mémoire si le président de la République, qui ouvrait le bal, n'avait eu, paraît-il, l'idée de me désigner pour faire partie du quadrille officiel, dans le dessein, sans doute, d'honorer mon pays. Quand l'excellent préfet de Rio vint me signifier ce décret de l'autorité publique, le désastre m'apparut imminent et je n'hésitai pas à confier mes appréhensions à la très charmante préfète, qui se déclarait prête à marcher au feu en ma compagnie. L'embarras était que je voyais devant moi les yeux railleurs du nonce rouge avec qui je venais d'échanger une cordiale poignée de main et qui, visiblement, ne me souhaitait pas le succès dans la carrière périlleuse où j'allais me lancer. Timidement j'informai ma "danseuse" que mon dernier quadrille remontait à plus de cinquante années, et je reçus d'elle, en retour, la confidence que son éducation chorégraphique avait été totalement négligée. Le bon gros homme, habillé d'une soie cramoisie et d'une bague où tout un œuf eût pu cuire à l'aise, paraissait s'amuser beaucoup. Mais, moi, j'allais être le scandale de la chrétienté. Joignant nos deux inexpériences, nous convenons, ma partenaire et moi, d'imiter modestement les gestes gracieux que doit suggérer la musique au jeune couple qui nous fait " vis-à-vis ". Là-dessus, le piano, accompagné de je ne sais quoi, se déchaîne, et l'aimable jeunesse, sur laquelle nous devions nous modeler, attend manifestement, de son côté, que nous lui donnions l'exemple. Que faire ? Je regarde les voisins. Ils ne sont pas d'accord. Celui-ci avance, l'autre recule. Le président de la République s'embrouille pour donner du courage aux hésitants. Enfin je comprends qu'il s'agit seulement de marcher sur les pieds les plus prochains et de faire de grands saluts d'excuses, pour recommencer sans délai. C'est ce que j'accomplis avec un plein succès au grand dépit de l'homme rouge obligé de rire jaune au spectacle des grâces que je pouvais mettre au service de mon pays.

J'aurais voulu voir les théâtres. Le temps me fit défaut. J'assistai seulement à une représentation de la *Fille du Tambour-Major*, en italien, au *Théâtre Lyrique*, qui était le principal théâtre de Rio sous l'Empire. On voulu bien mettre à ma disposition la loge impériale, qui est un véritable appartement meublé dans le style Louis-Philippe. On me dit qu'on n'y avait rien changé. C'est donc au compte de l'Empire qu'il faut mettre la présence en ce lieu d'un petit meuble annonçant, à côté d'un sofa, des soins spéciaux d'intimité. On ne peut pas pousser plus loin le souci de la prévoyance jusque dans l'imprévu.

Le théâtre municipal, inspiré de notre Opéra, est un des plus beaux monuments de la capitale brésilienne. Son seul tort est d'avoir englouti trop de millions. Une très luxueuse installation de restaurant, au rez-de-chaussée, s'orne d'une fidèle copie, en briques émaillées, de la frise des *Immortels* rapportée de Suze au Louvre par M. et Mme Dieulafoy. C'est là que la colonie française me fit l'honneur de m'offrir à dîner. Un certain nombre d'hommes d'État brésiliens acceptèrent gracieusement l'invitation de nos compatriotes, et j'eus la grande joie de constater, par les paroles qui furent prononcées au dessert, la parfaite cordialité des relations quotidiennes entre Français et Brésiliens. Notre colonie fut jadis très importante à Rio. Elle a singulièrement décru pour des raisons qui ne sont pas très clairement définies. A la réception dont la chambre de commerce voulut bien m'honorer, je découvris sans peine que la qualité de la représentation française n'avait point fléchi. C'est un hommage que je suis heureux de lui rendre. Il y a trop d'affinité entre les deux peuples, ainsi que j'ai pu m'en convaincre à tout moment, pour qu'aux multiples attractions de ce grand et beau pays ne s'ajoute pas, pour le Français, la joie d'une haute communion de sentiments et de pensées dans un noble accord d'espérances et de volontés.

LA SYMPATHIE POUR LA FRANCE

J'eus l'inexprimable satisfaction d'en faire l'épreuve à mon premier contact avec le grand public de Rio, et l'expérience fut si heureusement renouvelée à Saint-Paul que je pus me livrer en toute confiance au plaisir de parler comme un Français à des Français, sans que rien me vînt avertir des particularités d'une âme étrangère à laquelle je fusse tenu de m'accommoder. Aussi ne sais-je trop comment remercier des auditeurs dont la suprême grâce, aux yeux d'un Français, est de se trouver eux-mêmes une manifestation naturelle de la pensée française. L'Académie de médecine avait poussé la bienveillance jusqu'à me prier de lui rendre visite, et j'avoue qu'ayant conscience de l'indignité de mes titres j'hésitais à affronter ce public de savants. On voulut bien me rassurer en m'affirmant qu'il s'agissait simplement d'un hommage à notre culture. Je me présentai donc, et les premières paroles étaient à peine échangées que ma sensation fut d'une compagnie française. L'art médical étant hors de question, le plaisir raffiné me fut offert de hautes considérations sur la philosophie générale des sciences, telle qu'elle résulte du magnifique effort intellectuel de la France, et sur la puissante contribution de notre pays à l'orientation des énergies civilisées. Quel réconfort en ce touchant appel d'intelligences désintéressées à la justice de l'histoire, quand certains peuples, pour se grandir, témoignent contre eux-mêmes par leur ardeur au dénigrement systématique de l'esprit français.

Une toute autre ambiance assurément à la manufacture de Bangu, admirable usine de filature et de tissage où le coton brésilien arrive à l'état brut et sort sous la forme de ces étoffes imprimées en claires couleurs dont la population ouvrière, pour la fête des yeux, aime à se revêtir. Aussi est-ce en des formes moins abstraites que s'y expriment les sympathies françaises. Là, comme en toute autre partie de la grande République, de brèves paroles dans l'intimité des entretiens souvent m'en ont dit plus que de bruyantes manifestations n'auraient pu faire. Dans tous les domaines de l'évolution sociale moderne, partout où il y a une espérance d'avenir, c'est une noble joie pour nous, Français, d'y trouver le nom de notre pays associé. L'intéressante visite à Bangu, entre beaucoup d'autres, atteste le beau développement de l'effort industriel au Brésil (1). Je n'ai rien vu de plus remarquable en Europe. La capacité pour les Brésiliens de conduire une entreprise jusqu'à son point de perfection n'est donc point inférieure à celle des Argentins. Si j'avais pu disposer de plus de temps, on me dit qu'une promenade, même rapide, m'en eût fait apparaître maintes preuves de toutes parts. Mon court passage à Saint-Paul m'a fourni à cet égard un surabondant témoignage de faits.

J'ai dit que nos lois de protection sociale pour les ouvriers de l'industrie et de l'agriculture étaient inexistantes au Brésil. Ce n'est pas que les hommes politiques n'en aient la préoccupation. Mais ces lois fussent-elles votées, je me demande ce qu'en pourrait être l'application dans le flottement actuel d'administrations insuffisamment centralisées. Il n'en est que plus méritoire, aux grands employeurs brésiliens, de n'avoir point attendu les coercitions de la loi pour améliorer la condition du travailleur. La population ouvrière de Bangu, dispersée dans la campagne en des chalets où aucun des soins de l'hygiène ne paraît faire défaut, offre l'heureuse apparence d'une belle santé physique et morale. Une grande maison commune pour les réunions de tous ordres se complète d'un théâtre où les travailleurs se donnent à eux-mêmes le plaisir des concerts et de la comédie. Il est surperflu d'ajouter que nous fûmes reçus au son de la *Marseillaise* et que la République française y fut acclamée. Je n'ai point dit que là, ou ailleurs peut-être, on ne puisse découvrir des ombres au tableau. Je n'ai point caché les plaintes de certains émigrants en des régions insuffisamment surveillées. Il suffit d'indiquer

(1) Je ne puis omettre de mentionner ma visite à la verrerie française d'Agua-Blanca, qui fabrique 45000 bouteilles par jour.

ce qui est déjà fait pour donner le droit de conclure à ce qui est en voie de se faire.

C'est naturellement le cultivateur des *Fazendas* qui attire le plus d'attention, parce qu'il est la source profonde et presque inépuisable de la richesse nationale. La puissance de production d'un sol, récipient d'énergies séculaires dont la fécondité se renouvelle incessamment sous l'action combinée de la pluie et du soleil, semble n'avoir point de limites. A la sauvagerie de l'esclavage a correspondu le sauvage traitement de la terre dont on demandait tout, sans jamais rien lui donner. La question du rendement en proportion de la fumure commence à se poser. Mais trop de terres encore n'attendent que le premier effort du travailleur. Le problème d'une agriculture rationnelle est pour des temps que nous ne verrons pas.

LA FORÊT BRÉSILIENNE AUX PORTES DE RIO

En attendant, les grandes forêts flambent, emplissant l'horizon de fumée. C'est ce qu'on appelle " défricher ". Pour parler de la forêt brésilienne, ce n'est pas un paragraphe qu'il faudrait, ce n'est pas un chapitre, c'est un livre. Un livre d'un savant qui serait un poète. Je n'ai point visité les féeriques régions de l'Amazone, mais quelque émerveillement qu'elles puissent réserver au voyageur, la violence de la sensation qui m'est venue des forêts de Saint-Paul ne peut pas être dépassée. Il est une limite de notre sensibilité nerveuse au delà de laquelle l'action du dehors sur nos sens se trouve épuisée. Notre vie européenne s'est développée dans une belle harmonie des forces naturelles où toutes nos impressions se sont coordonnées en des formes de beauté dont ce serait un sacrilège de médire, puisque l'art y a puisé ses plus hautes aspirations. Ainsi nous avons vécu, consciemment ou non, dans un équilibre de sensations heureuses qui nous a fait, au contact de la nature, une capacité d'émotion à la mesure des spectacles quotidiens. Soudainement mis en présence d'une nature nouvelle dont les manifestations déroutent nos capacités de sentir et changent l'accommodation de nos organes, il n'en peut résulter d'abord qu'une suprême confusion d'éblouissement. Il faudrait demeurer là jusqu'à l'accoutumance pour qu'un nouvel équilibre de sensations coordonnées pût nous ramener aux éléments d'une esthétique correspondante. Avant d'avoir pu me hausser jusqu'à Berlioz et Wagner, j'ai dû à ces deux hommes de génie quelques maux de tête. Vous plaît-il de rapprocher nos paysages de Gluck ou de Mozart ? Alors vous comprendrez que la fureur wagnérienne de la forêt vierge nous apporte un effet de stupéfaction d'abord, dans lequel l'impossibilité d'une analyse nous laisse en proie un tumulte de superlatifs.

Le jardin botanique de Rio est célèbre dans le monde entier. Par l'imprévu des formes et des dispositions de feuillages, par l'audacieux élan du tronc antique et du juvénile rameau, par le pullulement d'une végétation incoercible qui évoque le spectacle des premiers âges planétaires, l'ordinaire mesure d'admiration se trouva dépassée. Je me promis de revenir, et je ne revins pas, — retenu par des tableaux d'une magie supérieure (1).

Boa Vista, la maison de campagne de l'empereur, au faubourg de Rio, est accompagnée d'un très beau parc qu'on vient de transformer en jardin public. Les *Fluminenses* s'y rendent en famille pour y goûter les plaisirs du soleil sous les grands ombrages. Mais, en vérité, tandis qu'ils cherchent à s'européaniser dans un parc de dispositions savantes, à la mode de chez nous, je préfère m'abreuver d'américanisme aux postes avancés de cette jeune forêt du Corcovado qui marche à l'assaut de la civilisation urbaine et poursuit l'homme jusque dans les rues de Rio.

Cette forêt citadine est un des grands charmes de la capi-

(1) J'avais dit à M. Soarès que je désirais emporter quelques plantes. Il me conduisit chez M. Fonseca, maître jardinier de Rio, qui m'empaqueta trois grands paniers et ne voulut jamais accepter de paiement. Qu'il soit de nouveau remercié !

tale brésilienne. Elle étreint la ville de ses puissantes nervures, semble vouloir refouler les habitations des hommes jusqu'à la mer d'où elles sont venues, s'insinue dans tout espace libre pour fuser dans les rues, se répandre dans les squares, dans les parcs, y installer le triomphe des premières puissances de vie sur l'effort, tardif mais redoutable, de la créature humaine. Arbres, lianes, fougères, broussailles, tout s'élance aux sommets qui couronnent la baie pour demander au soleil un renouveau d'énergie. Penché sur la ville, la haute pointe du Corcovado (1) domine tout l'horizon, et l'on devine que la première pensée de l'homme survenant fut de grimper là-haut pour embrasser d'un coup d'œil le merveilleux domaine. Pas n'est besoin d'un tentateur, comme au Galiléen, pour le désir de possession. Mais, l'œuvre d'appropriation générale de la terre n'allant pas sans quelques rivalités gênantes, il reste aux chercheurs de sommets le plaisir d'objectiver un peu de la planète qui les tient enserrés dans l'implacable réseau d'une attraction souveraine. Le funiculaire se présente tout exprès pour cet objet, et, sans autre peine que de vous laisser glisser sous les branches, vous émergez tout à coup dans le ciel pour une féerique vision de Rio, de sa baie, de ses îles, et d'un tumulte de montagnes amoncelées jusqu'au final effondrement dans la mer. C'est tout un monde qui se révèle, où se résument à miracle les multiples aspects de notre terre, où l'éternelle mobilité des jeux de la lumière compose des tableaux mouvants qui font un drame de vie à la nature inanimée. Est-on bien surpris de rencontrer des Parisiens là-haut ? Pas trop. Le premier effet de notre outillage industriel est de rapetisser notre globe. On voisine aujourd'hui d'un continent à l'autre plus commodément qu'on ne faisait autrefois de village à village. Je m'en félicite d'autant plus que je ne connais rien de plus pressant pour nos Français que le profit de voyages qui leur fourniront les points de comparaison dont ils ont trop souvent besoin.

(1) Plus de 700 mètres d'altitude.

A la descente du Corcovado, arrêtez-vous à *Silvestre*, d'où la pente ombragée d'un chemin taillé au flanc de la montagne vous offrira l'occasion d'une facile promenade de retour à travers l'inextricable enchevêtrement des branchages couverts de végétation parasitaire et ficelés dans des nœuds gordiens de lianes.

Après le *Corcovado*, la *Tijuca* vous appelle, pour aboutir, comme l'autre, à des points de vue. Ici ce sont les plaisirs de la route que je vous recommande. Tantôt sous les grands bambous qui se rejoignent en arches légères, tantôt sous l'embrun d'une cascade bruyante qui bouillonne parmi des nappes de rameaux, tantôt au fond d'une vallée dominée de la fraîche et fragile verdure d'un bois de bananiers, tantôt au sommet d'une colline d'où les replis les plus cachés de la grande baie découvrent, parmi des avalanches de rochers, la paix d'une anse mystérieuse où le flot vient mourir jusque sous les fleurs, l'automobile précipite une course qu'on voudrait ralentir. On s'arrête parfois pour prolonger le plaisir du moment. Si l'on n'y prenait garde, on s'arrêterait à toute minute. Ce qu'un prodige du pinceau traduirait peut-être, mais ce que la plume est incapable d'exprimer, c'est, du dernier brin d'herbe aux cimes de feuillages, une joie de vivre qui gonfle et fait éclater de sève débordante tige, feuille, fleur, fruit, tout organe d'activité végétative. Je me souviens de m'être arrêté au spectacle d'un simple liseron qui présentait ce trait remarquable d'avoir produit quelques milliards de fleurs, enfermant tout un arbre sous une sorte de tente émaillée de flammes bleues. Cela suffit pour accuser la différence des énergies. La *Table de l'Empereur*, la *Vue chinoise* sont le but de l'excursion. Spectacles moins grandioses que du *Corcovado*, mais devant lesquels on s'extasierait partout ailleurs. Un autre chemin nous ramène en ville par une partie de montagne où s'étagent des villas fleuries à mi-chemin du ciel et de la mer.

On arrive à Rio avant de s'apercevoir qu'on a quitté la forêt.

On ne peut parler de Rio sans dire un mot de Petropolis, dont le succès est dû au moustique de la fièvre jaune C'est, en effet, la trop juste crainte inspirée par le voisinage de cet insecte redoutable qui fit émigrer dans une prochaine station de montagne tous les *Fluminenses*, à qui leurs moyens permettaient de s'évader de Rio pendant les heures du soir et de la nuit propices aux ébats de la venimeuse bête. En tête l'empereur — plus tard le président de la République — les ministres, les diplomates, entraînant à leur suite toute famille aisée disposant des moyens de se soustraire au fléau. C'est ainsi que Petropolis — à une heure et demie de Rio — est devenue quelque chose comme une ville d'eaux, une charmante agglomération de villas émergeant d'une forêt de jardins tropicaux. Le monde extérieur, en ce lieu de délices, semble fort lointain. Les diplomates d'Europe passent là de précieux jours, absorbés par les visites, les promenades (il y en a de très belles), et l'oiseux bavardage qui constitue la plus sérieuse partie de leurs occupations. Ce n'est pas que la besogne pût leur faire défaut. Mais on sait assez que, par toute la terre, la coutume l'emporte sur l'utilité. Or, la coutume elle-même a ses exigences. Depuis que le moustique a quitté Rio, le gouvernement s'est installé dans la capitale, — laissant la diplomatie et ses paperasses dans la montagne de Petropolis. Que peut une diplomatie sans un gouvernement autour de qui *circonlocutionner* ? Pour une démarche de pure forme, il faut prendre le train. Rentrer le soir est une fatigue. On couche à l'hôtel. Des amis vous retiennent, et, tandis qu'on s'attarde aux plaisirs de Rio, la " valise " arrive à Petropolis. C'est pourquoi il n'y a qu'un cri : " Il faut que les diplomates s'installent à Rio ", auprès du baron de Rio Branco, qui, pour mieux dérouter nos bons plénipotentiaires, trouve généralement le moyen d'être à Rio quand ils sont à Petropolis et *vice versa*. Seulement cela ne se fera pas sans une dépense de monnaie.

Avis aux commissions du budget.

Therezopolis est une autre station de montagne, à trois

heures de Rio. Sur la rive opposée de la baie, un chemin de fer escalade ou contourne les premiers contreforts, à travers la forêt, jusqu'à l'arrêt d'un vaste plateau où des routes suffisantes invitent à de belles promenades dans toutes les surprises de cette végétation furieuse dont on s'émerveille à chaque pas. Un grand cirque de montagnes dénudées se hérisse de pics acérés dont le plus notable, en forme approximative d'index, est dénommé *Doigt de Dieu*. De quelque côté que vous portiez vos pas, partout à l'horizon se dresse le commandement impérieux de ce doigt formidable qui semble tracer aux astres leur chemin. La beauté de Therezopolis est dans la course effrénée des torrents, pour qui l'obstacle des grandes roches amoncelées n'est qu'une occasion de bonds formidables au détriment de la sauvage ruée des grandes frondaisons en combat pour la vie. Et comme la fureur de cette lutte éperdue est pour moi le spectacle incomparable, j'avoue que les tableaux de forêt qui se succèdent des deux côtés de la voie ferrée, depuis la baie de Rio jusqu'à Therezopolis, ont été l'enchantement de cette journée. Hautes fougères élevant dans le ciel la fine transparence d'un léger parasol, bambous monstrueux jetant dans la mêlée l'agression de furieuses pousses en forme de longs javelots verts, arbustes grêles et forts de toute figure et de tout feuillage s'insinuant parmi les lourdes branches épuisées de végétations parasitaires, les grandes lianes, en évolutions de boa, projetant des sommets les fins tentacules qui, au contact du sol où ils vont s'implanter, puiseront, pour les luttes futures, des énergies nouvelles, une petite liane à feuilles de bambou, si délicate qu'on n'en voit pas la tige, enveloppant des arbres entiers d'une frêle et résistante gaze, pour les transformer en de gigantesques cabinets de verdure dont ceux de nos anciens jardins classiques paraissent comme une réduction, tous ces aspects et bien d'autres encore du tumultueux champ de bataille où les gestes, pour être figés, n'en donnent pas moins la mort, éveillent une admiration à tout moment renouvelée, dont on ne se lasse jamais.

DE RIO DE JANEIRO A SAINT-PAUL

Ce n'est pas la forêt qui nous attend sur la route de Rio à Saint-Paul. L'homme a passé par là. Partout la dévastation systématique de l'incendie. Grâce à l'extrême obligeance de M. Paul de Frontin, directeur de la compagnie, sans oublier deux amis dont j'aurai l'occasion de reparler, MM. Teixeira Soarès et Augusto Ramos, le voyage s'est accompli dans des conditions de confort qui en ont doublé le plaisir. C'était un grand point pour bien voir le pays. Quoi de mieux pour cela que de mettre la locomotive à l'arrière, tandis que le premier wagon, disposé en salon, a sa cloison de l'avant remplacée par un simple balcon ? Avec un suffisant appareil de couvertures, on se trouve installé au centre du paysage pour saisir d'un coup d'œil, au fil d'une course rapide de 500 kilomètres, montagnes, fleuves, vallées, d'un bout à l'autre de l'horizon. Ainsi j'ai pu, tout le jour, m'enivrer de grand air et de lumière vive, anxieux de beautés inconnues. A dire vrai, je n'ai rien vu que montagnes et coteaux sauvagement dépouillés de leur naturelle parure. En des replis de terrain des petits bois de bananiers indiquent le voisinage des huttes primitives où s'épanouit le colon noir et sa jeune famille offrant aux caresses du soleil l'impudeur d'un bronze qui ne sait pas rougir. Vie de cultivateur nonchalant qui attend de la terre offerte à ses efforts, pour un minimum d'énergie, un maximum d'espérances. Terre cultivée ou en friche, en cette saison, c'est le même aspect de nudité sauvage. Parfois au sommet d'une colline, l'ancienne plantation avec le développement des murailles où se parquait le troupeau des esclaves, les caféières abandonnées parce que la terre s'est fatiguée de produire sans engrais, des étendues de pâle verdure où s'annonce la jeune pousse du riz (1), des cours d'eau semés de

(1) Le riz, lorsqu'il est semé à l'aventure et abandonné aux soins des éléments, est connu sous le nom de *riz Providence*, marquant ainsi que, pour la récolte, l'homme compte plus sur l'intervention du Ciel que sur son propre labeur. Le mot dépeint assez bien l'état d'esprit de certains colons brésiliens.

(241)

rochers parmi les broussailles, dernier refuge de la vie ailée, des vestiges de forêts calcinées avec le surgissement aussitôt réprimé de la végétation nouvelle qui veut reprendre la course au soleil, et, parmi les buissons des palpitations de flammes bleues qui sont des papillons, les éclairs de flammes rouges qui sont des oiseaux, des lueurs bronzées de feux follets qui sont une danse d'oiseaux-mouches.

Et partout l'horizon, taché de fumées noires, dit les forêts qui flambent pour faire place aux moissons. Spectacle attristant des destructions de beautés pour un résultat utilitaire qui n'a pas l'excuse de la nécessité, puisqu'on ne s'en prend aux splendeurs des forêts que pour s'épargner la peine d'une culture moderne des terres épuisées. On me dit qu'aux premières flammes les grands carnassiers de l'air accourent en troupes pour couper la retraite aux singes, aux serpents, dans leur fuite éperdue. Cette dernière partie du drame ne s'est point présentée à mes yeux, mais j'ai pu voir de près l'horreur de la sinistre flambée. Dans les crépitements des palmes embrasées, dans les tourbillons d'aveuglante fumée sillonnée de lueurs fulgurantes, rameaux et branches jonchent le sol d'un immense bûcher d'où émergent les grands fûts noirs déjà mordus de la flamme qui vont bientôt s'abattre avec fracas, joncher de leurs cadavres la caféière de demain pour les temps indéterminés que veulent les lentes décompositions de la mort, formes nouvelles des recompositions de la vie.

La nuit tombée, nous sommes en gare de Saint-Paul, où les vivats des étudiants en l'honneur de la République française nous font une joyeuse entrée. Quelques instants après, un banquet nous apporte la joie des hautes paroles d'idéalisme où se rencontrent Brésiliens et Français en de fraternelles espérances.

LA VILLE ET L'ÉTAT DE SAINT-PAUL (SAO PAULO)

La ville de Saint-Paul (350 000 âmes) est si curieusement

française dans certains de ses aspects qu'au cours de toute une semaine je ne me souviens pas d'avoir eu le sentiment que j'étais à l'étranger. Que le français y soit communément parlé, cela n'est pas particulier à Saint-Paul. La société pauliste, qui a, de tradition, une personnalité plus accusée peut-être que toute autre agglomération similaire dans la République du Brésil, présente ce double phénomène de s'orienter résolument vers l'esprit français et de développer parallèlement tous les traits d'individualité brésilienne qui déterminent son caractère. Tenez pour assuré que le Pauliste est Pauliste jusqu'au plus profond de son âme, Pauliste au Brésil aussi bien qu'en France et partout ailleurs ; et, ceci accordé, dites-moi s'il fût jamais, sous l'homme d'affaires à la fois prudent et audacieux qui a fait la valorisation du café, Français de manières plus courtoises, de conversation plus aimable, d'esprit plus aristocratiquement léger ? Causez avec M. Antonio Prado, préfet de Saint-Paul, l'un des premiers citoyens de la ville, et pas un moment l'idée ne vous viendra que l'élégante simplicité de la parole puisse exprimer autre chose qu'une âme de France. Il en sera ainsi pour son gendre, M. Arinos de Mello, dont j'ai déjà parlé, fin homme de lettres qui partage son temps entre la forêt vierge et le boulevard. Français ensoleillés du Brésil, ou Brésiliens avides des pures sources latines ? Qu'importent les mots, si les cœurs fraternels battent d'un même sang !

Parce que le caractère pauliste est fortement constitué, parce que l'autonomie des États brésiliens permet le plein développement d'une activité indépendante dans le vaste domaine de liberté fédérale, des gens se sont empressés d'en conclure à des rivalités de provinces, prêts à voir des tendances séparatistes là où il n'y a rien qu'un désir légitime de libre évolution sous la commune protection des intérêts confédérés. L'État de Saint-Paul et l'État de Rio sont à la tête de la confédération tant par leur activité intellectuelle que par leur expansion économique. Le développement de leur puissance dans la fédération doit naturellement avoir pour mesure la somme d'autorité qu'ils ont su acquérir dans l'exercice de leur *self government*. Et comme nul ne cherche à empiéter sur leurs droits, puisque la seule critique serait, au contraire, de l'inaptitude provisoire de certains États à remplir tous les devoirs du libre gouvernement, comme toute manifestation de séparatisme ne pourrait aboutir qu'à l'irréparable affaiblissement de chacun et de tous, pas un esprit sérieux, à Saint-Paul, à Rio, ou ailleurs, qui ne se refusât à discuter l'éventualité d'un relâchement du lien fédéral. Les Paulistes sont et resteront des Paulistes, mais des Paulistes brésiliens.

Je devais ma première visite au chef du gouvernement de Saint-Paul, qui m'honorait d'une généreuse hospitalité. M. Alburquerque Lins, président de l'État, me reçut en compagnie de ses ministres, M. Olavo Egydio de Souza, ministre des Finances ; M. Carlos Guimaraès, ministre de l'Intérieur ; M. Washington Luis, ministre de l'Armée, à qui voulurent bien se joindre M. Jorge Tiribiça, qui a cédé le fauteuil présidentiel à M. Lins, et qui est l'un des hommes d'État les plus distingués du Brésil ; mon éminent ami M. Augusto Ramos, le principal auteur de la valorisation, et notre vice-consul M. Delage, dont je ne saurais trop louer le tact, la vive intelligence et la haute compréhension du devoir. En dépit de sa crainte exagérée d'une connaissance insuffisante de la langue française, le président me dit en termes excellents sa vive sympathie pour la nation française, dont témoigne assez haut son amicale réception. Je ne manquai pas de lui exprimer, à mon tour, les sentiments de cordiale fraternité qui nous animent à l'égard du Brésil et de l'esprit brésilien en général, aussi bien qu'envers l'État de Saint-Paul et la société pauliste en particulier. Pour illustrer le fait que ces paroles ne sont point purement protocolaires, une conversation s'engage où Saint-Paul et la France sont si bien mêlés que le Pauliste manifeste autant de plaisir à célébrer la France que le Français à dire son admiration de l'œuvre incomparable où les Paulistes ont su mener de front, avec une rapidité vertigineuse, tous les développements d'une société moderne qui mesure aux miracles du passé les espérances de l'avenir.

Mon plaisir est de courir la ville au hasard. On ne peut demander à Saint-Paul le décor de Rio. Le pittoresque toutefois ne fait pas défaut. La banlieue de Saint-Paul, où les riches villas relèvent de couleurs vives l'épanouissement somptueux des jardins, offre de beaux points de vue. A l'extrémité d'une esplanade plantée d'arbres, le plateau brusquement s'abaisse en une douce vallée où, tandis que le prix des terrains le permet, la ville de Saint-Paul pourrait se tailler un parc digne de ses ambitions, car le jardin qu'elle décore de ce nom n'est plus qu'un aimable témoin de la modestie du passé.

La promenade nous conduit au musée construit sur une éminence où fut proclamée l'indépendance du Brésil. Très belles collections de zoologie, de botanique, de paléontologie. On me fait admirer des papillons qui ont près de 30 centimètres d'envergure (1) et des oiseaux-mouches sensiblement plus petits qu'un hanneton. Je m'arrête aux vitrines où sont exposés les vestiges de la préhistoire américaine ainsi que tous ustensiles, ornements et parures sauvages des Indiens de jadis, — tristement affublés aujourd'hui de parties de culottes et de restes de chapeaux melon.

On me fait visiter, en passant, le nouveau théâtre (à peu près achevé) qui doit rivaliser avec celui de Rio, bien que n'ayant pas coûté la moitié du prix de l'autre. M. Ramos Azevedo, l'éminent architecte qui nous en fait les honneurs, a su joindre le suprême souci de l'art à la réalisation d'heureux aménagements. Entre tant d'hommes aimables je lui dois une mention particulière, car, au jour de ma fête, les membres du gouvernement ayant fleuri mon salon avec extravagance, M. Ramos Azevedo s'est mis hors de pair au moyen d'une merveilleuse gerbe d'orchidées. Encore osa-t-il s'excuser

(1) Pendant trois jours, la ville fut envahie d'un nuage de grosses phalènes qui jonchaient le sol par millions, par milliards, pour être écrasées sous les pieds du passant et exhaler la plus désagréable odeur.

en alléguant que la floraison de ses serres était à peine commencée.

Le peu de temps dont je dispose ne me permet pas de voir les écoles au développement desquelles le gouvernement pauliste attache une suprême importance. J'ai promis cependant de visiter l'école normale, et vraiment je ne pouvais moins faire, car il n'est pas un pays d'Europe où ce merveilleux établissement ne dût servir de modèle. C'est un regret pour moi de ne pouvoir inviter le lecteur à me suivre dans tous les détails de l'institution, salles d'études, jardins, ateliers professionnels. Le jeune directeur, M. Ruy de Paula Souza, qui est un élève de notre école d'Auteuil, fait le plus grand honneur à ses maîtres et ne cache point que toute son ambition est de les dépasser. Une trop flatteuse réception fut organisée, où j'eus la très vive surprise d'entendre citer quelques-uns de mes écrits au cours d'une très belle harangue qui me fut adressée par un des professeurs. Une chaude ovation à la France et à la culture française ! A la cordialité des manifestations en l'honneur de notre pays se joignait le charme d'une aimable expansion de fraternité intellectuelle. Pour des membres de la même famille, la joie de se retrouver et d'exprimer les sentiments communs noblement développés au cours d'une longue histoire. C'est l'impression qui me vint du chaleureux accueil de la jeunesse des écoles, aussi bien à l'école normale qu'à la faculté de droit, où un étudiant voulut bien m'adresser, en excellent français, un discours où se trouvait le meilleur thème d'introduction à la conférence qui allait suivre. Le soir, retraite aux flambeaux de ces mêmes jeunes gens. Je suis encadré, à la fenêtre, de deux officiers français. Du balcon de la maison qui me fait face, un étudiant m'adresse une vibrante allocution. La procession défile au son de *la Marseillaise*, dans un tumulte de vivats en l'honneur de la France.

LA MISSION MILITAIRE FRANÇAISE

J'ai parlé de deux officiers français. C'est qu'il y a ici une mission militaire française à qui revient l'instruction des troupes de police chargées d'assurer la sécurité dans l'État de Saint-Paul. Le colonel Balagny, qui la commande, est en congé. Le lieutenant-colonel Gattelet, son remplaçant, est un officier de mérite qui paraît mener de front, sans effort, le vif sentiment de la discipline et les formes aimables de l'urbanité française.

J'ai constaté avec plaisir que la mission était très populaire à Saint-Paul. Dès que retentit la marche de *Sambre-et-Meuse*, la foule s'assemble pour acclamer — officiers français en tête — une troupe qui est son orgueil. J'eus le plaisir d'une belle revue au champ de manœuvres de Varzea de Corma. Le soldat de Saint-Paul figurerait à Longchamp avec honneur, car pour la précision et la régularité des mouvements, il ne redoute aucune comparaison. Je dois dire que les officiers brésiliens qui secondent la mission manifestent un zèle auquel revient, pour une bonne part, l'honneur du résultat obtenu.

Comme je félicitais le colonel Gattelet, je crus devoir lui demander si, pour amener ses hommes au point où je les avais vus, il lui était nécessaire de recourir souvent aux punitions.

" Des punitions ? me dit-il, je n'ai jamais la tentation d'en donner. Je n'en ai pas même le droit, puisqu'il me faudrait, pour punir un homme, l'autorisation préalable du ministre de la Guerre. Mais l'occasion ne m'est jamais venue d'y penser : mes hommes sont dociles en même temps qu'alertes et toujours de bonne humeur. "

Je ne pus qu'admirer. Il est vrai que nous avions là une troupe d'élite à laquelle, outre de beaux avantages pécuniaires, on offre, sous le nom vulgaire de casernes, des demeures qui, tant pour l'aménagement des services que pour l'hygiène et le confort, dépassent tout ce que la misère de nos budgets nous permet d'offrir au troupier français.

XIV

LE CAFÉ DU BRÉSIL

ON ne peut pas parler du Brésil, de Saint-Paul surtout, sans
voir aussitôt surgir la question du café. Le développement
fabuleux des caféières en ces dernières années et les rendements
qui ont créé une extraordinaire accumulation de richesses ont
attiré sur les *fazendas* brésiliennes l'attention du monde entier.
Il y a là-dessus de gros livres auxquels je me fais un plaisir de
renvoyer le lecteur. Ils y trouveront des chiffres que je pourrais leur donner, tout comme un autre, mais que j'écarte de
parti pris, parce que j'entends laisser à la statistique sa particulière éloquence et me confiner dans le domaine de ce que
j'ai vu.

Pour voir des plantations de café au Brésil, il suffit d'ouvrir
les yeux. C'est ainsi que je puis vous présenter le caféier comme
un arbuste de 3 à 5 mètres de haut, dont le feuillage et le port
évoquent le souvenir du laurier. La fleur est, à peu de chose
près, celle de l'oranger, avec un parfum plus subtil. Le fruit
ou " cerise ", d'abord rouge, puis brunâtre, renferme deux
grains affrontés. La particularité du caféier, c'est, après la floraison générale dont le spectacle me fut offert, de porter en
même temps fleurs et fruits à tous les degrés de la maturité.

Dans ces conditions, la récolte, quelque moment qu'on choisisse pour la faire, ne peut donner que des grains inégalement propres à la consommation. Pour procéder rationnellement, il faudrait faire plusieurs récoltes au cours de l'année, mais les frais n'en seraient pas compensés par l'amélioration de la qualité dans des quantités de rémunération suffisante. C'est pourquoi le *fazendero* fait en général une récolte annuelle, recueillant d'un seul coup des grains de valeur très variable, depuis le petit grain roulé, dit *moka*, qui se trouve sur tous les plants, jusqu'aux grains de maturité plus ou moins parfaite, à destination, vaille que vaille, du consommateur " moyen ". Non que le *fazendero* commette la faute de livrer au commerce un mélange où toutes les qualités sont confondues. Après le séchage en plein air sur de grandes surfaces bitumées, le café est trié à la machine, et 'on obtient ainsi *sept sortes différentes* dont le prix varie naturellement avec la qualité.

Par malheur, les négociants trop avisés qui reçoivent du Brésil cette marchandise ainsi classée ne connaissent pas d'occupation plus urgente que de combiner d'astucieux mélanges, nécessairement au profit de leur bourse comme au détriment de nos palais. Mystères de Bercy dans le domaine du café ! Ne vous étonnez pas si la précieuse graine ne paraît acceptable aux gosiers les plus mal lotis qu'à la condition de la dénaturer par le moyen de la chicorée, de la figue brûlée ou de l'avoine grillée spécialement chère au populaire nord-américain. Le plus beau de l'affaire, c'est que le café du Brésil a mauvaise réputation chez nous auprès des gourmets qui se délectent du " moka " de Santos. J'avoue qu'une de mes surprises au Brésil a été de trouver le café commun fort au-dessus de ce qu'il nous est donné de boire chez nous dans les meilleures maisons. C'est une boisson légère, d'un arome subtil et doux, qui n'embarrasse point l'estomac et ne procure pas l'ordinaire tension nerveuse aboutissant à l'insomnie. Dans les hôtels, dans les gares du Brésil, une tasse de café est un raffinement de plaisir, autant par la finesse du goût que par l'effet tonique immédiat, tandis qu'il vaut mieux ne pas parler de ce qui nous est offert sous le même nom dans les établissements similaires de nos pays. Les tasses sont plus petites assurément, mais je ne crois pas qu'un Brésilien en boive moins de cinq ou six à la journée. Il est vrai que j'ai entendu attribuer " l'excitabilité brésilienne " à l'intoxication caféique. Encore faudrait-il savoir ce qu'est, au juste, cette " excitabilité ", et si les pays de l'alcool ont le droit de le prendre de très haut avec ceux du café. L'homme, de toutes parts, recherche des moyens de surénergie et n'en obtient jamais que des satisfactions passagères — toujours payées, sous quelque forme, d'une réaction d'atonie ou d'un désordre d'hypersthénie.

On ne s'étonnera pas que le café soit dans toutes les bouches, à Saint-Paul, aussi bien pour la dégustation que pour l'intérêt du propos quotidien. Si le café a fait Saint-Paul, je puis attester que Saint-Paul le lui rend bien. Toutes les activités musculaires et cérébrales sont tendues vers l'unique objet. On y a engagé des sommes énormes, on y a gagné beaucoup d'argent, et l'on a craint un désastre irréparable aux jours de la valorisation. Il m'est impossible de m'étendre sur les conditions économiques de la culture du café dans les États de Saint-Paul, de Rio et de Minas-Geraës. Je me borne à renvoyer le lecteur qui veut être éclairé sur ce point à l'excellent livre de M. Pierre Denis (1).

Pour la *valorisation*, qui fut un coup d'audace sans parallèle, elle consista, quand la surproduction menaça le marché d'un effondrement, à prohiber les plantations nouvelles et à faire acheter par l'État de Saint-Paul (au moyen d'une opération financière dont le détail n'a rien à faire ici) le surplus du stock — huit millions de sacs environ — entreposé jusqu'au rétablissement du cours rémunérateur qui permettra de les rendre progressivement au marché. Opération de socialisme d'État à outrance qui est en voie de réussir contre l'attente des économistes, et que je ne conseillerais pas de recommencer légèrement. On pense bien que l'opposition fut grande à ce

(1) Pierre Denis, *Le Brésil au XXe siècle*, librairie Armand Colin.

coup hasardeux, où les risques pouvaient se chiffrer par des centaines de millions et qui dénot‹ si remarquablement l'extra-ordinaire mélange d'audace et de calcul avisé chez les hommes d'État brésiliens. C'est surtout à l'ancien président de l'État de Saint-Paul, M. Jorge Tibiriça, et à M. Augusto Ramos, planteur de l'État de Rio, qu'en revient le périlleux honneur.

VISITE D'UNE " FAZENDA "

Vivement intéressé par les péripéties de ce drame social où fortune publique et fortunes privées menacèrent un moment de sombrer, je devais manifester mon désir de visiter le grand laboratoire de la *fazenda* où l'alchimie moderne transmute en pièces d'or la *terre rouge* recélant la mystérieuse *diabase* nourricière du caféier. Un des membres de la famille Prado nous offre aimablement de nous montrer sa *fazenda* de Santa-Cruz. Le ciel jaloux s'était obscurci pour voiler d'un rideau de fine pluie les beautés du paysage. Mais les hommes, hélas! avaient fait pis encore, car c'est une navrante introduction aux gloires de la *fazenda* que le voyage à travers les grands tisons fumants de la forêt incendiée. Au loin de monstrueux bûchers flambent encore. Autour de nous, ce n'est que cendres, branches carbonisées dont il semble que cette pluie poudrée ne fasse qu'aviver la combustion. D'énormes tiges vertes laissent pleurer la sève par d'affreuses brûlures, tandis que de grands arbres maintiennent encore dans le ciel le triomphe de leur feuillage sur un tronc calciné où la vie ne reparaîtra plus. Le Brésilien contemple ce spectacle d'un œil indifférent, ou même avec la satisfaction des récoltes anticipées. Je n'y vois que l'horreur d'un abattoir. Au moins nous cachons-nous pour le massacre des innocentes bêtes, puisqu'une implacable loi veut que la vie s'alimente de la vie. Que ne pouvons-nous dérober à la vue ce massacre sauvage des beautés de la forêt ?

Entre deux récoltes, la *fazenda* est au repos. Nous passons en revue les différentes opérations, du séchage au triage, jusqu'au départ des sacs à destination de Santos. Bien que l'aimable propriétaire dirige lui-même la visite, il n'est là que pour nous accompagner. La demeure imposante, les jardins, très beaux, sont sans vie. La colonisation italienne a succédé à l'esclavage. La ville appelle l'ancien maître, devenu simple patron. L'intendant surveille les colons, groupés en village, dont le travail est réglementé comme dans l'industrie. Sous la crasse originelle, les familles semblent prospères. Ce ne sont que petits enfants et petits cochons, — ces derniers reconnaissables à ce qu'ils passent à l'eau d'aventure. Il ne faut pas s'y fier cependant, car, au bord de l'étang voisin, la redoutable mâchoire du crocodile aux aguets les happe quelquefois.

Dans le travail de la caféière, toute la famille est à l'œuvre. Hommes, femmes, enfants, se livrent d'une même ardeur au travail du sarclage qu'il faut répéter cinq ou six fois par an. L'Italien, prolifique, trouve là de grands avantages. D'autant que des terrains lui sont réservés aussi bien pour son bétail que pour la culture du maïs, du manioc et du haricot noir dont il fait sa nourriture. Souvent aussi il lui est permis de faire ses plantations dans l'espace resté libre entre les pieds de café. L'époque de la cueillette est pour toute la colonie le moment du coup de feu. Les caféiers de Saint-Paul ont la réputation de n'avoir qu'une floraison, partant qu'une maturité d'ensemble. Je les ai vus couverts de fleurs, tout en bouquets blancs. Je n'en ai pas moins constaté l'irrégularité des grains au triage de la *fazenda*.

Nous nous engageons dans les caféières, vastes étendues de terres rouges régulièrement plantées. Sur les côtés de la route ou au travers des jeunes plants, de grosses branches carbonisées, que l'incendie a couchées là il y a une douzaine d'années, embarrasseront le sol jusqu'aux décompositions finales. D'énormes troncs surgissent que le soleil effrite lentement, déplorables restes des rois de la forêt, envahis par un peuple d'arbustes verts pour le triomphe de l'uniformité monotone sur les antiques dominations condamnées. Parfois quelque géant, miraculeusement échappé aux flammes, du brasier se dresse dans le ciel en témoin formidable des splendeurs du passé. Dans la nudité de l'immense étendue où la végétation caféière semble à fleur de sol, l'œil, faute de points de comparaison, ne peut saisir les dimensions véritables. Mais, dès qu'on s'approche, ce ne sont plus que des oh ! et des ah ! d'ébahissement. Tel de ces arbres, dont le fût n'a pas moins de 70 mètres de hauteur, ne put être encerclé par onze hommes, bras tendus, à la base du tronc. On me dit qu'il vaut de 2 000 à 3 000 francs. Il y aurait quelques frais pour le transporter au chantier d'utilisation.

Sous la douce aspersion d'une pluie voletante en gouttes de lumières, nous entrons dans la grande forêt au travers de laquelle une voie à peu près carrossable est tracée. Ce n'est point ici la forêt en décadence, réclamée du foyer de l'usine, comme à Santa Ana ou à Lulès. C'est toujours la forêt dont les siècles ne se peuvent compter, ainsi que l'attestent les titanesques survivants des âges inconnus, mais la forêt éternellement jeune, dont aucune mesure de temps ne peut ralentir l'énergie. Des hautes architectures de troncs et de branchages, striés d'une gamme infinie de lumières, se succèdent dans les profondeurs, pour une nouvelle fête des yeux. Les lianes se jettent à l'assaut des branches, serpentent, se croisent en mille détours, tandis que des fûts légers s'élancent en pièces d'artifices pour éclater dans le ciel en bouquets de verdure fleurie. Des arbres monstrueux une partie du tronc seulement se découvre. Sous l'inextricable réseau des ramures, le *Jequiticaba*, tout blanc, étayé de hauts contreforts en éperons parmi lesquels un homme disparaît, monte en tour souveraine, comme une Babel qui aurait réussi.

Un colosse qui s'est abattu, il n'y a pas plus de trois jours, gît à nos pieds, pour nous montrer où toute gloire terrestre finalement aboutit. Il est tombé sans l'excuse d'une tempête, sain, droit et fort, avant d'être entamé par les déchéances de l'âge, simplement parce que la fatalité des efforts de vie souterraine qui l'enserraient de toutes parts voulait qu'il finît là. Nous le palpons, nous le mesurons, nous nous rendons familiers avec ce prodigieux cadavre, et nul de nous ne retrouve le mot de l'assassin du duc de Guise : " Je le croyais plus grand. " Non. Gisant à nos pieds, il ne nous émerveille pas moins que debout dans sa gloire d'un jour. La splendeur de la vie nous émeut jusqu'en la beauté de la mort. Aux clairières, où les grandes palmes se balancent en parasol au plus haut des tiges élancées, des troupes de perruches se communiquent bruyamment leurs impressions sur notre présence qui, si j'en juge par l'accent, doit leur paraître de mauvais présage. Aux trouées de ciel bleu nous les voyons tournoyer avec un terrible bruit de malédictions. On m'avait promis des singes, mais il paraît que le bruit des carrioles éloigne nos cousins, qui n'acceptent — à distance — que la société du piéton. Je pensai qu'en m'éloignant de mes compagnons la chance pourrait m'être donnée d'une rencontre imprévue. Même en l'absence du *Pithecanthropus erectus*, un petit homme à quatre pattes, qui serait venu vers moi pour me souhaiter le bonjour, aurait trouvé un accueil fraternel. Puisqu'il ne venait pas, pourquoi ne pas aller à lui ? Mais ce n'est pas une médiocre entreprise de marcher, au risque de déranger un trigonocéphale dans des détritus de forêt où l'on enfonce jusqu'au ventre, sans compter qu'il n'est aucun point de repère et qu'avant d'avoir fait 100 mètres on serait perdu. Aussi mon ardeur se trouva bientôt calmée. Ni singe, ni serpent.

Je puis me consoler de la double mésaventure, d'autant que tous les serpents du Brésil déjà n'avaient plus de mystères pour moi.

LE JARDIN DES SERPENTS
                    ET L'INSTITUT DE BUTANTAN

Je les ai contemplés tous ensemble dans un charmant petit jardin que le docteur Vital Brazil a disposé tout exprès pour eux à Butantan. Serpent corail, trigonocéphale, serpent à sonnette, il faut les voir se couler doucement dans l'herbe, grimper aux arbustes où l'on a bientôt quelque peine à les distinguer des branches, ou chercher l'isolement des abris préparés. N'était l'absence de notre mère Ève, on se croirait au paradis terrestre. Il faut dire qu'un fossé plein d'eau, surmonté d'un mur, rendrait vaines les simagrées du Malin. Aussi n'est-ce point là que je les ai abordés. Le docteur Brazil me les a présentés dans son laboratoire en des bocaux transparents où des coupes savantes mettent à nu la puissance agressive de la bête rampante, puis dans l'étroite cour de sa ménagerie où il extrait de leur prison des reptiles d'aspect peu sympathique qu'il promène au bout d'un bâton, pour les prendre finalement à la gorge et leur faire cracher leur venin dans une petite coupe de verre.

Vous devez bien penser que, pour agir ainsi, le docteur Brazil a son idée. Vous ne vous trompez pas, et l'idée du docteur Brazil vaut même d'être expliquée. Il ne s'agit de rien de moins que de guérir l'homme de la morsure du serpent ou même de l'immuniser. Le Brésil et l'Inde ont la spécialité des serpents les plus dangereux. Le docteur Brazil, qui, à fréquenter les serpents, s'est pris d'amitié pour eux, nous déclare que le reptile le plus venimeux est exempt de toute méchanceté à notre égard. Jamais le serpent n'attaque l'homme. Son venin (je parle du serpent) lui permet de paralyser instantanément la proie destinée à sa nourriture. Mais, si l'on commet la faute de lui marcher sur la queue, alors il ne connaît que le besoin des représailles. Je ne veux rien discuter de cette thèse. C'est assez de constater qu'en dépit des sentiments humanitaires du serpent quelques centaines de Brésiliens et plusieurs milliers d'Hindous, dont le bon plaisir est de marcher pieds nus dans la forêt, meurent annuellement sous le crochet mortel du philanthrope qu'ils ont offensé sans le vouloir. Tel est l'inconvénient auquel le docteur Brazil entreprend de porter remède.

L'Institut de Butantan, à une demi-heure de Saint-Paul, prépare les sérums antidiphtérique et antitétanique ; mais sa spécialité est du sérum *antiophidique*. C'est le docteur Calmette qui, le premier, a établi une méthode précise d'immunisation. Mais le sérum de Lille, préparé avec le venin des cobras de l'Inde, s'est trouvé inefficace, aux mains du docteur Brazil, contre la morsure des crotales brésiliens. Ainsi le docteur Brazil fut conduit à établir qu'à chacun des genres des serpents sud-américains correspond un venin particulier fournissant un sérum spécial sans action sur les autres venins. C'est ainsi qu'on prépare à Butantan trois sérums différents : les deux premiers visant des espèces particulières, et le troisième, dit *polyvalent*, applicable lorsque le porteur de venin n'a pas laissé sa carte de visite pous dissiper tout doute sur son nom : ce qui est le cas le plus ordinaire (1). Le docteur Brazil ne se contente pas de guérir ou d'immuniser les candidats à l'intoxication ophidique. Il a découvert un serpent superprovidentiel, qui, dépourvu de tout venin et réfractaire à la morsure de ses congénères venimeux, les rend inoffensifs, en les tuant pour en faire son déjeuner. C'est le *Mussurana* ami. On me le présente. Il n'a l'air ni meilleur ni pire qu'un trigonocéphale. Je n'aimerais pas du tout à le recontrer dans mon lit. Je lui adresse pourtant quelques paroles aimables pour l'inviter à se mettre un frère venimeux sous la dent. Il sort d'en prendre et ne demande qu'à dormir. Plus heureux que moi, le docteur Pozzi l'a vu, dans la joie de son *five o'clock*, ingurgiter un certain *Jaracaca* dont le moindre baiser est mortel. Le *Figaro* a publié le récit de l'aventure. Multiplier le *Mussurana* pour se débarrasser du serpent à sonnette me paraît un moyen hasardeux. Le docteur Brazil ne peut pas encore se vanter d'un seul élève. Et puis je ne vois pas encore l'homme et le *Mussurana* en familiarité.

Pour surprise dernière, nous apprenons que le docteur Bettencourt-Rodriguez a obtenu d'heureux résultats en

(1) Le lecteur désireux d'informations supplémentaires pourra lire l'excellent article du *Paris-Médical* (25 mars 1911) de mon jeune compagnon de voyage M. Ségard, interne des hôpitaux de Paris, sur l'Institut de Butantan.

traitant la fièvre jaune par le sérum antivenimeux. Le plus sûr est encore de supprimer le moustique producteur du mal, comme on a fait à Rio et à Santos.

RETOUR A SANTOS

Santos, désormais assainie, est une ville plaisante dont l'unique fonction paraît être de recevoir le café de Saint-Paul pour l'expédier à tous les continents de la terre. Nous y avions donné un premier coup d'œil au passage, et ce fut assez pour nous inspirer l'envie d'y revenir. Au lieu de l'aborder par la mer, nous allons, cette fois, dévaler du haut plateau de près de 800 mètres qui enserre la ville dans son marécage marin entre la montagne et la mer, par le moyen du fameux chemin de fer électrique à machines fixes, célèbre dans le monde entier pour le pittoresque du paysage. Au point de vue industriel, l'outillage ne répond déjà plus aux besoins du trafic, la statistique du port de Santos accusant en 1908 la sortie de 109 navires avec une charge de 50 millions de kilogrammes de café, — les trois quarts de la production du monde entier. — Pour ce qui est de la *Floresta* (forêt) brésilienne, ce n'est pas à distance qu'on en peut juger. Entre le ministre de l'Intérieur de Saint-Paul et M. Augusto Ramos, on m'insère en un petit balcon à l'avant de la locomotive, lieu sans rival pour jouir du point de vue et se débarrasser, plus complètement qu'il ne serait désirable, de toute sensation de chaleur. Des montagnes, des vallées, des moutonnements de forêts : tout cela pourrait être de la Suisse ou des Pyrénées dont je n'ai point envie de médire. Cependant, quelle différence avec la moindre promenade en forêt qui amène, à chaque pas, un sursaut d'admiration nouvelle. Oserais-je l'avouer ? C'est aux gares, aux tristes gares des pays de montagnes qu'il était réservé de me laisser le meilleur souvenir. D'abord pour les belles rangées de tasses de café qui s'offrent au réconfort du voyageur et parfument l'atmosphère d'un arome inconnu de l'Européen. Aussi et surtout, pour la joie de ces fragiles orchidées qui accrochent aux vérandas des fusées de délicate lumière, et qu'on n'ose exposer aux risques du voyage par respect d'un chef-d'œuvre de la nature. La saison des orchidées commençait à peine lorsque j'ai quitté le Brésil. Ce que j'en ai vu dans les forêts, dont le sol pullule de débris où se prépare la miraculeuse floraison, m'a ravi. Un tel jaillissement de beauté n'a sa pleine valeur que dans l'harmonie du cadre naturel. Et pourtant, dans la désolation des gares, ces modestes copeaux d'où s'élancent des gerbes de vives couleurs changent violemment l'aspect des choses, comme si des haillons entr'ouverts d'un mendiant surgissait le spectacle d'un fabuleux trésor.

Car les ressources de la flore brésilienne sont infinies. Quand je traversai la baie de Santos pour prendre le tramway qui conduit en vingt minutes à la plage de Guaruja, je n'avais pas prévu que le plaisir de la route dépasserait celui de l'arrivée. La plage de Guaruja est fort belle. Encadrée de rochers, de forêts, elle filtre en ses bas-fonds de sable les hautes vagues du large qui accourent en magnifiques bouillonnements de fureur pour s'étaler doucement en grands cercles d'écume apaisée. Mais comment les mots pourraient-ils rendre l'enchantement du chemin ! Les plages basses de la baie de Santos ne sont qu'un grand marécage où la frêle végétation que repousse la forêt trouve libre carrière. Des deux côtés de la route, c'est une féerie toujours changeante de feuillages et de floraisons aux violentes couleurs. Pas un espace entre deux branches où ne se glissent tige, bourgeon, liane, parasite, végétation petite ou grande. Des arbres défaillants sous les tentacules cruels qui s'enfoncent dans leur chair se parent d'orchidées. Les cannas jettent des flammes rouges au plus épais de la mêlée, et le bananier sauvage dresse une haute tige où alternent les volutes biscornues de corolles safranées qui donnent l'impression d'un monstrueux crustacé se débattant dans les branches. Décor extravagant où tous les génies de la fécondité terrestre paraissent convulsés en un spasme de dévergondage.

INAUGURATION D'UNE CAFÉIÈRE
MONTMARTROISE A SANTA ALDA

A la veille de quitter le Brésil, avec le grand regret d'une visite trop brève, j'avais accepté l'aimable invitation de M. Teixeira Soarès, propriétaire d'une *fazenda* dans l'État de Minas Geraës. M. Soarès, interessé dans de grandes entreprises industrielles, directeur d'une compagnie de chemin de fer, n'en est pas moins un homme épris de la terre et des fructueuses joies qu'elle peut donner. Modeste et doux, il n'est pas sans prendre quelque peine pour tenir le moins de place possible dans l'ordre social, mais son cerveau de clarté méthodique, sollicité de tous les grands problèmes, le porte à l'avant-garde des grandes manifestations d'activité dont son pays s'honore. La façon dont il parlait de sa *fazenda*, à la direction de laquelle il a délégué son fils, m'impressionna vivement. On voyait qu'il avait mis là-bas sinon le meilleur de ses énergies, du moins des raffinements de joies que la collaboration de la terre et de l'homme seule peut offrir. Comme je demandais à l'un des premiers *fazenderos* si M. Soarès se vantait avec raison de produire le meilleur café du Brésil et d'obtenir, pour sa marque, les plus hauts prix, mon interlocuteur, sans contester le fait, m'objecta que M. Soarès avait parmi ses confrères la réputation d'un homme à qui son café coûtait plus cher qu'il ne lui rapportait. Je ne pus m'empêcher de voir dans ces paroles quelque chose qui ressemblait fort à un aveu d'infériorité. L'idéalisme en agriculture coûte souvent très cher, ainsi qu'en d'autres domaines. Cependant il peut ne pas exclure absolument les qualités d'action nécessaires au succès. M. Soarès s'était particulièrement occupé de l'amélioration des plants de café et de la création de nouvelles espèces. Or il tenait, nous disait-il, d'un horticulteur (de Montmartre !) un certain plant dont on parlerait dans le monde, avant qu'il fût longtemps. Il comptait sur moi pour inaugurer la nouvelle caféière. Un ancien Montmartrois ne pouvait refuser l'invitation du café de Montmartre au Brésil.

Je ne dirai rien du voyage. Les collines ravagées par l'incendie, comme toujours. Des villages éparpillent cabanes et maisons coloniales dans les grands bouquets de verdure au bord du fleuve Parahyba, dont le cours s'embarrasse d'innombrables pointes rocheuses, de troncs d'arbres, d'îles où d'éclatants plumages rachètent, pour un moment, la morne désolation de la terre par une note de beauté.

De petits chevaux pétulants nous attendent qui, par le moyen de *boggies* rebondissant sous la tape d'abruptes ornières, nous promènent dans des sous-bois où des lianes à larges feuilles font une magnificence de décor, pour aboutir à l'acropole de Santa Alda. La rustique demeure seigneuriale des temps esclavagistes, installée au sommet d'une éminence qui domine un enchevêtrement de vallées, présente une installation de simplicité confortable sous une avalanche de fleurs. Profondes vérandas, arceaux, piliers, envahis de bouquets multicolores à floraison continue, ne laissent filtrer le rayon de soleil que pour le résoudre en une pluie de prismes odorants. L'impression est de grâce heureuse autant que de puissance, et quand le jeune planteur, accompagné de la charmante souveraine de ces lieux souriante aux jeux des petits enfants, apparaît dans ce cadre de noblesse rustique, c'est une belle harmonie de l'homme et de la terre. Dès le seuil, la *Marseillaise* éclate dans la profondeur des bosquets. Le salut à la France, émouvant de ces Africains, hier encore odieusement asservis, aujourd'hui libres et gais compagnons de celui dont l'amicale bonté les retient au sol des douloureux souvenirs.

Les jardins nous appellent et nous vaguons sans paroies parmi les hautes touffes de corolles éclatantes, émerveillés tantôt des chaudes collines lointaines qui frangent de palmes dentelées les splendeurs empourprées du couchant, tantôt des oiseaux-mouches qui se lutinent dans les branches et font une danse de tisons ardents. La nuit vient, de lumière dorée.

Nous ne rentrons pas sans avoir visité le haras qui s'enorgueillit d'un des plus beaux étalons de l'Angleterre, et la soirée s'achève par une amusante représentation de magie que nous donne, avec accompagnement d'explications françaises, un aimable gentleman africain, — frac, cravate blanche et souliers jaunes, le dernier cri de la *Floresta*.

Demain matin, une grande heure avant le lever du soleil, il faut se mettre en route pour une dernière visite à la forêt brésilienne, et, bien qu'un médecin sans cœur m'ait absolument défendu le cheval, je ne suis pas homme à refuser cette partie. On m'installe sur une planche bordée de deux grandes roues, et bientôt je connais les joies du *football*, non pas comme joueur, mais bien comme ballon dont l'élastique rondeur s'élance dans le ciel sous le choc d'un coup vigoureux. Encore s'élancer n'est-ce rien auprès du plaisir austère de retomber pour le rude accueil d'une semelle implacable. Je roule ainsi dans une succession de trous noirs qu'on me dit être, au soleil, de douces vallées. Comme il y a, par chance, une haute colline à franchir, mon coursier prend le pas, ce qui fait succéder aux redoutables heurts la simple sensation de l'enclume sous le marteau.

Et puis le jour se lève. M. Soarès fils, qui me surveille du haut de sa monture, me montre ses premiers essais de caoutchouc et de cacao, me dit ses pépinières de café dont il m'a montré hier quelques échantillons, et la plainte des parties inférieures de mon être fait place à l'admiration des parties supérieures quand je compare la misérable vie étriquée de nos villes avec la généreuse existence de cet ardent jeune homme aux prises, sous ce beau ciel, avec l'exubérance de la terre féconde dont il est assuré de demeurer vainqueur. O mes frères français en manches de lustrine, qui, du matin au soir, pâlissez, en des sièges plus tranquilles que le mien, sur de vaines écritures, sachez que la terre n'a pas épuisé ses dons, apprenez qu'il est une autre vie que de languir d'étiolement. Ainsi je pensais, quand nous·entrâmes dans la brousse qui nous conduisit aux pépinières de café où s'étalent des tapis de palmes desséchées gardant de l'ardeur solaire les premières pousses du jeune plant dont l'atavisme remonte, comme j'ai dit, à la butte sacrée de Montmartre-en-Parisis. Accourez, manches de lustrine élimées qui remontez le soir au taudis avoisinant le Sacré-Cœur, venez voir ces noirs gardiens des caféières, hommes, femmes, enfants, dans la liberté de la nature aux franges de la civilisation ; comparez la misère de votre installation *Dufayel*, qui vous a coûté tant de peines, avec la nudité heureuse de la hutte sauvage et dites qui, de vous ou de ces anciens esclaves, est le plus asservi.

La forêt ! La forêt ! Je l'ai vue et revue, je ne m'en lasserai pas et mon regret sera de n'y pouvoir revenir. Le soleil brusquement fait une irruption d'incendie, et tout un peuple de voix ailées chantent la joie de la lumière retrouvée. Partout c'est l'hymme éternel à la vie. On me montre un petit oiseau dont la femelle danse en voletant autour de son époux quand il fait éclater en notes joyeuses sa sérénade d'amour. Les *toucans* bleus et jaunes nous éblouissent de leur splendeur. Des vallées aux colossales fougères s'ouvrent pour des aspects toujours imprévus d'une végétation en délire. Je demande des singes. Hélas ! ceux-ci ne quittent pas les profondeurs avant deux heures de l'après-midi. Ils sont là pour le *five o'clock*. Mais rien ne leur ferait quitter le cabinet de toilette avant que le soleil descende à l'horizon. Celui qui s'est aventuré au cœur de la forêt sauvage, ébloui des spectacles de la vie pullulante non moins belle aux sous-bois que dans les cimes fleuries, doucement retenu par la timide caresse des jeunes lianes en quête d'enlacements, excusera les singes de se plaire en leurs somptueuses demeures. On me montre des fruits à moitié mangés en me disant que ce sont les reliefs d'un restaurant pour singes. Je ne demande qu'à le croire. Un bûcheron me dit qu'hier il fut assailli par une douzaine de singes, à ce point qu'il dut jouer du bâton pour se donner de l'air. Ainsi je n'aurai pas vu de singes, mais j'aurai vu un homme qui en a vu.

Nous atteignons une cascade qui marque, paraît-il, le

terme de notre excursion. Au retour, en un passage difficile, je vois dételer mon cheval plus fatigué que moi des brutalités dont il me gratifie, et je ne compte pas moins de onze nègres occupés les uns à me tirer, les autres à me pousser en s'esclaffant de rire. Sans ce rire gouailleur il n'eût tenu qu'à moi de me croire un triomphateur romain. Cela ne dura pas plus de dix minutes, mais j'aurais eu grand'honte si quelque cinématographe de rencontre s'était trouvé là pour la reproduction graphique de la scène. Ce malheur me fut épargné.

Grâce à quoi je puis goûter le plaisir de me dénoncer moi-même.

A mi-chemin, l'inauguration de la caféière montmartroise. L'opération n'est pas aussi difficile que certains pourraient croire. Je montai sur un talus d'où je découvris de toutes parts des rangées de trous et, non loin de là, des amas de plants de café, chacun dans son petit panier. On m'offrit un de ces paniers surmonté d'une jeune tige verte : je le mis dans le premier trou qui se présenta, et la gloire de Montmartre, comme du Brésil, fut à l'apogée.

Je ne sais pas ce qu'il adviendra de *mon* entreprise de café à Santa Alda. Le plus sûr, c'est que M. Soarès a commencé de fumer ses terres au lieu de se contenter de rendre au sol pour tout engrais les coques de la graine. Que cette initiative inquiète un peu les *fazenderos* brésiliens par l'annonce d'un prochain surcroît de dépenses, cela s'explique à la rigueur. Mais le fait, reconnu, que les cafés de M. Soarès sont particulièrement recherchés paraît une coïncidence assez remarquable, et nul ne croira qu'on s'acharne à ce jeu pour l'unique plaisir de perdre de l'argent.

En quittant Santa Alda j'emportai une jolie collection de cannes faites des bois les plus précieux de la *fazenda*, et à bord du *Principe-Umberto* en partance pour l'Europe, je trouvai une caisse de café qui me permit au moins d'apporter à l'hôte le plus aimable le témoignage authentique du consommateur.

LES INCIDENTS DU RETOUR EN EUROPE

Le *Principe-Umberto* est de tous points semblable à la *Regina-Elena*, ainsi que le veut la filiation légitime. Mêmes installations confortables, même empressement du service, même courtoisie latine du commandement. Deux incidents de traversée. Un fou se jette à l'eau dans la nuit. La sirène lance son cri d'alarme. Une barque mise à la mer revient de sa recherche sans avoir rien trouvé. On me dit qu'*au retour* il y a de ces cas. Au départ, l'espérance nous conduit par la main. Revenir sur ses pas, chargés de déceptions, peut être, pour la fragilité humaine, une trop dure épreuve. Tout le monde n'arrive pas à Corinthe. Plaignons qui s'en fait une excuse pour ne pas se mettre en chemin. Le commissaire du bord nous raconte l'histoire d'un passager de troisième classe, au vêtement pitoyable, qui lui remit en dépôt une somme de 150 000 francs. C'est la compensation.

Le second incident est d'ordre plus général. Une grève des nègres charbonniers de Saint-Vincent. Rade déserte en son cirque de hauts rochers nus. D'impudiques négrillons viennent faire l'habituelle plongée après la pièce de monnaie qui leur est jetée du bateau. Mais nul autre, blanc ou noir, n'a la liberté de quitter le quai pour nous venir voir, pas plus qu'il ne nous est loisible de débarquer. Ne nous étonnons pas si, des races " supérieures " ce que les braves nègres ont le plus aisément retenu, c'est l'ordinaire leçon de violence que des politiciens magnifiques, mais tremblants de peur, appuient d'une dialectique inglorieuse. Les nègres ont l'excuse d'être des tard venus dans notre civilisation. Est-ce trop ambitieux de souhaiter que les blancs leur prêchent d'exemple ?

Nous allons charbonner à *Las Palmas*, capitale de la grande Canarie. D'autres bateaux nous ayant devancés, il faut demeurer en rade toute une journée. Nous débarquons. Les îles *Fortunées* ont reçu des temps anciens une telle réputation de merveilles qu'un peu de déception paraît inévitable. De la mer les Canaries s'élancent en rochers arides où pas une touffe d'herbe ne se montre. Las Palmas est une ville pittoresque dont les palmiers ne peuvent qu'inspirer une douce bienveillance à qui arrive du Brésil. La campagne est d'aspect purement africain. Blanches maisons carrées sans fenêtres, collines de pierres calcinées, cultures de bananiers dans le fond des vallées. Après une heure ou deux de route dans une surabondante poussière, on arrive à un joli restaurant au milieu d'un jardin dont l'exotique végétation serait plaisante à ceux qui ne connaîtraient rien de la *Riviera*. Le serin des Canaries, dont on m'avait dit que l'île était peuplée, s'est révélé à moi sous la forme du vulgaire moineau piaillard. Pourtant, dans des cages rustiques au bout d'un long bâton, des bateliers, aux flancs du *Principe-Umberto*, montrent des serins authentiques que leur fournit, m'a-t-on affirmé, la Hollande. Ces oiseaux ont le mérite particulier d'une chanson merveilleuse, et le plus beau, c'est qu'ils chantent à volonté. Il suffit de crier au marchand : " Votre serin ne chante pas " pour qu'aussitôt éclate un flot de roulades perlées. Entre nous, c'est le triomphe d'un rameur habile à l'imitation. Acheteur et vendeur y trouvent leur compte, et le plus serin des trois n'est pas celui qu'on pense.

LES RELATIONS ENTRE LA FRANCE ET L'AMÉRIQUE DU SUD

Avant de prendre congé du lecteur, je m'étais promis de réclamer la création d'une ligne de bateaux à grande vitesse entre la France et l'Amérique du Sud. Le peu d'espace dont je dispose ne me permet pas de traiter la question comme j'aurais voulu. Le fait très simple est que la ligne française avait autrefois l'avantage marqué de la faveur publique, mais qu'elle s'est laissée fâcheusement distancer par les compagnies concurrentes, qui ont construit des bateaux plus rapides et plus confortables, tandis qu'elle continuait de promener sur les mers un matériel vieilli. Le contrat qui lie les *Messageries maritimes* à l'État expire en 1912. Par une négligence coupable, aucune mesure n'a encore été prise non seulement pour l'amélioration, mais même pour la simple continuation d'un service défectueux. Les choses ne peuvent en rester là. Pour le développement de nos relations avec l'Amérique du Sud, il est d'un intérêt capital que la France dispose de bateaux à grande vitesse offrant les meilleures conditions de confort.

D'une note que j'avais sollicitée de mon ami Edmond Théry, dont la compétence en matière économique est reconnue de tout le monde, je demande la permission d'extraire un court passage pour l'édification du lecteur :

« Depuis une vingtaine d'années, la production et la
« fortune publiques se sont prodigieusement accrues dans
« les deux Amériques. Ce développement a augmenté dans
« des proportions énormes les voyages que les possédants
« d'outre-mer : Nord-Américains, Mexicains, Brésiliens,
« Argentins, etc., viennent faire en Europe. Ce qui le prouve,
« c'est que les hôtels nombreux, extraluxueux, qu'on construit
« chaque jour à leur intention, à Paris, sur la Côte d'Azur,
« sur nos plages élégantes et dans nos grandes stations ther-
« males sont toujours bondés.

« Le Brésil et la République Argentine ont particulière-
« ment profité de la mise en valeur de leur immense terri-
« toire. Pendant les dix dernières années connues, de 1900
« à 1909, leurs chemins de fer en exploitation ont respective-
« ment passé de 14 027 à 19 080 kilomètres pour le Brésil,
« et de 16 563 à 25 508 kilomètres pour la République
« Argentine.

« Ces 13 998 kilomètres de lignes nouvelles (46 p. 100
« d'augmentation par rapport à 1900) ont ouvert à la culture,
« à 'élevage, à l'exploitation sylvestre, d'immenses régions
« jusqu'alors désertiques, et les résultats de cette pénétration
« se retrouvent dans la progression intensive de leur com-
« merce extérieur.

« Ainsi, pendant cette courte période de dix années, les
« *exportations*, c'est-à-dire l'excédent de la production indi-
« gène sur les besoins de la consommation intérieure, ont

« augmenté de 770 millions de francs, ou 92 p. 100 pour le
« Brésil, et de 1 214 millions de francs, ou 157 p. 100 pour
« la République Argentine. Quant à la valeur totale du
« commerce extérieur des deux pays, elle a progressé de
« 1 071 millions de francs pour le premier et de 2 161 millions
« pour le deuxième : soit, en moyenne, 107 millions de francs
« par an pour le Brésil et 216 millions pour l'Argentine.

COMMERCE EXTÉRIEUR DU BRÉSIL ET DE LA RÉPUBLIQUE ARGENTINE A DIX ANS D'INTERVALLE.				
	1900	1909	Augmentation totale en 1909	
	Millions de francs.	Millions de francs.	Millions de francs.	0/0
BRÉSIL :				
Importations.	634	935	301	47
Exportations.	836	1.606	770	92
Total.	1.470	2.541	1.071	73
RÉPUBLIQUE ARGENTINE :				
Importations.	567	1.514	947	167
Exportations.	773	1.987	1.214	157
Total.	1.340	3.501	2.161	161

« Ces quelques chiffres indiquent d'une manière saisissante
« l'importance des progrès économiques que les deux pays sont
« en train de réaliser, et nous pouvons ajouter que c'est surtout
« le capital français qui a été l'artisan de ce progrès.
« Nous devons donc chercher à garder le bénéfice de
« notre intervention dans les nouvelles entreprises brésiliennes
« et argentines, et l'un des moyens les plus sûrs d'atteindre ce
« but, c'est d'assurer entre la France et les deux grandes
« républiques sud-américaines des moyens de communications

« rapides, réalisant le dernier mot du confortable, et qui in-
« citent les Brésiliens et les Argentins à venir en Europe,
« ou à retourner dans leur pays respectif, sur des bateaux
« français de préférence aux bateaux anglais, allemands ou
« italiens.

« Ces moyens de communication existent entre la France
« et les États-Unis de l'Amérique du Nord, mais ils font
« absolument défaut dans la direction du Brésil et de la Répu-
« blique Argentine.

« En effet, les paquebots français qui desservent ces
« régions ont de longs états de service, et leur installation ne
« répond plus aux habitudes luxueuses des passagers dont je
« parlais plus haut. Quant à leur vitesse moyenne, elle ne
« dépasse certainement pas 14 nœuds à l'heure, car ils mettent,
« avec les escales qu'ils font en cours de route, au moins
« dix-sept jours pour aller de Bordeaux à Rio de Janeiro, et
« vingt-deux jours pour pousser jusqu'à Buenos-Aires.

« La distance séparant Bordeaux de ces deux ports étant
« respectivement de 4901 et 5991 milles marins, il suffirait
« d'avoir des bateaux filants 20 nœuds en moyenne, c'est-à-
« dire 20 milles à l'heure, pour atteindre directement Rio de
« Janeiro en dix jours et cinq heures et Buenos-Aires en
« douze jours et quinze heures. »

Après cet exposé si clair, il est inutile d'insister.

CONCLUSION

Et maintenant, comment me défendrais-je du désir de
donner une conclusion à tant de propos décousus, qui,
pourtant, procèdent tous d'un identique besoin de connaître
et d'utiliser la connaissance au profit de l'expansion française, dans un intérêt même d'humanité. En tout domaine,
il n'est qu'un moyen durable de succès : travailler. Candide
qui, lui aussi, revenait de Buenos-Aires, avait retiré de ses
voyages cette sage leçon qu'il faut cultiver son jardin. Notre
jardin s'est agrandi depuis ce temps, et, puisque l'homme,

en fin de compte, est l'outil initial de toute mise en œuvre, la première condition d'une meilleure culture me paraît être d'abord de nous cultiver nous-mêmes. Travaillons.

TABLE DES MATIÈRES

13407-11. — Corbeil. Imprimerie Crété.

LIBRAIRIE HACHETTE ET Cie, 79, BOULEVARD SAINT-GERMAIN, PAR

BIBLIOTHÈQUE VARIÉE, FORMAT IN-16
PREMIÈRE SÉRIE A 3 FR. 50 LE VOLUME

= VOYAGES =

ASSELIN (H.) : *Paysages d'Asie.* 1 v.
BENTZON (Th.) : *Promenades en Russie* .... 1 vol.
Questions américaines ...... 1 vol.
Ouvr. couron. par l'Académie française.
BIBESCO (Princesse) : *Les huit Paradis.* Perse, Asie Mineure, Constantinople .... 1 vol.
BOISSIER (G.), de l'Académie française : *Promenades archéologiques : Rome et Pompéi* .... 1 vol.
Nouvelles promenades archéologiques : Horace et Virgile. 1 vol.
L'Afrique romaine, promenades archéologiques en Algérie et en Tunisie .... 1 vol.
CHEVRILLON (A.) : *Dans l'Inde.* 1 v.
Terres mortes : Thébaïde, Judée. 1 v.
Études anglaises .... 2 vol.
Sanctuaires et Paysages d'Asie. 1 v.
Un crépuscule d'Islam ...... 1 vol.
CLEMENCEAU (G.) : *Notes de voyage dans l'Amérique du Sud.* 1 vol.
DEHERAIN (H.) : *Études sur l'Afrique* .... 2 vol.
DUGARD (M.) : *La Société américaine* .... 1 vol.
Ouvrage couronné par l'Académie française.
GEOFFROY - SAINT - HILAIRE
Lettres écrites d'Égypte, publiées par le Dr Hamy .... 1 vol.

GUIDO REY : *Le Mont Cervin.* 1 vol.
HUBNER (Comte de) : *Promenade autour du monde* (1871) ..... 2 vol.
LAMARTINE : *Voyage en Orient.* 2 v.
LA VAULX (Comte de) : *Seize mille kilomètres en ballon* ..... 1 vol.
MARTINENCHE (E.) : *Propos d'Espagne* .... 1 vol.
MAUREL (A.) : *Petites villes d'Italie* .... 4 vol.
Un mois à Rome .... 1 vol.
MISMER (Ch.) : *Souvenirs du monde musulman* .... 1 vol.
NOBLEMAIRE (G.) : *En Congé* (Égypte, Ceylan, Inde) ... 1 vol.
Aux Indes (Madras, Nizam, Cashmire, Bengale) .... 1 vol.
QUINET (E.) : *Vacances en Espagne* .... 1 vol.
SCHNEIDER (R.) : *L'Ombrie.* 1 vol.
Ouvr. couron. par l'Académie française
Rome : Complexité et harmonie. 1 v.
TAINE (H.), de l'Académie française.
Voyages aux Pyrénées ... 1 vol.
Notes sur l'Angleterre ..... 1 vol.
Voyage en Italie. 2 vol. vendus séparément :
Tome I. *Naples et Rome.*
Tome II. *Florence et Venise.*
Carnets de voyage. Notes sur la province .... 1 vol.

COLLECTION DE VOYAGES ILLUSTRÉS

Format in-16, avec grav. et cartes. Chaque vol. : br., 4 fr. Rel. percal. 5 fr. 50

60 VOLUMES PARUS. — DEMANDER LE CATALOGUE

DEMANDEZ LE CATALOGUE **GUIDES JOANNE** DEMANDEZ LE CATALOGUE

Les plus vivants, les plus complets, les mieux renseignés de tous les Guides.

GRANDS GUIDES. — GUIDES DIAMANT. — MONOGRAPHIES

UN AN 26 FR. 6 MOIS : 14 FR. **LE TOUR DU MONDE** LE NUMÉRO 50 CENTIMES

Revue des Voyages et des Voyageurs

Splendide Publication illustrée. Organe indispensable aux voyageurs et à tous ceux qui s'intéressent à la Géographie, aux Explorations et au Tourisme.

CORBEIL. — Imprimerie CRÉTÉ. [5-1911.]

Milton Keynes UK
Ingram Content Group UK Ltd.
UKHW031827300124
436988UK00009B/617